图 4-29 "凡客诚品"官方网站（橘红色系）

图 4-30 "天猫商城"官方网站（红色系）

图 4-31 "唯品会"官方网站（粉红色系）

图 4-32 "美丽说"官方网站（粉色系）

图 4-24 "安踏"官方网站（红黑色系）

图 4-25 "九牧王"官方网站（深咖啡色，黑色系）

图 4-26 "海澜之家"官方网站（蓝白色系）

图 4-27 "361°"官方网站（黄色系）

图 4-28 "红黄蓝"官方网站（彩色）

"十三五"普通高等教育本科部委级规划教材

服装电子商务

APPAREL ELECTRONIC BUSINESS

主　编◎单红忠

副主编◎赵乃东

中国纺织出版社

内 容 提 要

本书借鉴了国内外最新的电子商务研究成果，并结合服装行业的特点，全面系统地介绍了服装电子商务的基本理论、基本模式和实现方法等。全书共分七章，主要包括服装电子商务概述、服装电子商务技术基础、服装电子商务模式、服装企业网站的建设与运营、服装网络营销、服装电子商务的物流管理、服装移动电子商务等内容。

在内容组织上，编者力求做到突显服装的行业性、技术的前瞻性、内容的应用性和教学阅读的通识性。本书可作为高等院校纺织服装类、电子商务类、经济管理类和计算机类等相关专业的本专科生教材，也可供服装企业和电子商务行业相关人士参阅。

图书在版编目（CIP）数据

服装电子商务 / 单红忠主编 . -- 北京：中国纺织出版社，2017.6 （2025.1重印）

"十三五"普通高等教育本科部委级规划教材

ISBN 978-7-5180-3542-7

Ⅰ.① 服…　Ⅱ.① 单…　Ⅲ.① 服装工业—电子商务—高等学校—教材　Ⅳ.① F407.865-39

中国版本图书馆 CIP 数据核字（2017）第 089823 号

策划编辑：顾文卓　　特约编辑：张彦彬　　责任印制：储志伟

中国纺织出版社出版发行

地址：北京市朝阳区百子湾东里 A407 号楼　邮政编码：100124

销售电话：010—67004422　传真：010—87155801

http://www.c-textilep.com

E-mail：faxing@c-textilep.com

中国纺织出版社天猫旗舰店

官方微博 http://weibo.com/2119887771

北京虎彩文化传播有限公司印刷　各地新华书店经销

2017 年 6 月第 1 版　2025 年 1 月第 7 次印刷

开本：787×1092　1/16　印张：20　插页：2

字数：301 千字　定价：49.80 元

高等院校"十三五"部委级规划教材经济管理类编委会

王若军：北京经济管理职业学院院长、教授

乌丹星：国家开放大学社会工作学院执行院长、教授

吴中元：天津工业大学科研处处长、教授

夏火松：武汉纺织大学管理学院院长、教授、博导

张健东：大连工业大学管理学院院长、教授、硕导

张科静：东华大学旭日工商管理学院副院长、教授、硕导

张芝萍：浙江纺织服装职业技术学院商学院院长、教授

赵开华：北京吉利学院副校长、教授

赵志泉：中原工学院经济管理学院院长、教授、硕导

朱春红：天津工业大学经济学院院长、教授、硕导

前 言

在我国电子商务的蓬勃发展过程中，服装类商品常年稳居网络零售第一大品类，服装电子商务对我国整个电子商务的健康发展有着举足轻重的影响。

服装电子商务是电子商务领域中一个重要分支，它研究的是服装这一特定行业如何开展和应用电子商务。服装行业既传统又时尚，让传统的服装行业抓住"互联网+"时代的发展机遇，利用服装电子商务这一利器改造传统的生产、经营和管理模式，努力实现服装行业从劳动密集型向技术密集型和知识密集型的转型升级，实现整个服装产业链的优化和商业模式创新，正是本书写作的出发点。

服装电子商务不是服装和电子商务两者的简单叠加，服装行业具有其特殊的发展模式和规律。北京服装学院作为国内服装行业高等教育的特色院校，在服装和电子商务领域都具有较为深厚的理论研究积淀。与编写本书同步，我们坚持理论与实践并重的理念，积极推进人才培养模式和教学方法的变革，如北京服装学院商学院进行的经济管理类学科大类招生改革和创新创业学院的设立等，力争围绕"通识教育+宽口径专业教育"的人才培养新模式，培养出一批复合型、应用型和创新型的具备竞争力的优秀人才。我国服装电子商务领域急需既懂信息技术又懂经营管理理念，还具备服装时尚修养的中坚力量，但当前我国高校开展服装电子商务教学的教材大多使用通用的电子商务教材，市场上服装电子商务的书籍也屈指可数，显然不利于服装电子商务人才的培养。借助中国纺织出版社出版"十三五"规划教材的契机，我们组织教学一线的教师编写了这本能够体现服装行业特色的电子商务教材。

信息技术和互联网技术的发展日新月异，诸如物联网、虚拟现实和大数据等新兴技术纷纷涌现，由此也推动了我国包括服装行业在内的各行业电子商务的迅猛发展。服装电子商务作为一门新的交叉学科，具有知识更新快，复合程度高、实践和操作性强的特点。在本书的编写过程中，我们查阅了大量的资料，力求编写一本能够反映当前服装电子商务内涵和发展模式、管理及运营架构、营销和物流特点、技术发展趋势的特色鲜明的教材。围绕以上编写内容和设计思路，本书的主要特色体现在以下三个方面：电子商务通识性教育和服装行业特色相结合，传统技术和新技术的前瞻性相结，应用性教学和案例式教学相结合。同时，本书各章均配有思考题和案例讨论，以此来巩固所学知识，提高学生理论联系实际的能力，拓展学生视野。

本书的编写工作分工为：主编单红忠负责全书大纲和框架的组织，以及全书内容的总审稿和最终定稿；副主编赵乃东负责全书第一章到第七章的统稿润色和内容审定。各章主要参编人员如下：第一章和第五章由单红忠编写，第二章由李雪飞编写，第三章由刘娜编写，第四章由赵乃东编写，第六章由邓小克编写，第七章由马琳编写。北京服装学院研究生李厦和中央民族大学研究生熊明科参与了书稿的排版和修订工作。

本书编写过程中查阅和吸收了国内外有关专家学者的理论和观点，在此向这些专家学者表示衷心的感谢。本书的出版得到了北京市教委科技面上项目"服装企业全程电子商务应用框架体系研究与实现"（项目编号：KM201310012008）的资助，特表示衷心的感谢。

由于笔者水平有限和服装电子商务的特殊性——内容新、涉及领域广、技术变化快等，书中难免有疏漏和不妥之处，敬请广大读者批评指正。

编者

2017 年 2 月于北京

目 录

第一章　服装电子商务概述

【本章学习目标】

1. 了解电子商务的产生和发展过程，掌握电子商务定义
2. 认识我国服装电子商务概况
3. 掌握服装电子商务未来发展趋势

【引导案例】

【淘品牌研究】茵曼：新商业思维下的"轻公司"

2013 年双十一，茵曼以 1.2 亿元销售量在女装类目排名第一；2014 年双十一，包括茵曼在内的汇美集团创下了 1.85 亿元的销售业绩。作为一个服装品牌，茵曼用 4 年时间创造了 15 个亿的销售奇迹。

在竞争如此激烈的服装零售业，没有核心竞争力作后盾，品牌就毫无价值。茵曼创始人兼 CEO 方建华做了一次商业模式的深度解密：在新商业思维下，如何去思考"轻公司"与"快速供应链"。

按照目前的经营模式，方建华依然认为茵曼是一家轻公司。"从外包面料的选择、检测，到最终的选用，都是按照茵曼的标准进行严格控制，整个环节的流程就是把自己做'轻'，而非长尾的什么都去做的'大公司'。"其实，在互联网行业，越轻的互联网公司核心竞争力越聚焦。方建华认为，茵曼最重要的核心竞争力是设计和互联网销售。他强调，曾经的廉价的劳动力已不再是服装产业的竞争力，中国的劳动力越来越少，但越来越贵。实际上，茵曼这个走"棉麻文艺风"的品牌出身于外贸代工，成长于淘宝商城平台，可以说是个不折不扣的"淘品牌"。茵曼没有自己的工厂，但离不开传统工厂的合作。"希望和传统工厂合作，利用互联网思维去改造他们的工厂"方建华如是说。茵曼以轻公司的姿态取得了快速发展，传统工厂功不可没。

近年来，随着中国经济的转型，服装行业进入了一个全面调整、转型的发展时期。方建华认为，服装行业需要创新，让这个行业从劳动密集型转向高科技型。服装行业作为一个传统行业，也面临着多方面的挑战，最严峻的主要是供应链之间的竞争。方建华已经把供应链放在了公司的战略层次上，"茵曼的关注点将会聚焦整个产业链布局。""在产业链布局，茵曼物流的自动化程度非常高。"方建华透露，一天发一万个包裹，准确度达到了 99.99%。女装品牌"茵曼"作为淘品牌的成功典型，方建华有自己的心得：消费者的要求越来越高，追求好东西，而且还要惊喜的价格，未来在线上也好，线下也好，这是必然趋势。

方建华 1998 年南下广州创办了汇美服装厂为国外品牌做 ODM，在公司外贸及批发业务经营良好的状况下，2005 年带领公司转型创立广州市汇美服装有限公司，大胆触电，创立网上零售服饰品牌"茵曼"，2008 年茵曼进驻淘宝商城（即天猫商城），2009 年和 2010 年做了很多探索和试错，2011 年茵曼走入稳健发展期，此后长期稳居女装 TOP3 以内。

资料来源：环球网；编选：中国电子商务研究中心

第一节　电子商务概述

计算机技术和网络技术的快速发展推动了电子商务的迅速增长。电子商务正是在经济全球化的大背景下发展成为 21 世纪商务发展过程中不可替代的商业模式。在以互联网为基础的网络经济环境下，电子商务是我国传统行业跻身全球市场的必要选择，也是提高企业竞争力的必要措施。

服装业电子商务涉及服装企业面料采购、服装设计、生产加工、销售、物流配送等整条产业链上的各个环节，对服装企业的生存发展起着至关重要的作用。

一、电子商务的发展

（一）电子商务的发展历程

电话、电报、传真及电视等传统通信工具的应用时代就是电子商务开始应用阶段，其前身是 EDI（Electronic Data Interchange）电子数据交换。EDI 在 1976 年诞生于美国，国际标准化组织（ISO）将 EDI 定义为：按照公认的标准化的事务处理或信息数据格式，将贸易信息或行政事务通过一台计算机到另外计算机的电子传输。使用 EDI 可以减少甚至消除贸易过程中产生的过多的人为因素，避免出现数据不准确现象。由于 EDI 减少了贸易过程中的纸张票据，因此 EDI 也常被称为"无纸化贸易"。

自 20 世纪 90 年代至今，电子商务在全球的发展历程可以概括为四个阶段：初始高速发展阶段、调整蓄势阶段、复苏稳步发展阶段和纵深发展阶段。

1. 初始高速发展阶段（20 世纪 90 年代中期至 2000 年）

伴随着计算机与互联网技术的迅速发展，电子商务应运而生并逐渐成为经济活动的热点和新的增长点，全球的各种资本在财富效应的驱动下，流动方向转向以互联网为中心的信息技术领域，由此，电子商务进入了初期的高速发展阶段。

2. 调整蓄势阶段（2000 年初至 2002 年）

在经过数年的高速发展之后，IT 行业逐渐暴露出自身存在的问题，从而导致电子商务的发展进入瓶颈期，受到巨大的发展压力。资金的纷纷撤离，使得众多依赖资金投入较高的电子商务企业陷入困境甚至面临倒闭的危机。自 2000 年中期起，电子商务被迫与 IT 业一起整合，进入调整蓄势阶段。

3. 复苏稳步发展阶段（2002 年底至 2006 年底）

经过蓄势调整，从危机中挣脱出来的电子商务网站通过加强自身的建设，逐渐复苏，许多企业纷纷呈现盈利状态，由此，电子商务开始进入复苏稳步发展的阶段。

4. 纵深发展阶段（2007 年至今）

纵深发展阶段的电子商务，不仅表现在互联网企业的发展上还进一步延伸到传统企业（如服装企业）。传统企业在运用电子商务降低运营成本，提高生产效率，增强创新能力等方面不断取得新突破。

（二）我国电子商务的发展

20 世纪 90 年代初我国开始发展电子商务。1991 年，国务院电子信息系统推广应用办公室成立中国促进 EDI 应用协调小组，这标志着电子商务开始在我国起步。1993 年至 1997 年我国政府领导组织开展"三金工程"，为电子商务的发展奠定了基础。

1997 年，中国化工信息网正式在互联网上提供商务服务，这被看作是我国电子商务发展的正式起步。伴随着我国国民经济的快速发展以及社会发展信息化的不断进步，我国电子商务行业虽然在 10 多年的发展过程中历经曲折却仍然取得了骄人成绩。根据商务部所发布的《中国电子商务发展报告（2012）》，2012 年我国电子商务交易额突破 8 万亿元，仅次于美国，成为目前世界第二大网购市场，自 2003 年以来年复合增长率达到 120%。

近年来，中国的电子商务发展迅速，交易额连创新高，电子商务在各领域的应用不断拓展和深化，相关服务业蓬勃发展，支撑体系不断健全完善，创新能力不断增强。电子商务正在与实体经济深度融合，进入规模性发展阶段，对经济社会生活的影响不断增大，已成为我国经济发展的新引擎。具体表现在以下几个方面：

服装电子商务

1. 电子商务进入规模发展阶段

中国电子商务研究中心数据显示，截至 2015 年底，中国电子商务市场交易规模达 18.3 万亿元人民币，同比增长 36.5%。其中，B2B 电子商务交易额达 13.9 万亿元，同比增长 39%。而 2014 年全年，中国电子商务市场交易额达 13.4 万亿元人民币，同比增长 31.4%，占 GDP 比重上升到 20.5%；2015 年，电子商务占 GDP 的比重已经高达 26.6%。预计 2016 年我国电子商务规模将突破 20 万亿元大关。2011~2016 年中国电子商务市场交易规模详情见图 1-1。

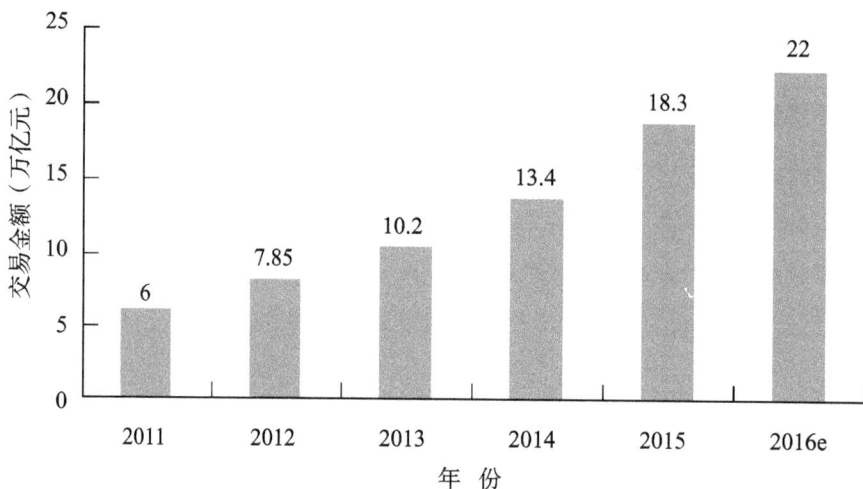

数据来源：中国电子商务研究中心

图 1-1　2011~2016 年中国电子商务市场交易规模

2. 网购零售市场交易继续高速增长

中国电子商务研究中心数据显示，截至 2015 年底，中国网络零售市场交易规模达 38285 亿元，同比增长 35.7%，占到社会消费品零售总额的 12.7%。较 2014 年的 10.6%，增幅提高了 2.1%。预计 2016 年全年中国网络零售市场交易规模有望达 53261 亿元。

2008 年我国网购交易额增长率自 120% 以上水平逐年下降，从高速转为快速增长。随着基数不断扩大，市场总份额拓展进入新阶段以及网购消费理性化，网购增速在未来几年内可能会自然回落。从人口增速和消费人群看，人口增速较为稳定，20~40 岁的消费人群使用网购消费的模式几近固定，这些因素决定了网购交易额将在一定水平上趋于平稳增长。中国网购交易进入快速增长阶段后的网络零售交易规模具体详情见图 1-2。

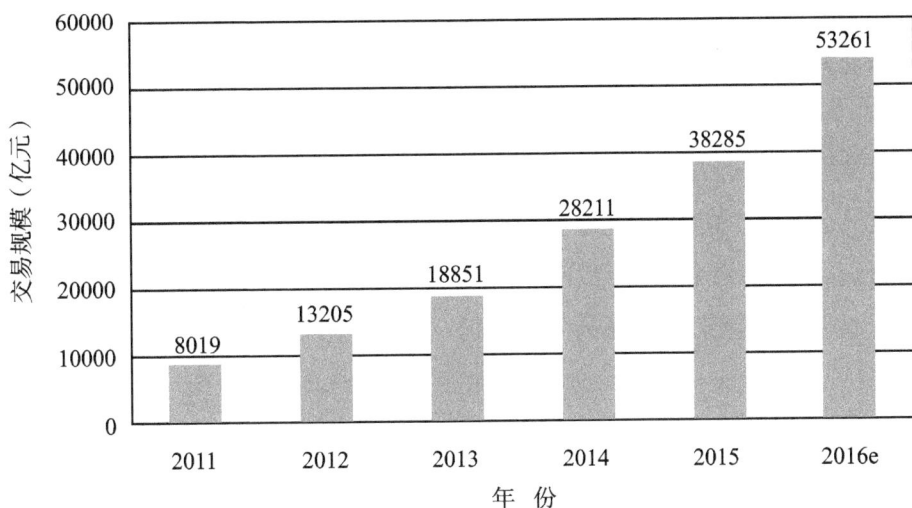

数据来源：中国电子商务研究中心

图1-2　2011~2016年中国网络零售交易规模

3. 移动终端网络购物呈现爆发式增长

随着智能手机在中国的日渐普及，移动电子商务在中国将进入快速发展期。2013年1季度，移动网购交易额再创新高，达到266.6亿元，同比增长250.3%。互联网购物比例从2011年1季度（2011Q1）的0.7%提升至2013年1季度的7.6%，两年时间提升近10倍。其爆发性增长催生出的市场空间可能不亚于现有的基于PC端的网购市场。国内移动网购交易具体详情见图1-3。

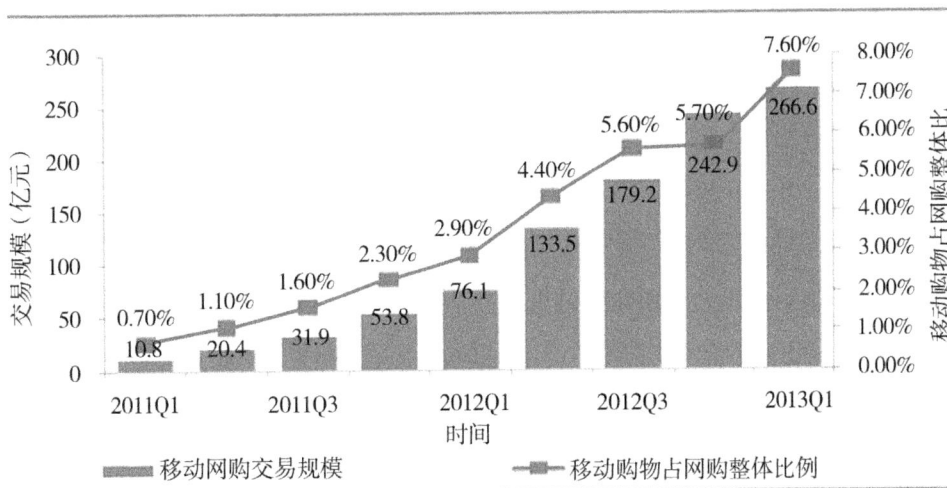

数据来源：中国电子商务研究中心

图1-3　2011Q1~2013Q1国内移动网购交易额发展情况

（三）电子商务的定义

电子商务在 20 世纪 90 年代才开始步入初期快速发展阶段，电子商务的概念也是在 20 世纪 90 年代兴起于欧美发达国家。由于电子商务是一种新生事物，目前还没有一个较为全面、确切的定义。同时，由于人们对电子商务应用程度和认识的不同，不同的组织及企业对电子商务的概念给出了各自角度的解读。

IBM 公司于 1996 年提出了 Electronic Commerce（E-Commerce）的概念，到了1997 年，该公司又提出了 Electronic Business（E-Business）的概念。E-Commerce 集中于电子交易，强调企业与外部的交易与合作，而 E-Business 则把涵盖范围扩大了很多。广义上指使用各种电子工具从事商务或活动。狭义上指利用 Internet 从事商务活动。

联合国国际贸易程序简化工作组对电子商务的定义是：采用电子形式开展商务活动，它包括在供应商、客户、政府及其他参与方之间通过任何电子工具。如 EDI、Web技术、电子邮件等共享非结构化商务信息，并管理和完成在商务活动、管理活动和消费活动中的各种交易。

经济合作与发展组织（OECD）认为，电子商务一般是指以网上数字的处理和传输为基础的组织和个人之间的商业交易。这里的网络既可以是开放的网络，如互联网，也可以是能够通过网关连接到开放的网络，所以传输的数据包括文件、声音和图像。

美国通用电气公司（GE）对电子商务的理解为：电子商务是采用电子方式进行的商务交易，具体包括企业与企业之间和企业与消费者之间的电子商务，这和 OECD 的定义比较接近。

加拿大电子商务协会对电子商务的定义是：电子商务是通过数字通信进行商品和服务的买卖以及资金的转账。

上述不同组织对电子商务的定义都有其合理性。电子商务的定义有广义和狭义之分，广义上讲，电子商务一词源自 Electronic Business，就是通过电子手段进行的商业事务活动。通过使用互联网等电子工具，使公司内部、供应商、客户和合作伙伴之间，利用电子业务共享信息，实现企业间业务流程的电子化，配合企业内部的电子化生产管理系统，提高企业的生产、库存、流通和资金等各个环节的效率。

狭义上讲，电子商务（Electronic Commerce，简称 EC）是指：通过使用互联网等电子工具（这些工具包括电报、电话、广播、电视、传真、计算机、计算机网络、移动通信等）在全球范围内进行的商务贸易活动。是以计算机网络为基础所进行的各种商务活动，包括商品和服务的提供者、广告商、消费者、中介商等有关各方行为的总和。人们一般理解的电子商务是指狭义的电子商务。电子商务的定义如图 1-4 所示。

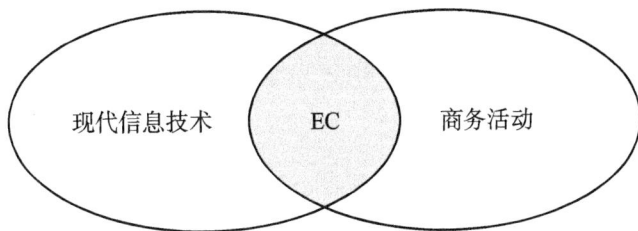

图1-4 电子商务是"现代信息技术"和"商务活动"的结合

二、电子商务的分类和特征

（一）电子商务的分类

电子商务可以从商业活动运作方式、参与交易对象、交易范围、应用平台、交易阶段、成熟度等几个方面进行分类。本章将详细介绍商业活动运作方式、参与交易对象和交易参与主体三种分类方法。

1. 按商业活动运作方式分类

按照商业活动运作方式分类，可以分为完全电子商务和不完全电子商务两类。

（1）完全电子商务

完全电子商务是指完全依靠电子商务方式完成整个交易过程的交易。这种电子商务在交易过程中可以实现信息流、资金流、商流和物流的高度集成。

（2）不完全电子商务

不完全电子商务是指不能完全依赖电子商务方式完成完整交易过程的交易，它需要附加一些外部其他方式，才能完成全部交易过程。换句话说，在交易过程中，信息流、资金流、物流、商流等任何一个环节没有在网络上实现，便可以认为是不完全电子商务。

2. 按交易对象分类

（1）有形商品电子商务

指实物商品以电子订购的方式在网上成交，而实物商品的实现仍然在传统的渠道进行。

（2）无形商品电子商务

指无形商品（包括数字商品和服务商品）可以通过网络直接向消费者提供的电子商务方式。

3. 按交易参与主体不同分类

按交易参与主体不同，可以分为企业与企业之间的电子商务、企业与消费者之间的电子商务、消费者与消费者之间的电子商务、企业与政府之间的电子商务、公民与政府之间的电子政务、线上与线下的电子商务等类型。

（1）企业与企业之间的电子商务

企业与企业之间的电子商务（Business to Business，简写为 B2B 或者 B to B）：企业或公司之间使用互联网与供应商（企业或公司）开展贸易活动的电子商务形式。在电子商务发展史上，企业对企业的电子商务发展是电子商务的主流，特别是通过增值网络进行的电子数据交换，极大推动了企业对企业的电子商务发展。著名的 B2B 网站有阿里巴巴、中国制造网和环球资源网等知名网站。

（2）企业与消费者之间的电子商务

企业与消费者之间的电子商务（Business to Consumer，简写为 B2C 或者 B to C）：通过互联网为消费者提供的在线销售服务，也可以看作是在线电子零售服务。目前，B2C 是最常见的电子商务类型，在互联网上出现了许多商业中心，涵盖各个领域的商品和服务。具有代表性的 B2C 电子商务网站有卓越网、拍拍网等。

（3）消费者与消费者之间的电子商务

消费者与消费者之间的电子商务（Consumer to Consumer，简写 C2C 或者 C to C）：为个体买卖双方提供一个在线交易平台，便于买卖双方实现商品交易的电子商务活动。C2C 电子商务与传统的二手市场相比打破了时空界限，节约了时间、空间成本。具有代表性的 C2C 网站有 58 同城、易趣网等。

（4）企业与政府之间的电子商务

企业与政府之间的电子商务（Business to Government，简写 B2G 或者 B to G）：企业与政府之间在网上完成的各种交易。政府可以通过电子商务方式对企业进行宏观调控并实施规范管理等方面的职能。政府也可以作为消费者向企业公布采购清单，以提高办公效率。

（5）公民与政府之间的电子政务

公民与政府之间的电子政务（Citizen to Government，简写 C2G 或者 C to G）：政府通过电子网络系统为公民提供各种服务。例如居民的等级和户籍管理、福利费发放、自我估税以及个人税收等。

（6）线上与线下的电子商务

线上与线下的电子商务（Online to Offline）：Alex Rampell 提出的电子商务运营模式新概念，O2O 是指将互联网线上与线下的商务连接起来，实现虚拟经济与实体经济相结合的商业模式。O2O 模式能够产生规模经济，消费者在线上交易，在线下实体店里享受消费服务，这是 O2O 模式不同于其他电子商务模式的主要特点。

随着电子商务的蓬勃发展，电子商务的模式也在不断进步，主要表现在两个方面：

一是应用模式的转变，将 ERP 与电子商务相融合，形成全程电子商务模式。全程电子商务是以计算机网络为基础，面向全球供应链将企业内部管理、电子商务、供应链融为一体，连接企业上下游的一种商业模式。全程电子商务将企业的内部业务与电子商务完全融合，并与上游供应商、下游分销商和客户实现业务协同与信息共享，同时将各种商业活动与企业的品牌传播和产品推广紧密联系在一起，让企业的传统商业活动与电子商务、企业自身与外部合作伙伴、产品销售与品牌推广成为一个整体。全程电子商务概念如图 1-5 所示。

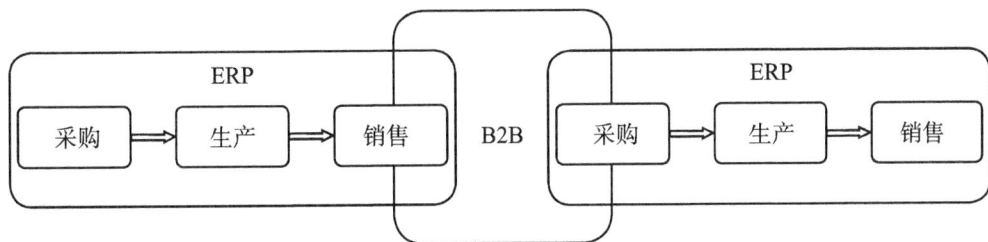

图 1-5 全程电子商务概念图

二是消费模式的转变，移动客户端消费模式迅速增长。无论是 PC 网上交易，还是基于手机的移动电子商务，网上购物转移了部分消费者的时间和金钱。但是，像 SHOPPINGMALL 的出现并未取代便利店、商超一样，作为一个新渠道，移动电子商务与传统商业也不会是竞争关系，而是补充关系，是对消费模式的一种丰富，以满足不同人群的购物喜好。

（二）电子商务的特征

电子商务是在互联网和信息技术基础上应运而生的产物。电子商务除了具有互联网所具有的开放性、全球性特征以外，还具有本身的特征：

1. 高效性

电子商务可以突破时空界限，克服传统商务中的高费用、信息滞后性、易出错、传递速度慢的缺点，将传统商务流程在短时间内完成，使企业的工作效率和服务质量大大提高。在传统商务中，用信件、电话和传真传递信息必须有人参与，每个环节都必须花大量时间，这样会导致信息的时效性受损，失去最佳商机。电子商务克服了传统商务中存在的费用高、易出错、处理速度慢等缺点，极大地缩短了交易时间，使得整个交易非常快捷与方便。

2. 虚拟性

电子商务是基于互联网基础上进行的商业活动，商业活动的整个流程都是在虚拟的网络环境中通过信息交换来完成整个商务活动。电子商务交易双方，对卖方来说可以到网络管理机构申请域名，只做自己的主页，组织产品信息上网。而买方则可以通过虚拟现实、网上聊天等新技术将自己的需求信息反馈给卖方。通过信息交换，最终签订电子合同，完成交易并进行电子支付。

3. 安全性

互联网的开放性、全球性、互动性特征威胁到电子商务的信息安全。在电子商务交易过程中网络病毒、诈骗、窃听等方面的不安全因素影响着电子商务的进程。因此要求互联网能够供应一套安全可靠的解决方案，包括加密机制、签名机制、分布式安全管理、防火墙、防病毒保护等。随着计算机技术的发展，电子商务的安全性也会得到相应的加强。

4. 普遍性

电子商务作为一种新型的交易方式，将生产企业、流通企业以及消费者和政府带入了一个网络经济、数字化生存的新天地。无论是跨国公司还是中小企业都可以通过电子商务的形式找到新的市场和盈利机会，消费者也可以在电子商务中获得价格上的实惠。电子商务的影响远远超过商务本身，它对社会的生产和管理、人们的生活和就业、政府职能、教育文化都带来了巨大的影响。

5. 方便性

在电子商务环境中，人们不再受地域的限制，客户能以非常简捷的方式完成过去较为繁杂的商务活动，如通过网络银行能够全天候地存取账户资金、查询信息等，同时使企业对客户的服务质量得以大大提高。因此，在电子商务条件下，企业的服务质量成为商务活动取得成功的一个关键因素。

6. 整体性

电子商务通过互联网协调新技术，使用户能利用他们已有的资源和技术，更加有效地完成交易。电子商务能够规范事务处理的工作流程，将人工操作和电子信息处理集成为一个不可分割的整体，这样不仅能提高人力和物力的利用，也可以提高系统运行的严密性。

三、电子商务的未来发展趋势

（一）移动电子商务蓬勃发展

根据2016年第38次中国互联网络发展状况统计报告，截至2016年6月，我国网络购物用户规模达到 4.48 亿，较 2015 年底增加 3448 万，增长率为 8.3%。移动互联网的迅猛发展，催生移动电子商务快速兴起，开创了新型电商商业模式。艾瑞咨询最新数据显示，2016Q2 中国移动购物市场交易规模达 7834.4 亿元，同比增长 75.9%，我国网络购物市场依然保持快速、稳健增长趋势。随着移动端占比的不断提升，移动端增长空间减小，导致移动网购交易规模增速有逐渐放缓的趋势。但是一方面随着整体网购市场交易规模的增长和移动端占比的提升，另一方面各大电商平台、多家传统品牌企业加速布局移动端，不断丰富移动端业务，完善移动端服务，在加强移动端商品运营的同时大力丰富内容运营，未来几年，中国移动网购仍将保持比较强劲的增长。同时，移动端的发展，也有助于企业实现整合营销、多屏互动等模式。

（二）电子商务产业园的发展

电子商务产业园即整合线上线下各类实体资源及物流配套体系，为电子商务企业提供商业办公、产品展示、仓储物流、人才培训、创业融资等集成式服务。产业园是企业与周边优势产业集群运营与发展的平台与资源获取的载体，产业园区一般规划电商总部基地、办公仓储一体化服务基地、电子商务创业项目孵化基地、电商教育基地、综合性服务平台等区域。不同类型的产业园拥有不同的规划，目前国家正在积极推进电子商务产业园的发展，在土地、税收、项目、人才等方面为电商产业园建设发展出台了很多利好政策。中小企业发展转型依托以园区为载体的资源平台，可以享受政府给予土地支持、免税政策、人才引进扶植等政策倾斜。国家对电子商务产业园建设发展政策如图 1-6 所示。

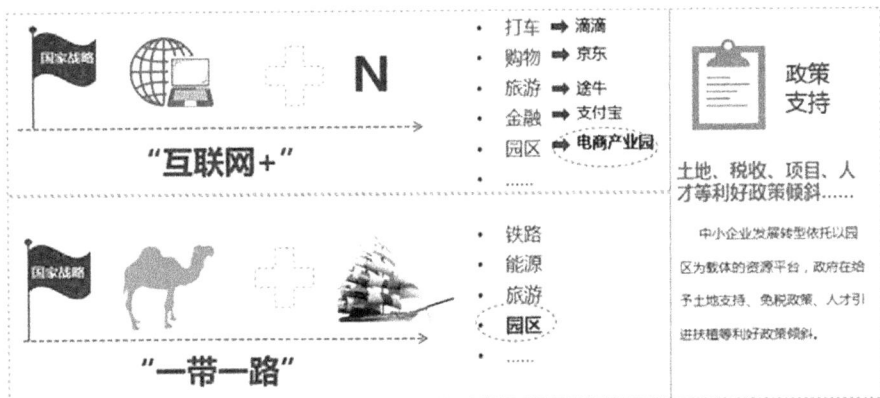

图 1-6 电子商务产业园建设发展政策

中国电子商务产业园区未来的发展趋势是平台化、资本化、创新化和体系化，电子商务产业园区发展趋势如图 1-7 所示。

1. 平台化

由地产平台向综合服务平台转变。改变以往单纯的承租模式，以园区为载体打造产业链条，构建资源平台，服务于整个产业链条的企业群体，进行研发支撑、电商代运营、资金供给、人才供给、业务拓展等大平台的构建。

2. 资本化

更加灵活的资本化运作方式。政府投融资体制变革，更多民间资本进入，投资方式改变以往相对单一的获利模式，会以产业投资基金、土地入股、物业入股的形式竞相进入。

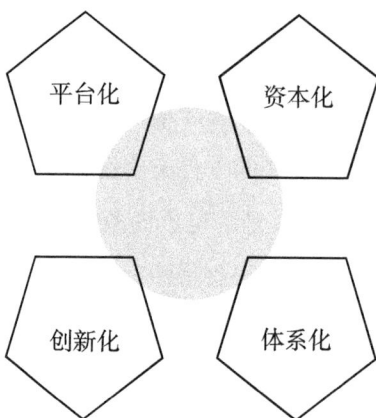

图 1-7 电子商务产业园区发展趋势

3. 创新化

服务领域更加创新。在以互联网为基础的背景下，未来的产业园区将更多地服务于工业互联网、物联网、智能机器人、冷链物流、生态农业、跨境贸易等创新性企业。

4. 体系化

品牌化体系化拓展。规模与速度不是园区成功的标志，深受企业认可，具有良好美誉度和可复制性运作模式园区将有巨大的市场发展空间，通过模式的复制推广构建精品园区体系，使其打造成为园区中的沃尔玛，是未来园区的长远发展之路。

（三）实物市场向服务市场的转变

现在当我们谈到电子商务，已经不只是局限于买件衣服，买个手机，或者买张彩票这种实体物质，电子商务已经涉及生活的各个方面，涉及广义上消费的各个领域。但在实物市场走向服务市场的转变过程中，我们的互联网技术和思维还处在初级阶段。到今天，我们仍然把移动互联网只当作一个销售渠道，而从实物走向服务的变化，互联网在未来会更深刻地影响到服务的供给和组织的整合。

（四）国内市场到国际市场的转变

整个海淘的兴旺是毋庸置疑的，并且这只是一个原点。跨境电子商务的机会跟国内电子商务的机会是一样大的，这是因为我们国内有最大的消费能力和消费市场。怎样给消费者提供全新的海淘体验？跨境电子商务需要很多新颖的服务类型：从整个物流管理，订单管理、订单和身份信息的结合，到海关系统的结合，这些流程的实现不光是靠平台，更多的是靠服务商一起服务商家。跨境电子商务的支撑系统跟纯粹的国内交易有很大的区别，怎样来提供这样的服务，也是留给我们所有的技术类服务商的一个问题。

第二节　电子商务的框架体系

一、电子商务框架的概念

电子商务框架是描述电子商务组成元素、影响要素、运作机理的总体性结构体系。可以用多种模型来描述电子商务的框架体系。

（一）基于"5F+2S+1P"的电子商务框架

从商务实现机理的角度，可以用"5F+2S+1P"直观地描述电子商务的总体框架，如图1-8所示。

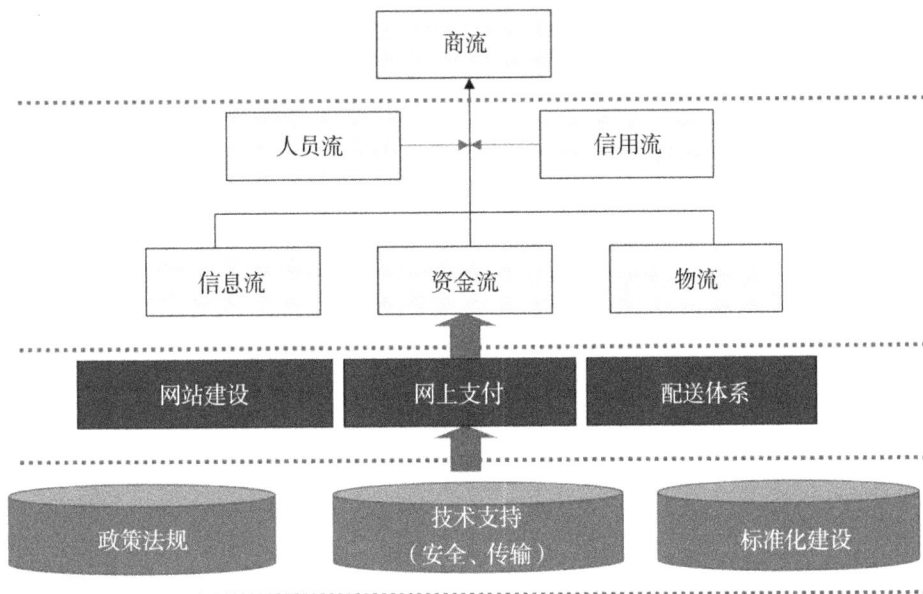

图 1-8　电子商务的"5F+2S+1P"结构图

5F（Flower）即五流畅通，包括信息流、资金流、物流、信用流和人员流；2S 即安全（Safety）、标准化建设（Standardization）；1P 即政策法规（Policy）。

在商务活动过程中，必须有信息流的传递、资金的流通和商品的时空转移，才能最终完成商品特定权利的让渡，即商流的实现。商务是人的活动，同时交易各方需要相互信任，只有在人员流与信用流的护航下才能最终保证商流的实现。电子商务以网站为交易平台，以网上支付与线下配送为手段，同时必须以政策法规为保障，以标准化建设和技术为支持。

（二）Kosiur 电子商务框架

David Kosiur 认为电子商务是一种商业市场成员、交易操作流程与网络环境结构的交集产物。不同网络环境下电子商务的表现形式、侧重要求有所不同：Intranet 能使一个组织内部的信息、管理控制得以高效实现；Extranet 能在不同的组织之间形成合作性的网络，以降低交易成本提高经营绩效；Internet 则能在全球范围内实现各类市场主体之间信息的高效传递从而提高社会整体福利。Kosiur 电子商务框架如图 1-9 所示。

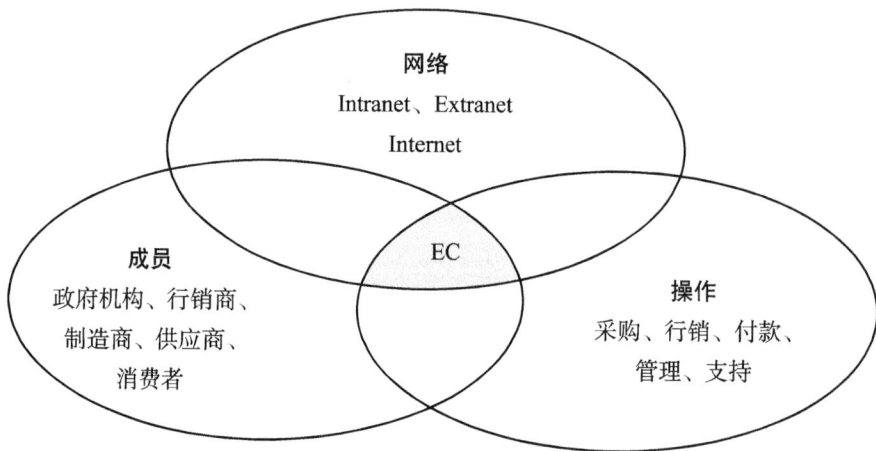

图 1-9 Kosiur 电子商务框架

二、电子商务的交易实体

所谓电子商务交易实体，是指能够从事电子商务活动的客观对象，包括：客户、供应商、银行、认证中心、配送中心。电子商务系统结构如图 1-10 所示。

图1-10 电子商务系统结构图

1. 客户

与传统交易模式相比，电子商务中的客户表现出一些新的特征：第一，客户的分布更为广泛。第二，客户的需求更趋于多样性。第三，客户与企业的联系更为密切，利用 Web 技术采集客户信息，数据库技术储存客户资料，数据分析系统研究客户资料，使企业与客户之间的相互交流变得更为紧密。第四，客户更具参与性。

2. 供应商

供应商在电子商务中为客户提供相应的货物或服务，处于中心位置，供应商既是产品和服务的提供者，又是信息的提供者，还是电子商务发展的根本推动力量。供应商如何在信息技术速度进步的社会环境中利用现有条件更为有效地发展自己的业务，是电子商务所要研究的中心问题。

供应商可分为两大类：

第一类是由企业自己组建的网站，如爱慕官方商城；第二类是电子商务交易平台，如天猫商城。

3. 银行

银行直接参与电子商务的方式便是建立网上银行。

4. 认证中心

认证中心又被称为 CA 中心，它的英文全称为 Certificate Authority Center。这一机构负责发放用以证明交易各方身份的数字证书。这种数字证书可以鉴别交易伙伴，确定合同、契约、单据的可靠性并预防违约行为。

5. 配送中心

主要负责采购商品的配送工作。

第三节　服装电子商务

一、我国服装电子商务概述

（一）我国服装电子商务的发展

服装是每个人的生活必需品。随着我国经济发展，人民物质生活水平的不断提高，对服装的需求也呈现多样化。人们对服装的认识已经不仅仅是停留在遮羞避寒的层次，而是将其提升到展现个人涵养、审美观念及个性魅力等更高的精神层次。同时人们在追求精神层次的同时也更加注重服装的舒适性、实用性、时尚性、功能性等方面的特性。

随着信息技术的发展和网络在全国范围内的迅速普及，电子商务以其独特的超越时空的特点，以成本低廉和传播广泛性的特性在我国取得了极大的发展。服装电子商务的异军突起标志着新兴的服装商务模式的产生。在服装电子商务取得长足进步的同时，需要对我国服装电子商务的现状和趋势进行分析，以便加深我们对服装电子商务的认识和理解，并认清服装电子商务的发展方向。服装行业是传统行业之一，我国是服装生产大国，也是服装出口和消费大国，服装产业在我国国民经济中占有重要的地位。服装电子商务的发展对中小服装企业的生存发展具有至关重要的作用。

根据中国电子商务研究中心《2013 年度中国服装电子商务市场运行报告报告》总结整理，我国服装电子商务的发展经历了大致六个阶段，分别是市场孕育阶段、市场起步阶段、市场发展阶段、市场成熟阶段、市场爆发阶段和市场稳定阶段。我国服装电子商务发展阶段如图 1-11 所示。

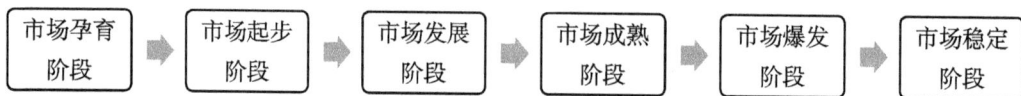

市场孕育阶段 → 市场起步阶段 → 市场发展阶段 → 市场成熟阶段 → 市场爆发阶段 → 市场稳定阶段

图 1-11　我国服装电子商务发展阶段

1. 市场孕育阶段

20 世纪 90 年代～2003 年，我国服装电子商务处于市场孕育期。人们对电子商务有了初步的认识和了解，并开始尝试和摸索；同期网络技术的普及和上网的便利也给电子商务的发展提供了外部条件。此时，电子商务处于孕育期发展阶段，真正从事电子商务的企业很少，并且主要以 B2B 电子商务模式为主。1994 年年初我国服装企业开始参与电子商务，到 1999 年，我国已陆续有几百家服装企业涉足电子商务领域，其中有十多家企业提供了网上购物服务。

2. 市场起步阶段

2003~2005 年，是我国服装电子商务的市场培育期。由于非典的爆发和淘宝网的广告效应，使越来越多的人了解到网络购物。在此期间淘宝网涌入大量用户，并使服装服饰类产品成了网络热购的产品之一，在此阶段 C2C 电子商务模式得到了发展。

3. 市场发展阶段

2005~2007 年，是我国服装电子商务的市场发展阶段。PPG 公司将传统服装零售与电子商务相结合，开创了服装 B2C 直销的电子商务模式，以其独特的商业模式吸引了资本市场的关注和青睐。此后涌现出大量的服装直销电子商务平台，如凡客（Vancel）。

4. 市场成熟阶段

2007~2011 年，我国服装电子商务步入成熟期，形成了"百花齐放"的市场竞争格局。在此阶段，凡客诚品、若缇诗、欧莎、裂帛、七格格、斯波帝卡、玛萨玛索、零男号、梦芭莎、螃蟹秘密和兰缪等网络服装品牌大规模增加。服装服饰类商品成为网络购物的第一大销售商品。

5. 市场爆发阶段

2011~2012 年，我国服装电子商务进入爆发期。李宁、红豆、美特斯邦威、以纯、GXG 等为代表的一大批传统服装企业纷纷拓展"线上渠道"，进军电子商务。其实，早在 2008 年左右，运动品行业的李宁、正装行业的报喜鸟、休闲行业的太平鸟，服装行业的这三巨头就已经进军电商。对于传统服装企业来说，进军电商是一种主动性的尝试，也是一种非常具有战略前瞻性的布局。

6. 市场稳定阶段

2012 年以来，是我国服装电子商务发展的成熟期。服装网购市场规模保持较大比例的平稳增长，在此期间服装服饰类产品稳居网购的第一大类商品。服装电子商务的销售渠道也拓展为 C2C、B2C、O2O、C2M 等新模式，而且伴随着 VR、AR 等新技术的不断诞生和应用，将让智能移动终端给服装电子商务带来更大的想象空间，如阿里推出 Buy+ 初级版、京东 PCL 实验室、必要上线 AR 购物体验技术等。

（二）我国服装电子商务现状

1. 网民数量增长迅速

信息技术的发展和网络普及促进了电子商务的发展，网络的普及又造就了一定数量的网民，尤其是在移动端电商 App 时代，一定数量的网民是实现电子商务的前提和保证。根据中国互联网络信息中心的统计：截至 2016 年 6 月，我国手机网民规模达 6.56 亿，较 2015 年底增加 3656 万人。网民中使用手机上网的比例由 2015 年底的 90.1% 提升至 92.5%，手机在上网设备中占据主导地位。同时，仅通过手机上网的网民达到 1.73 亿，占整体网民规模的 24.5%。

2. 服装电子商务交易规模不断扩大

服饰类是线上起步最早、规模最大、发展最为成熟的行业，根据艾瑞咨询的调研数据：2015 年中国网络购物市场交易规模 3.8 万亿元，服装网购的市场规模为 8018 亿元，占到全部网购规模的 21.1%。从 2011 年到 2016 年，我国服装网购规模呈现稳步增长的态势，预计到 2018 年我国服装网购规模可达 3.7 万亿元，占整个网购市场的 18.7%。我国 2011~2018 年服装网购规模和增长率如图 1-12 所示。

2011~2018年中国服装行业市场规模、增长及网购渗透率

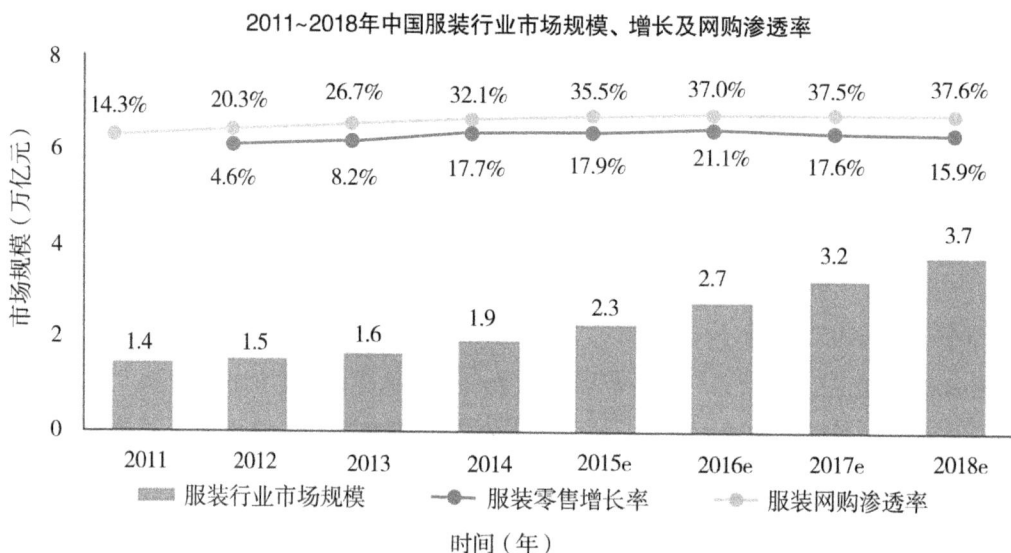

图 1-12　我国服装网购规模和增长率

3. 电子商务信息服务渠道不断完善

纺织服装行业的竞争一直非常激烈，促使服装企业获取及时信息的需求增加，大量以信息咨询为主的服务于服装企业的网站不断涌现。比较著名的网站有中国服装网、中国纺织服装信息网、电子商务研究中心、中华服装网等。这些网站的出现为服装企业提供了丰富的公共信息平台，对服装企业信息渠道扩展、资源建设方面发挥了重要作用。

4. 女性服装占优势

根据淘宝与第一财经商业数据中心联合推出的《2015 年中国服装行业消费趋势研究报告》提供的数据，在消费者方面，服装行业总体男女比例约为 1∶3。女性消费者在服装行业掌握绝对的话语权，即使是在男装行业，女性依然贡献四成的消费率。从品类来看，女装 2015 年第三季度在服装行业占比最高，当之无愧成为淘宝平台的第一大类目。平台中男装规模约为女装的 1/3，内衣家居服品类规模约为男装的 1/3。

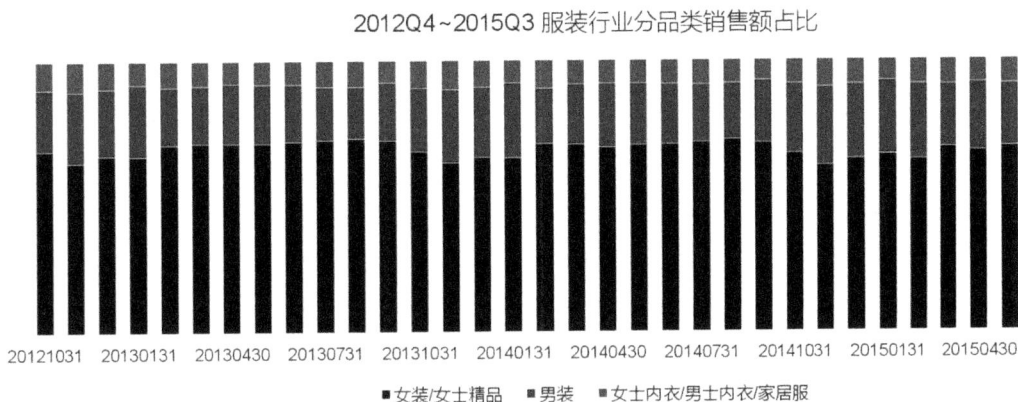

2012Q4~2015Q3 服装行业分品类销售额占比

■女装/女士精品 ■男装 ■女士内衣/男士内衣/家居服

图 1-13　2012Q4~2015Q3 服装行业分品类销售额占比

5. B2C 电商模式成主流

根据 Analysys 易观智库发布的《中国网络零售 B2C 市场季度检测报告 2015 年第 4 季度》数据显示，2015 年第 4 季度，中国网络零售 B2C 市场交易规模为 6443.8 亿元人民币，同比增长 41.9%。2015 年，中国网络零售 B2C 占比首次超越 C2C，网络零售 B2C 占比达到 52.5%。网络零售 B2C 的崛起，说明中国网络零售已进入规模化竞争阶段。随着越来越多大型的规模化网商进入网络零售市场，个人卖家在激烈的竞争中逐渐被淘汰。而作为网购市场中规模最大的服饰行业，其电商模式必然促进整个电商发展的脚步，因此，B2C 平台逐渐成为服饰类发展的主要平台。

（三）我国服装电子商务的特点

近年来，我国服装电子商务无论从交易规模、网购人数，还是专业电子商务网站的不断涌现都呈现发展态势，在所有行业中都名列前茅。在高速发展的同时表现出以下一些特点：

服装电子商务

1. 服装电子商务发展不均衡

2015Q1~2015Q3服装行业用户地域分布

高
低

注：行政区划参考国家统计局标准/颜色赵深代表占比越高

2011~2015Q3服装行业用户城市级分布

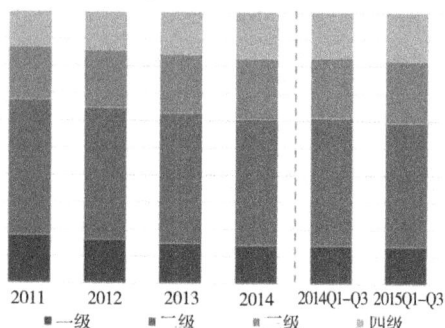

2011　2012　2013　2014　2014Q1-Q3　2015Q1-Q3
■ 一级　■ 二级　■ 二级　■ 四级

图 1-14　我国电子商务发展分布图

　　根据淘宝网与第一财经商业数据中心 2015 年的分析报告显示，服装电子商务在我国华南地区有较大的发展空间，而三、四线城市更具发展潜力，具体情况可以参考图 1-14 所示的分布图。以京东电子商务平台为例，根据新生代市场监测机构发布的中国网民网络行为与动机研究（IMMS）和市场与媒体研究（2012SP~2014SP）的报告显示，京东重度用户的城市级别／区域分布和三年变化趋势如图 1-15 所示，由此可知重度用户在一线城市优势显著且集中于华北区，华南成为重点发展区域，而服装行业用户主要分布在东南部沿海省份，三、四线地区市场的发展速度更快。相对应其他行业而言，三、四线城市在服装行业的消费占比更高，其中男、女装的占比都超过了 40%。总体来看，我国服装电子商务发展不平衡，其中包括区域的不平衡和城市发展的不平衡。

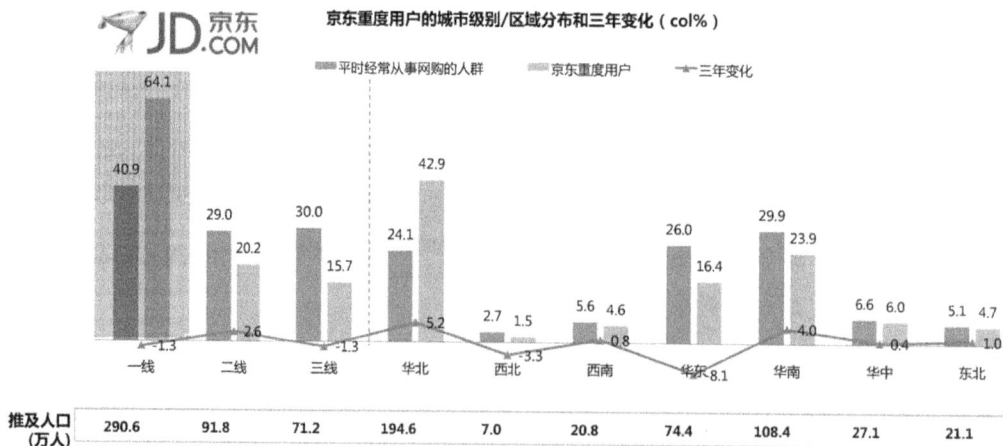

京东重度用户的城市级别/区域分布和三年变化（col%）

■ 平时经常从事网购的人群　■ 京东重度用户　—— 三年变化

	一线	二线	三线	华北	西北	西南	华东	华南	华中	东北
推及人口（万人）	290.6	91.8	71.2	194.6	7.0	20.8	74.4	108.4	27.1	21.1

图 1-15　京东重度用户的城市级别／区域分布和三年变化

2. 名牌产品在网络购物中占比较大

由于我国大部分网民的总体特征是年轻，学历相对较高，所以运动休闲类的服饰品牌在网民中较受欢迎。近年来网络购物也催生了一些新的网络服装品牌，如茵曼、凡客诚品、韩都衣舍等，这些服装品牌依靠网络扩大市场和知名度，2013年茵曼在双十一单日销售额过亿元，销售数量达到女装品牌第一位。无论是男性网民还是女性网民，运动品牌提及率前三名均为耐克、阿迪达斯和李宁，可见名牌服饰在网络购物中占有相当大的比重。由于网络的虚拟性，已使消费者从被动转向主动，极大地增强了商家与消费者的互动性，使商家与消费者的沟通与联系变得更加容易和快捷，所以也助推了网购名牌的热情。

3. 参与服装网购的网民比例相对较小

根据中商情报网报告：服装是网上购买人数最多，金额也最高的商品。接近六成（57.8%）的网上购物消费者在网上买过服装，服装金额约占全部网购金额的四分之一（23.5%）。虽然形势喜人，但也应看到：中国网民的购物潜力仍未被完全释放。在欧美和韩国等互联网普及率较高的国家，网民中网络购物比例已经超过三分之二。各大网络购物网站都致力于打造更加简单易行的购物平台，网络购物的门槛越来越低，只要会上网就可以学会网络购物。

4. 传统品牌服装企业加速了电子商务的步伐

目前仅淘宝网就有超过6000家传统服装企业通过不同形式开展网上直销，而且企业还在尝试不同的电子商务模式来实现网上多平台的经营，同时也在寻求更多的方法来解决网上和网下渠道利益冲突问题，传统品牌企业电商化将是一个不可逆转的趋势。

目前，利用互联网平台进行网络销售的形式越来越成为纺织服装产品营销的主流形式，并且服装网络购物销售占比在所有网购市场中呈现不断上涨趋势。2015年纺织服装产品的网购金额为2.3万亿元，增长幅度远远高于总体网购市场。服装网购金额在总体网购金额中占比高达21.1%，具体数据参见表1-1所示。

表1-1　我国服装产品近5年网购发展规模与趋势

年份	2011年	2012年	2013年	2014年	2015年
服装网购规模（万亿元）	1.4	1.5	1.6	1.9	2.3
购买人数（万人）	18590	26390	34710	41730	46150
年网购规模增长率（%）	93.5	107.1	106.7	118.8	121.1

数据来源：中国电子研究中心

5. 电子商务平台纷纷支持服装电子商务

淘宝商城、QQ 商城等第三方电子商务平台均把服装作为重点行业进行招商推广，而以数码家电产品为主的京东商城、以图书为主的当当网也开始发力服装网购。凡客原来只是销售自己品牌的服装，也在 2010 年推出了 V+ 商城来销售其他品牌的服装。因为服装是网上购买人数最多、销售额最高的商品，电子商务网站引入服装一方面能够为业绩增长提供新的动力，另一方面也可以与原来销售的商品产生协同效应，通过产品的多元化来实现范围经济。

6. 资本对服装电子商务的青睐

2010 年 10 月 26 日，中国服饰电子商务企业麦考林在纳斯达克正式挂牌交易，标志着我国首家 B2C 电子商务企业成功上市，麦考林跃升为"中国 B2C 第一股"。其他服装电子商务网站也受到了风险投资的青睐，如凡客获得了 1 亿美元的融资，梦芭莎在短短一年内分别获得 2000 万美元和 6000 万美元两轮融资。此外，一些依托淘宝成长起来的个人卖家建立的淘品牌，如七格格、裂帛等也受到了资本的追捧。资本的进入将对服装电子商务的经营方式产生巨大影响，风险投资非常看重发展速度，高投入、快发展的互联网经营模式将会被更多地注入到这些网站中。

虽然服装电子商务在未来将会保持高速发展，但是随着市场竞争的加剧其发展方向将转向精细化和精准化。电子商务渠道会更加多元化，传统服装企业将会采用多种渠道开展电子商务，自建官网将会被更多的服装企业采用。由于互联网能够更好地满足用户个性化的需求，未来针对个性化定制和特定细分市场的服装电子商务将会得到更多的发展。

（四）服装电子商务发展过程中遇到的问题

1. 传统服装企业的经营困惑

随着国内经济增长，店租和费用不断增长，企业经营成本加大，市场利润减少，导致企业间竞争激烈；同时伴随服装店铺的增加，使消费者选择余地增大，讨价还价的机会增加，成交利润稀薄；另外，服装企业的采购、陈列凭借主观个人感觉，缺乏专业标准；与此同时，网络服装却异军突起，凭借互联网的优势，对实体服装店铺形成了巨大的冲击。如何在激烈的市场竞争中生存、发展，在消费者追求多元化的市场中拥有一席之位，成为传统企业亟需解决的问题。

2. 服装企业开展电子商务的困惑

服装电子商务在网络购物中占有举足轻重的地位，但它的健康快速发展并非易事，服装企业发展电子商务需要专业技术团队的支持。服装企业在发展电子商务过程中会面临各种问题，诸如网络营销中广告和宣传成本的压力、服装电子商务网站建设和运营的技术压力、服装产品物流的时效性压力等。同时，服装又是拥有季节性和严重依赖消费者个体体验的特殊产品，如果服装产品因为设计或消费者体验不好而导致销售不畅，过季后会导致大量囤积，服装企业从事电子商务将很难盈利。

　　企业开展服装电子商务，要充分发掘互联网的优势，积极弥补由于网络虚拟环境下购物给消费者带来的体验效果差的弱点，通过设计更具互动性和体验性的电子商务网站来增加消费者的购物体验。例如，从服装在网页中的展示技术入手，可将电子商务中服装的网页展示分为三个阶段，第一个阶段为平面展示，平面展示图片没有任何变化；第二个阶段为"可变化"的平面图片，目前我国电子商务网站中网页的服装展示基本处于这个阶段，本阶段的特点是若将鼠标放在"可变化"图片的局部，局部就会放大，使消费者更容易看清服装的材质和款式；第三个阶段是"3D互动虚拟试衣间"技术，目前暂未普及。下面分别用图例说明网页展示的两个阶段，图1-16和图1-17是网页展示的第一阶段和第二阶段，分别是平面展示图和"可变化"的平面图。服装企业要想在开展电子商务中取得成功，就要积极运用最新IT技术，在网页展示和顾客消费行为分析等领域不断向更高层次迈进。

图1-16　服装电子商务网站中的平面展示图

图 1-17 服装电子商务网站中的"可变化"平面展示图

3. 服装电子商务面临的安全隐患

服装电子商务的安全问题主要表现在网络安全和法律法规等方面。其中网络安全包括个人信息的保密性、网上支付安全性、计算机网络安全性等方面，相当部分消费者考虑到网络安全因素，不进行或很少进行电子商务活动，从而制约了电子商务的发展。另一方面，由于电子商务属于新型商业模式且交易在线上，关于这方面的法律法规很不完善，甚至有很多在交易中遇到的情况如个人资金被转移等没有相应的法律法规，也就没有负责人，只能消费者自己承担，这对发展电子商务产生了极大的障碍。因此如何确保个人信息不被泄露、保证支付信息的安全是服装企业开展电子商务面临的技术安全问题，而这也需要完善的法律法规相配合。

4. 服装企业信息编码体系不规范问题

一套完善的信息编码规则是建立计算机信息化系统的前提条件。服装编码应用广泛，如产品编码、客户编码、供应商编码和原材料编码、规格编码，而每一个编码又由多个元素构成。例如，规格码中，西装上衣的规格由 3 个元素组成，分别为身高、胸围和体型，第一位为身高，范围是 160（1）、165（2）……，第二位是胸围从 A（82）……，第三位体型对应的元素码是 Y、A、B、C。

由于不同的服装零售商使用不同的服装尺寸编码系统让消费者对服装编码产生不

确定性，导致了网上服装返回达到爆点。服装企业电子商务是建立在良好的企业内部信息管理的基础上的，如果服装企业编码不一致就会影响电子商务的发展进程。

5. 服装企业开展电子商务的人才匮乏问题

服装电子商务的人才是需要熟悉服装电子商务运作，懂得企业管理软件，掌握数据分析技能，又会网络营销的复合型的人才。从电子商务平台融合的角度看，这样的人才少之又少。我国各院校电子商务专业没有配套的设施和电子商务环境，培养出来的学生专业定位不准，人才培养模糊。同时，由于全程电子商务没有全面普及，多数服装企业也没有意识到电子商务人才的重要性。

二、我国服装电子商务未来发展趋势

服装电子商务是计算机、通信和网络等多学科交叉技术的综合体，运营方式新颖独特，符合当今时代发展的需求。服装电子商务在增强服装舒适性、提高人们生活质量、改善人们的劳动条件、满足某些特种行业和特种场合的需要等方面，将继续发挥越来越重要的作用。同时，服装电子商务能提高产品附加值，吸引人们的兴趣，促进消费，有助于推动服装电子商务的发展和振兴。未来服装开发将向开发具有高附加价值及高科技应用的智能型服装方向发展，各种不同产业的结合，国际分工与全球市场分享将是 21 世纪高科技服装市场必然的发展趋势。

（一）服装在线社区

为"智能服装厂"网站设一个信息交流平台——在线社区（Online Community）或电子社区（Electronic Community），目的是为年龄相仿、爱好相似、消费特征相近的网络用户提供一个聚会消费探讨的场所，方便他们相互交流和分享经验。消费者进入该社区，需要先注册，将年龄、性别、身高、体重、所在城市区域、款式、风格、三围、肤色、喜好颜色设置为必填信息，计算机可根据这些信息推荐相应的服装供消费者选择，同时也会对这些信息进行存档，设置个人社区档案库，也可通过三维视频互动技术将相关信息输入计算机数据库。虚拟社区主要是为消费者提供一个分享线下实体店信息的共享平台。服装企业应鼓励消费者对服装进行评价并交流消费经验，供其他消费者购买前作参考，每次消费者的购物体验、评价该服装企业都应给予一定的鼓励如分红，当然评价保证要具有一定的客观性、真实性、实用性。虚拟社区的内容包括：时尚信息、服装企业的最新资讯、播放一些国际时尚秀，让消费者掌握最新的流行趋势。还可以提供一些教消费者如何穿衣搭配的技巧视频，将服装的生产过程播放出来，让消费者对服装有个全新的认知。或者发起一系列的促销活动，增强本企业服装的品牌知名度，也可以设计一些互动的小游戏，让消费者参与其中，对服装进行设计和修改等，利用多种方式吸引消费者乐意留在虚拟社区，成为社区里的主人。

（二）服装企业的 B2C+O2O 运营模式

随着电子商务技术的发展和网民数量及消费需求的转变，单一的电子商务模式已不能满足消费者的需求，于是 B2C+O2O 模式应运而生。B2C+O2O 模式的重点是线下服务于消费者，如何让消费者能享受到更满意的服务，享受到在消费的时候被重视的感觉。解决这方面的问题，主要是对消费者信息做到全面的了解，尽量获取本企业顾客的全部信息。那么，如何达到这点呢？目前的获取途径是三种，分别是通过会员注册可以获取基本信息；通过购买行为可以掌握消费行为特征；通过消费体验评价可以获取消费需求。要做到全面掌握消费者的消费需求，提供他们意想不到的产品或服务，进行一对一营销服务，努力在挽留老顾客的同时，通过顾客的宣传挖掘新顾客，实现关系营销策略，扩大本企业服装品牌的知名度。服装企业的 B2C+O2O 运营模式如图1–18 所示。

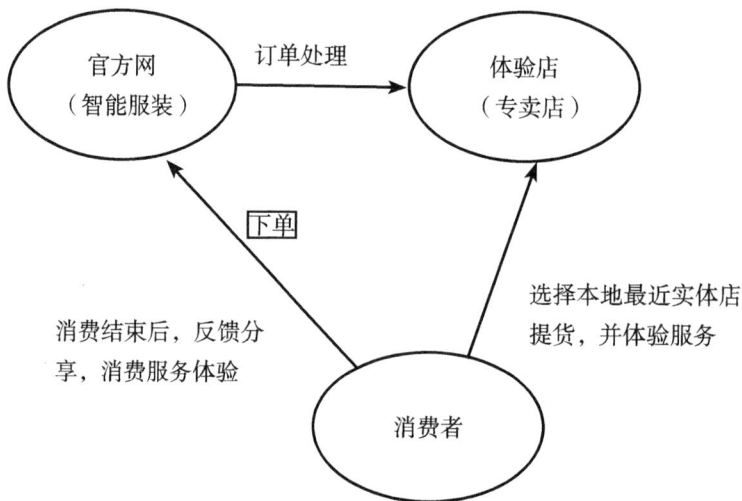

图 1–18　服装企业的 B2C+O2O 运营模式流程图

（三）服装网络定制

目前网络定制还是一种新型的服装定制方式。但因其能满足消费者对个性化服装的需求以及其定制速度快、价格低，故发展前景非常好。服装网络定制是一种结合计算机数字技术、信息技术和网络技术的快速低成本地为客户定制服装的生产模式。既可以是半成品定制，也可以是全定制，其定制模块可分为以下几种：尺寸定制、面料定制、款式定制、色彩定制、装饰性定制等，其中尺寸定制即为商家根据顾客精确测量的尺寸为其制作合体服装，或是顾客选择商家提供的标准化尺寸定制服装。面料定制过程是顾客根据商家面料数据库中提供的面料小样选择面料，自然也可以自定义面料，不过自定义面料是在全定制中。款式定制则是网络定制中的重中之重，因为顾客需要的是个性化服装，故应根据顾客尺寸来确定款式。以女式西服为例，如对西服廓型 Q 型、J 型、L 型的选择。色彩定制则要根据顾客个人喜好和穿着场合等来选择面料色彩。装饰性定制是指顾客可以选择的个性化装饰，比如女式西服中的无扣、两粒扣、三粒扣或是腰挖袋、腰贴袋、无腰袋等的选择。网络定制的费用自然比传统的高级定制低廉，且因为有三维虚拟试衣系统的存在，网络定制节省了大量的试衣时间，使网络定制的服装交货期缩短。网络定制流程如图 1-19 所示。

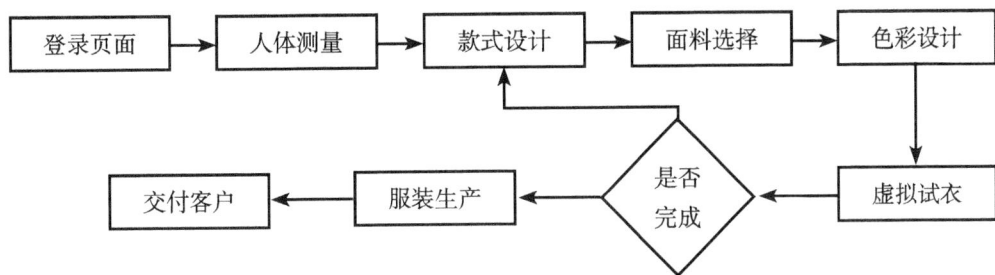

图 1-19 服装网络定制基本流程

未来纺织服装产品的电子商务将会随着全球电子商务市场的发展向着进一步细分化、个性化、精准化的方向演变。自建专业网站将会被更多的纺织服装企业作为网络营销的策略加以运用，电子商务所引发的按需定制式生产、销售和消费的新浪潮，将会进一步促使先天就具有个性化、定制化和特定细分市场特征的纺织服装电子商务得到长足的发展。随着中国网民网上购物潜力的完全释放和更加简单易行购物平台的不断诞生，网上购物的门槛将会越来越低，我国纺织服装业的电子商务与网络营销也仍会继续保持高速发展的态势。服装网络定制的关键技术在于 VR 和大数据的发展，近年来，虚拟现实技术和大数据技术都得到了极大的进步，使得服装网络定制成为可能，这也是服装电子商务未来的发展趋势之一。

【思考题】

1. 在现实生活中常用的网络移动终端购物平台有哪些？这些平台上跨境商品最多的类别是什么？

2. 你认为传统服装店铺和电子商务怎样结合才能避免销售渠道冲突？

3. 你认为未来中国服装电子商务有哪些方面的发展趋势？

服装电子商务

电商服装品牌困局：流量红利期过后将走向何方？

依托淘宝、京东等线上平台，不到十年的时间内，大大小小的互联网服装品牌如雨后春笋般涌现出来。而作为电商渠道的最大品类——服装，"韩都衣舍""裂帛""茵曼"等线上服装品牌也在摸爬滚打中渐成气候。

随着服装上市公司对线上渠道的跑马圈地，此前隐匿于资本市场门外的线上品牌得以揭开"神秘的面纱"。但这些"看上去很美"的线上服装品牌，业绩却没有想象中那么好。

净利润率偏低

旗下拥有"茵曼"和"初语"等知名线上服装品牌的广州汇美业绩表现平平。2015 年 3 月 11 日，广州汇美获得搜于特亿元的融资。2012 ~ 2014 年，广州汇美分别实现营业收入 2.16 亿元、5.90 亿元和 9.56 亿元，净利润为 2001.7 万元、3412.5 万元和 3890.8 万元，净利润率分别为 9.3%、5% 和 4.1%，呈逐年下降趋势。这一净利润率水平并没有高出线上传统品牌。2014 年，女装上市公司朗姿股份（002612.SZ）实现营收 12.35 亿元，归属上市公司股东净利润为 1.21 亿元，净利润率为 9.8%。而拉夏贝尔（06116.HK）2014 年则实现营收 78.14 亿元，净利润 5.11 亿元，净利润率为 6.5%。

"服装企业在很健康的情况下，净利润率应该是十几个点，5% ~ 10% 的水平也算正常，低于 5% 就比较危险了。"知名电商评论员、蓝色美城科技 CEO 简江说。较低的净利润率与互联网服装品牌势如破竹的销售增长速度大相径庭。在"双十一"等线上促销活动中，线上服装品牌销量和销售额多次超过线下品牌。2014 年"双十一"期间，天猫女装销量排名前五的品牌分别为韩都衣舍、优衣库、茵曼、Artka 和初语，除了优衣库外，其余均为互联网服装品牌。

绕不开的流量费

流量对线上品牌是至关重要的因素，所以线上品牌主要成本就是线上营销费用。对于传统线下品牌，以女装为例，加价率做到 6 倍以上才能实现健康盈利。也就是说，如果一件衣服成本 60 块钱，零售价起码要加到 360 元，高达 6 倍，这中间包含了店铺、经营和存货等成本。而线上品牌通常加价率为 2.5 倍左右，其中很大一部分是流量费用（即"店铺点击量"）。

一名淘宝个体服装店店主告诉记者，每个月其店铺营收在 2 万元左右，其中要花

4000 元用来购买流量推广店铺。淘宝站内推广主要分为钻石展位和直通车。钻石展位就是首页最大位置的展示广告，直通车则是通过搜索相关字眼出现店铺的链接。直通车，跟百度竞价有些类似，按照点击量收费；钻展则是按天收费，费用较高，一般小店铺都是使用直通车推广方式。2009 年以前，淘宝等电商平台处在"流量红利期"。彼时为了提升客户满意度，平台有意扶持相对品质较高的大卖家成为品牌，会免费送很多流量资源。随着线上交易额的水涨船高，线上卖家的不断涌入，线上客流平均购买成本也开始逐步攀升。线上店铺展位是无限的，线上卖家商品品类的增长速度没有限制，但消费者的需求是有限的，所以线上卖家必须争抢流量。而且总体来说，线上品牌老客户比例不大，也需要流量资源不断吸取新客户。

后流量红利时代

随着越来越多的传统品牌入驻天猫、京东等线上平台，增长已经趋缓的平台流量还会越来越紧张。对于资金实力较弱的线上服装品牌来说，今后的路该怎么走？

"有两种发展方法。第一个是从'小而美'做起，把用户喜爱度和溢价做上去。客单价高，消费者忠诚度也高，不需要在流量上投入太多。像中国风女装品牌'裂帛'等走的就是这个路线。第二个方法就是做供应链公司，以规模化的供应链效率优势为导向，走品牌化服饰零售商的路子，类似于线下的优衣库。韩都衣舍现在就在往这方面靠拢。"林双德向记者透露，线下企业在供应链方面亦有自己的优势。"柯玛妮克实际上就在实施'高品质、多品类、快周转'的运作模式。线上品牌的一个仓库，就能满足全国消费终端的需求。首单量占当季货品总量的 5% ~ 10%，仓库只需要保持 7 天的需求量就行，之后可以根据需求进行滚动上新、补货。所以线上品牌只需要在季节前的两个月进行研发生产就可以，相对于线下品牌能节约 7 ~ 10 个月的时间。"

另一方面，为了进一步优化资金链，扩大规模，线上品牌也开始在资本道路上紧锣密鼓。早在 2011 年，韩都衣舍已经与知名风投公司 IDG 达成千万美元融资协议，同年裂帛获得红杉资本、经纬创投约 1000 万美元的投资；去年 2 月，茵曼获得 IDG 资本、阿里巴巴等数千万美元 A 轮投资；同年 9 月，由黄晓明等明星发起的"Star VC"宣布投资韩都衣舍等。不仅如此，上市服装企业也开始加快对线上品牌的投资。除了搜于特的两度投资，今年 2 月拉夏贝尔也宣布投资收购拥有"七格格"等线上品牌的杭州黯涉 54.05% 的股权。

【案例讨论】

针对以上案例和本章所学知识，对下面几个问题展开讨论：

1. 流量对品牌营销的利与弊有哪些？

2. 在后流量红利时代，中小服装企业如何实现线上盈利？

【本章小结】

本章作为全书的开篇，首先对电子商务进行了全面系统的阐述，包括电子商务的发展、分类和特征及发展趋势，并简单介绍了电子商务的框架体系。针对服装行业，又对服装电子商务的发展、现状和特点进行了一系列的分析，并结合服装电子商务发展过程中遇到的问题，总结出我国服装电子商务的主要发展趋势，即在线社区化、企业 B2C+O2O 运营模式和服装网络定制化三个趋势。

第二章　服装电子商务技术基础

【本章学习目标】

1. 了解服装电子商务涉及的相关技术概念
2. 了解服装电子商务涉及的相关技术应用
3. 了解服装电子商务中的新兴技术

【引导案例】

服装行业攻破大数据

服装行业在发展进程中，正加快脚步摒弃传统发展模式，拥抱创新，并从以往的粗放式企业经营迈向精细化运作。随着科技技术的快速发展以及互联网与线下经营的相互融通，基于实体和虚拟相连接而形成的促进企业乃至行业发展的模式应运而生，我们所熟知的云端、物联网、大数据都对服装行业今天的发展起着举足轻重的作用。而大数据相对更广泛地运用于服装行业中。

最近流行一句话：还没有大数据？等着被竞争对手淘汰吧！随着大数据的炙手可热，这样的论调逐渐多了起来。的确，大数据已不可避免地被人们所提及。很多人都说大数据是"无形的使者"，当然这只是站在消费者层面形容的，服装企业本身及大数据运营者却深知这是将无形转化为有形的桥梁。

以主打科技创新的世界运动巨头品牌耐克为例。在耐克的众多鞋款中，"Nike+"跑鞋通过无线 Nike+iPod 运动组件与 iPod 实现信息互通，Nike+ 系列的核心价值在于所构建起来的庞大的线上社区，它的最大功能在于社交。比如，当消费者的跑步状态更新到 Nike+ 的账户里时，朋友可以评论并点击一个"鼓掌"按钮，这样，消费者在跑步的时候便能够在音乐中听到朋友们的鼓掌声，以及在最后冲刺时有特别的声音为其助阵。随着跑步者不断上传自己的跑步路线，耐克也掌握了主要城市里最佳跑步路线的数据库。目前，社交应用有很多细分市场，例如社交＋招聘、社交＋电子商务、社交＋兴趣，而分享运动数据意味着分享隐私，Nike+ 打开了社交应用的又一个细分市场。

从营销角度看，这属于大数据营销的范畴，耐克并不希望消费者穿完一双鞋就扔掉，它的目的是和消费者建立一个更为牢固的关系，不仅要让目标群体使用自己的产品，还希望得到反馈和提高附加值。

不过也应该看到，随着大数据的广泛推进，降低大数据分析成本，简化部署难度，提高分析速度成为越来越多的企业首要关注的方向。创新的大数据技术和解决方案，能够实现数据的快速挖掘与分析，帮助企业驱动大数据价值，从而深化客户关系，规避风险和诈骗，提升业务表现。

资料来源：中国服装网 http：//news.efu.com.cn/newsvicw—1060403-1.html

第一节　概述

随着网络日益普及，特别是智能手机的出现，网购已成为消费者日常购物的主要形式，未来网上交易额一定会不断增长。当前物流配送体系已经逐渐成熟，国内的一些知名快递公司已能够与企业进行实时数据交换，国内支付体系也得到逐步完善，支付宝的支付方式也迂回解决了客户的后顾之忧。这些都为电子商务提供了难得的发展机遇。另外传统服装企业有多年的生产经验，在诚信和产品品质乃至服务品质方面都可以让网购用户放心，同时还拥有一大批深谙消费者消费心理和行为习惯的专业人才，因此其发展潜力难以估量。另外，服装这种特殊商品视觉效果往往是最重要的，通过VR 等试衣技术可以直观感受到穿着的效果等等，同时企业通过直接与消费者互动能够很快获得市场信息，加快对市场变化的响应速度。这些都是电子商务最大的优势，所以建立服装电子商务对服装企业来说是一个很好的销售途径。

电子商务（Electronic Commerce）是指在 Internet 上进行的商务活动。如果将现代信息技术看作一个子集，商务看作另一子集，电子商务所覆盖的范围应当是这两个子集所形成的交集，即电子商务标题之下可能广泛涉及的因特网、内部网和电子数据交换等在贸易方面的各种用途。商务解决做什么的问题，而电子则解决如何做的问题。实现技术涉及的面比较广，包括网络技术和通信技术、Web 技术、数据库技术和安全技术等，而电子商务技术就是利用计算机技术、网络技术和远程通信技术，实现整个商务过程中的电子化、数字化和网络化。人们不再是面对面地看着实实在在的货物，通过现金进行交易，而是通过网络进行交易，通过网上琳琅满目的商品信息、完善的物流配送系统和方便安全的资金结算系统进行交易。通常电子商务技术概念框架如图

2-1 所示，该框架通过层次化的结构描述了电子商务实现技术与其相互关系。其中网络层为电子商务提供了必要的网络环境，平台层向电子商务提供了必要的应用技术手段，应用层是满足电子商务的各种应用领域，公共基础部分始终贯穿在这三个层次中，并对电子商务的推广、普及和应用起着重要的作用，是创造电子商务具体应用的基础。目前的电子商务基本都是在这个架构上不断发展的。按照图 2-1 概念框架，本章将重点对网络技术、Internet 技术、数据交换技术、数据库技术、电子支付与结算、电子商务安全技术、虚拟现实技术、物联网技术、大数据技术等进行介绍。

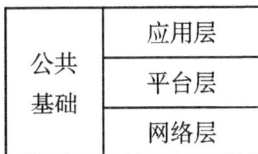

公共基础	应用层
	平台层
	网络层

图 2-1　电子商务技术概念框架

第二节　计算机网络技术基础

一、计算机网络

计算机网络，是指将地理位置不同的具有独立功能的多台计算机及其外部设备，通过通信线路连接起来，在网络操作系统，网络管理软件及网络通信协议的管理和协调下，实现资源共享和信息传递的计算机系统。通俗地讲，计算机网络就是由多台计算机（或其他计算机网络设备）通过传输介质和软件物理（或逻辑）连接在一起组成的系统。

二、计算机网络系统的组成

一个完整的计算机网络系统是由网络硬件和网络软件所组成的。网络硬件是计算机网络系统的物理实现，一般指网络的计算机、传输介质和网络连接设备等。网络软件是网络系统中的技术支持，一般指网络操作系统、网络通信协议等。两者相互作用，共同使网络功能发挥作用。

（一）计算机网络硬件

组成网络的硬件可分为四类：服务器、工作站、网络交换互联设备和外设。

1. 网络服务器

网络服务器是用来提供各种服务的，按照提供的服务不同，可把服务器分为文件服务器、打印服务器、邮件服务器、数据库服务器、通信服务器、视频服务器等。服务器可以是一个单纯的文件服务器，或一个单纯的打印机服务器，邮件服务器等，也可以是提供多种服务的综合服务器，或提供几乎所有服务的服务器。服务器可以是专用的（只作为网络服务器），也可以是共享的（即作为网络服务器，又作为网络工作站）。

2. 网络工作站

网络工作站是用来访问资源的，是能使用户在网络环境下进行工作的计算机系统。网络工作站现在经常被称为客户机。在局域网上，一般都采用微型机作为网络工作站，如 HP PC 系列微机，Apple 公司的系列微机等，终端也可以用作网络工作站，但微型机可能更好。因为微型机除了可在网络上工作外，还可以不依赖于网络单独工作，并且还可以对其功能、配置等进行扩展，而终端只能在网络上工作，而且不具备更大的扩展性能。另外，终端运行的操作系统通常是 UNIX 或 LINUX 等字符操作系统，与WINDOWS 系统不兼容，所以终端一般用于金融、科研等专用部门。

3. 网络交换互联设备

网络传输介质分为有线传输介质和无线传输介质，有线传输介质通常包括同轴缆、双绞线、光纤。同轴电缆所受的干扰较小，但布线技术要求较高，成本较贵，目前在网络连接中较少使用。在局域网中双绞线是常用的传输介质。光纤在传输过程中不受干扰，光信号在传输很远的距离后不会降低强度，而且光缆的通信带宽很宽，因此光缆可以携带数据长距离高速传输。虽然光缆比较昂贵，但今后互联网络链路的高速率传输主要靠光纤来实现。无线传输的介质有：无线电波、微波、卫星、红外线和激光。无线传输介质通常用于移动通信、广域互联网的广域链路的连接和近距离的笔记本电脑互联等应用中。无线传输的优点在于安装、移动以及变更都比较容易，不会受到环境的限制。但信号在传输过程中容易受到干扰和被窃取。

网络适配器俗称网卡，或网络接口卡，用于将计算机同网线连接起来，并通过网线在计算机之间进行高速数据传输，因此需要为每一台联网的计算机装上一块网卡。

网络交换设备常用的有：

（1）中继器（repeater）：中继器是网络物理层的连接设备。适用于完全相同的两个网络的互联，主要功能是通过对数字信号的重新发送或者转发，来增加网络传输的距离。中继器是对信号进行再生和还原的网络设备，是 OSI 模型的物理层设备。

（2）网桥（bridge）：网桥能对不同类型的局域网实现桥接，实现不同类型网络之间的相互通信，又能有效地阻止各自网内的通信不会流到别的网络。网桥有时也在同类型的网络内用于隔离不同网段的信息通信，把不需要越出网段的通信限制在段内，避免网络传输的过重负担。网桥是工作在 OSI 模型的数据链路层的设备。

（3）交换机（switch）：交换机是一个中心控制点，将需要联网的计算机都通过网卡、网线等与交换机相连，就可以把计算机互连在一起组成局域网。交换机是工作在OSI模型的数据链路层的设备。

（4）路由器（router）：大量微机通过局域网连入广域网与网络互连可以通过路由器来实现。路由器通常是一台专用设备或者就是一台计算机，能识别各种网络协议。路由器可以在复杂网络中为网络数据的传输自动进行通信线路的选择，在网络节点之间对通信信息进行存储转发，是互联网的关键设备。路由器是工作在OSI模型的网络层的设备。

（5）网关（gateway）：网关又称为协议转换器，是异构型网络互联设备。主要功能是进行协议转换和数据重新分组，主要工作在高层（如传输层和应用层），实现不同类型且相差较大的异种网络的互联。

4. 网络外部设备

建立网络的目的之一是共享网络资源，网络资源分为硬件资源和软件资源，网络外设属于可被网络用户共享的、常用的硬件资源。通常情况下，共享网络资源一般是一些大型的、昂贵的外部设备：如大型激光打印机、绘图设备、大容量存储系统等。

（二）计算机网络软件

网络软件是一种在网络环境下使用、运行，控制和管理网络工作的计算机软件，根据网络软件的作用和功能，可把网络软件分为网络系统软件和网络应用软件。网络系统软件是控制及管理网络运行和网络资源使用的网络软件，它为用户提供了访问网络和操作网络的人机接口。网络应用软件是指为某一个应用目的而开发的网络软件。网络软件通常包括网络操作系统、网络通信协议、网络应用软件和防火墙等。

网络操作系统是网络软件中最主要的软件，用于实现不同主机之间的用户通信，以及全网硬件和软件资源的共享，并向用户提供统一、方便的网络接口，便于用户使用网络，常见的网络操作系统有Unix、Linux、Windows等。防火墙是在局域网和互联网之间构筑的一道屏障，它是在内外有别及在需要区分处设置有条件的隔离设备和软件，用以保护局域网中的信息、资源等不受来自互联网中非法用户的侵犯。需要指出的是还有其他防火墙，如病毒防火墙、邮件防火墙等，与网络防火墙不是一个概念。

在网络上的各台计算机之间如果要通信，它们之间必须使用相同的语言才能进行，这种语言就是网络协议。网络协议是网络上所有设备（网络服务器、计算机及交换机、路由器、防火墙等）之间通信规则的集合，它规定了通信时信息必须采用的格式和这些格式的意义。常见的协议有：TCP/IP协议、IPX/SPX协议、NetBEUI协议等。

随着移动互联网的普及，各种智能移动终端设备由于其便捷、高效等特点被广泛应用，以 Android 及 iOS 为主的智能操作系统在近几年飞速发展，智能平台已经为大多数网络用户所接受。

三、计算机网络的分类与拓扑结构

（一）计算机网络的分类

网络类型的划分标准各种各样，通常根据网络的覆盖范围与规模可分为局域网、城域网和广域网；按传输介质可分为有线网和无线网；按数据交换方式可分为电路交换网、报文交换网和分组交换网；按通信方式可分为广播式传输网络和点对点式传输网络；按服务方式可分为客户机—服务器网络和对等网。但是从地理范围划分通常是一种大家都认可的通用网络划分标准。局域网一般来说只能是一个较小区域内，城域网是在局部地区范围内的网络，广域网是不同城市间的网络互联，不过在此要说明的一点就是这里的网络划分并没有严格意义上地理范围的区分，只能是一个定性的概念。

局域网（Local Area Network；LAN），就是在局部地区范围内的网络，它所覆盖的地区范围较小，是我们最常见、应用最广的一种网络，随着计算机网络技术的发展和提高而得到充分的应用和普及，几乎每个单位都有自己的局域网，甚至有的家庭中都有自己的小型局域网。局域网在计算机数量配置上没有太多的限制，少的可以只有两台，多的可达几百台。一般来说在企业局域网中，工作站的数量在几十到几百台左右。在网络所涉及的地理距离上一般来说可以是几米至几公里。局域网一般位于一个建筑物或一个单位内，不存在寻径问题，不包括网络层的应用。其特点是：连接范围窄、用户数少、配置容易、连接速率高。目前局域网的速率可以达到 10Gb。

城域网（Metropolitan Area Network；MAN），是在一个城市，但不在同一地理范围内的计算机互联。这种网络的连接距离可以在 10~100 公里，它采用的是 IEEE802.6 标准。MAN 与 LAN 相比扩展的距离更长，连接的计算机数量更多，在地理范围上可以说是 LAN 网络的延伸。

广域网（Wide Area Network；WAN）也称为远程网，所覆盖的范围比 MAN 更广，它一般是在不同城市之间的 LAN 或者 MAN 网络互联，地理范围可从几百公里到几千公里。因为距离较远，信息衰减比较严重，所以这种网络一般是要租用专线，通过 IMP（接口信息处理）协议和线路连接起来，构成网状结构，解决循径问题。这种网络因为所连接的用户多，总出口带宽有限，所以用户的终端连接速率一般较低。

在现实生活中我们真正遇到最多的是局域网，因为它可大可小，无论在单位还是在家庭实现起来都比较容易，应用也是最广泛的一种网络。在局域网中，无线局域网是目前最新，也是最为热门的一种网络，这种局域网的最大特点就是自由，因为它摆脱了有形传输介质的束缚，只要在网络的覆盖范围内，可以在任何一个地方与服务器及其他工作站连接，而不需要重新铺设电缆。

（二）计算机网络的拓扑结构

当我们组建计算机网络时，应考虑网络的布线方式，这也就涉及了网络拓扑结构的内容。计算机网络拓扑是通过网中节点与通信线路之间的几何关系表示网络结构，反映出网络中各实体间的结构关系。主要是指通信子网的拓扑结构。局域网常用的拓扑结构有：总线型结构、环型结构、星型结构、树型结构。拓扑结构对整个网络的设计、功能、可靠性和通信费用等都有重要影响，是决定局域网性能优劣的重要因素之一。

四、计算机网络的主要功能

计算机网络的功能主要是实现计算机之间的资源共享、网络通信和对计算机的集中管理。除此之外还有负荷均衡、分布处理和提高系统安全与可靠性等功能。

1. 资源共享

（1）硬件资源：包括各种类型的计算机、大容量存储设备、计算机外部设备等。

（2）软件资源：包括各种应用软件、工具软件、系统开发所用的支撑软件、语言处理程序、数据库管理系统等。

（3）数据资源：包括数据库文件、办公文档资料、企业生产报表等。

（4）信道资源：通信信道可以理解为电信号的传输通道，通信信道的共享机制是计算机网络中最重要的共享资源之一。

2. 网络通信

通信通道可以传输各种类型的信息，包括数据信息和图形、图像、声音、视频流等各种多媒体信息。

3. 分布处理

把要处理的任务分散到各台计算机上运行，而不是集中在一台大型计算机上。这样，不仅可以降低软件设计的复杂性，而且还可以大大提高工作效率和降低成本。

4. 集中管理

计算机在没有联网的情况下，每台计算机都是一个"信息孤岛"。在管理这些计算机时，必须分别管理。而计算机联网后，可以在某个中心位置实现对整个网络的管理。如数据库情报检索系统、交通运输部门的订票系统、军事指挥系统等。

5. 均衡负荷

当网络中某台计算机的任务负荷太重时，通过网络和应用程序的控制和管理，将作业分散到网络中的其他计算机上，可由多台计算机共同完成。

五、计算机网络的特点

1. 可靠性

在一个网络系统中，当一台计算机出现故障时，可立即由系统中的另一台计算机来代替其完成所承担的任务。同样，当网络的一条链路出了故障时可选择其他的通信链路进行连接。

2. 高效性

计算机网络系统摆脱了中心计算机控制结构数据传输的局限性，并且信息传递迅速，系统实时性强。网络系统中各相连的计算机能够相互传送数据信息，使相距很远的用户之间能够即时、快速、高效、直接地交换数据。

3. 独立性

网络系统中各相连的计算机是相对独立的，它们之间既互相联系，又相互独立。

4. 扩充性

在计算机网络系统中，人们能够方便、灵活地接入新的计算机，从而达到扩充网络系统功能的目的。

5. 廉价性

计算机网络使微机用户也能够分享到大型机的功能特性，充分体现了网络系统的"群体"优势，可以节省投资和降低成本。

6. 分布性

计算机网络能将分布在不同地理位置的计算机进行互连，可将大型、复杂的综合性问题实行分布式处理。

7. 易操作性

对计算机网络用户而言，掌握网络使用技术比掌握大型机使用技术简单，因此实用性较强。

六、移动网络技术

移动网络技术是通过移动 IP 技术实现的，一般分为 IPv4 中的移动 IP 和 IPv6 中的移动 IP 两种类别。任何情况下，移动 IP 都应支持节点从一个网络向另一个网络移动，即"宏观移动性"，而不仅仅是支持"微观移动性"，例如像蜂窝电话一样，从一个蜂窝向另一个蜂窝切换无线连接。

近几年来，不仅是笔记本电脑，而且包括平板电脑（Pad）、个人数字助手（PDA）、智能手机等都显著增加，不论设备是通过有线或无线与网络连接，当设备移动时，不论其移动在何处，其他设备都能够以同一个 IP 地址来访问该设备，这将极大地方便用户使用。然而要实现这一点却非常困难，因为节点移动时，可能必须连接到使用不同 IP 地址的不同网络。

（一）IPv4 中的移动 IP

移动 IP 使用移动代理的概念，为移动主机指派一个可达的主地址。当主机位于正常驻地时，它使用自己的主地址连接到本地网络，所有的协议都按正常方式操作；而移动代理通常是常规路由器，它作为外地代理，也可以作为主代理，处理传送给移动主机的信息。

当移动节点离开驻地时，可以按照下列方法使用移动 IP 来连接到网络：

（1）外地代理和主代理周期性地发出报文，表明它们的可用性。移动主机也可以主动请求此信息。这些通告以 ICMP 路由器通告为基础，为移动节点提供足够的信息，使其能够确认它是在自己的驻地网络还是在外地网络中。

（2）如果移动节点确认自己连接到驻地网络，就会如同非移动主机一样工作。

（3）如果该节点确认自己是在外地网络中，则它将从外地网络获得"关照地址"。该地址是当移动主机在外地网络中时，可到达移动主机的临时地址。移动主机可以使用外部机制（如 DHCP）来获得在外地网络上的有效地址，或者它也可以使用移动代理指定的某个地址，该地址就称为外地代理"关照地址"。此时，对于所服务的任何移动节点，移动代理使用同一个境内地址，将进入网络的数据包转发给正确的节点。

（4）一旦移动主机拥有可在外地网络上寻找的某类地址，通过发送报文，它将该地址注册到其主代理，实际报文的内容类似于"如果你收到发给我的主地址的数据包，请转发到这个地址"。

（5）一旦主代理知道对于发给移动节点的包应向何处转发，它就把这些包拦截下来，并进行封装，以 IP 隧道方式发送到移动节点提供的关照地址。如果该关照地址是一个配置的关照地址，则由外地代理来接收封装的 IP 包，拆包并转发给移动节点；如果该关照地址是在外地网络上分配给移动节点的单独 IP 地址，移动节点就可以接收到带封装的 IP 包，自己拆包。

如果外地网络上的移动节点要发送包，则无需进行特殊操作，这些主机将继续使用其主地址作为包的源地址，对这些包也无需进行任何特殊处理。

（二）IPv6 中的移动 IP

首先，在 IPv6 中，在无状态自动配置或使用 DHCPv6 状态自动配置的支持下，获得关照地址的过程更加简单。正因如此，IPv6 中没有外地代理关照地址，而只有配置的关照地址。其次，应该有可能使用 IPv6 的各种特性来改进移动节点的操作。例如，主代理可以使用邻居发现的代理通告来截获发给移动节点的 IPv6 包。对于通过目的地选项来将地址更新与地址相捆绑的路由优化，节点也应该有基本的支持。

移动 IPv6 中包含的另一个新特性是：即使在移动节点常规主代理不可达的情况下，移动节点也有能力和驻地网络建立联系。移动节点可以向驻地网络中为主代理保留的地址发送任意点播包，任何可用的主代理将把自己的选项通知移动节点。

第三节 Internet 概述

电子商务的本质是建立在互联网（Internet）基础上的商务活动。互联网是电子商务发展的基石，也是商务网站开发和应用的基本平台，没有互联网，电子商务就无从谈起。

一、Internet 的定义

将不同位置的计算机通过通信线路及必要的硬件连接在一起，构成一个高效率的通讯网，称之为计算机网络，凭着这种通信网，所有在网上的终端机或电脑都能享受网上所有的资源，比如程序、图文资料等。而 Internet 则是将横跨全球的各种不同类型的计算机网络连接起来的一个全球性的网络。Internet 被译为国际互联网，也有人把它称之为环球网或因特网。

Internet，不单单是一个计算机网络，更重要的，它是一个庞大、实用、可享受的信息源；同样也可以把 Internet 当作一个面向芸芸众生的社会来理解，世界上每个角落的人都可以用 Internet 进行通信并共享信息源，例如：可以收发电子邮件、搜索信息、发布帖子、撰写博客、订阅新闻组、参加网络会议、进行电子商务、下载形形色色的资源等。

二、互联网的组成与结构

互联网实际上是一个网联网，是多个网络互连形成的逻辑网络，如图 2-2 所示。由于网络互联的最主要互连部件是路由器，因此，也有人称互联网是用传输媒体连接路由器形成的网络。从逻辑上看，为了便于管理，互联网采用了层次网络结构，即采用主干网、次级网和园区网逐级覆盖的结构。

（1）主干网：由代表国家或者行业的有限中心结点通过专线连接形成；覆盖到国家一级；连接各个国家的因特网互联中心，如中国互联网信息中心 (CNNIC)。

（2）次级网 (区域网)：若干个作为中心结点代理的次中心结点组成；如教育网

各地区网络中心，电信网各省互联网中心等。

（3）园区网（校园网、企业网）：直接面向用户的网络。

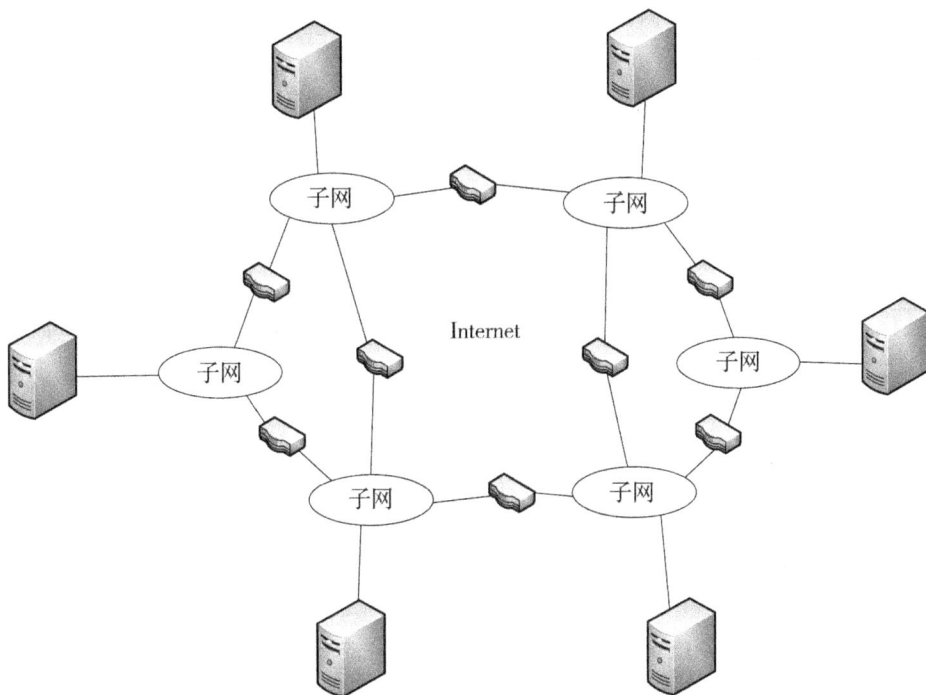

图 2-2　Internet 组成示意图

三、IP 地址与域名

IP 地址是在网络上分配给每台计算机或网络设备的 32 位数字标识。在互联网上，每台计算机或网络设备的 IP 地址是唯一的。IP 地址的格式是 xxx.xxx.xxx.xxx，其中 xxx 是 0 到 255 之间的任意整数。

例如，北京服装学院网站主机的 IP 地址是 211.71.99.54。互联网用 IP 地址来标识网络中的每台主机，每个入网主机都必须有一个IP地址。由于IP地址是用数字表示的，没有规律、不易记忆，因此互联网采用了一套有助于记忆的符号名"域名地址"来表示入网的主机，例如与 IP 地址 211.71.99.54 对应的北京服装学院网站的域名为 www.bift.edu.cn。每一个在互联网上使用的域名都必须注册，只有注册过的域名才能使用，域名注册能确保在互联网上使用域名的唯一性。

四、Internet 上提供的服务

目前，Internet 创造的计算机空间正在以爆炸式的势头迅速发展。你只要坐在计算机前，不管对方在世界什么地方，都可以互相交换、购买物品、签订巨大项目合同，

也可以结算国际货款。企业领导可以通过 Internet 洞察商海风云，从而得以确保企业的发展；科研人员可以通过 Internet 检索众多国家的图书馆和数据库；医疗人员可以通过 Internet 同世界范围内的同行们共同探讨医学难题；工程人员可以通过 Internet 了解同行业发展的最新动态；商界人员可以通过 Internet 实时了解最新的股票行情、期货动态，使自己能够及时地抓住每一次商机；学生也可以通过 Internet 开阔眼界，并且学习到更多的有益知识。

那么 Internet 是怎样实现上述功能的呢？那就是它所提供的服务。它所提供的服务包括 WWW 服务、电子邮件（E-mail）、文件传输（FTP）、远程登录（Telnet）、新闻论坛（Usenet）、新闻组（News Group）、电子布告栏（BBS）、Gopher 搜索、文件搜寻（Archie）等，全球用户可以通过 Internet 提供的这些服务，获取 Internet 上提供的各种信息和应用功能。这里所说的 WWW 服务，又称超文本传输服务，就是我们常用的通过网页获取信息的服务方式，其核心是 HTTP 协议，很多其他服务都是通过 WWW 的形式体现的。

五、WWW 资源访问机制

WWW 服务是当前 Internet 上最受欢迎和最为流行的信息检索服务系统。它把 Internet 上现有资源连接起来，用户只需为建立了 WWW 服务器的所有站点提供超文本资源文档，这是因为，WWW 能把各种类型的信息（文本、图像及音视频）完美的集成起来，不仅提供了图形界面的快速信息查找，还可以通过同样的图形用户界面（GUI）与 Internet 的其他服务器对接，在 WWW 资源访问机制的介绍中，要了解以下几个概念：

（一）客户端和 Web 服务器端

在计算机的世界里，凡是提供服务的一方我们统一称为服务器端（Server），而接受服务的另一方统一称作客户端（Client）。这种关系在因特网上就变成使用者和网站的关系了。即：Web 服务器端指 Internet 中提供 WWW 数据服务的一方，也就是网站程序所位于的服务器。客户端指的是网站浏览者所位于的机器端，也就是网站的用户。浏览者在电脑的浏览器中输入网址，透过 HTTP 通信协议向网站提出浏览网页的要求。网站收到用户的要求后，将用户要浏览的网页数据传输给使用者，这个动作称为响应。网站提供网页数据的服务，使用者接受网站所提供的数据服务。

这里要注意，Web 服务器属于硬件范畴，它要与软件程序相结合才能提供 WWW 服务，所谓的软件范畴指的就是网站程序。

（二）网站

网站实际上是一系列文件的集合。对一个网站而言，其所拥有的所有文件都被存储在 Web 服务器的一个目录下。一个完整的网站包括以下几部分：网页文件、数据文件和其他辅助文件。在众多网页文件中，必须有一个被定义为"首页"，即浏览者在浏览器中输入域名后首先看到的页面，网站用户通过"首页"中的超级链接可以非常容易地在网站各个页面之间跳转。

（三）网页

由上述可知，网页是网站最基本的组成部分，那么网页的本质是什么呢？我们说，文字与图片是构成一个网页的两个最基本的元素。读者可以简单地理解为：文字，就是网页的内容，图片，就是网页的装饰。除此之外，网页的元素还包括动画、音乐、程序等。

在网页上点击鼠标右键，在弹出的快捷菜单中选择"查看源"，就可以看到网页的实际内容。如图 2-3 所示。

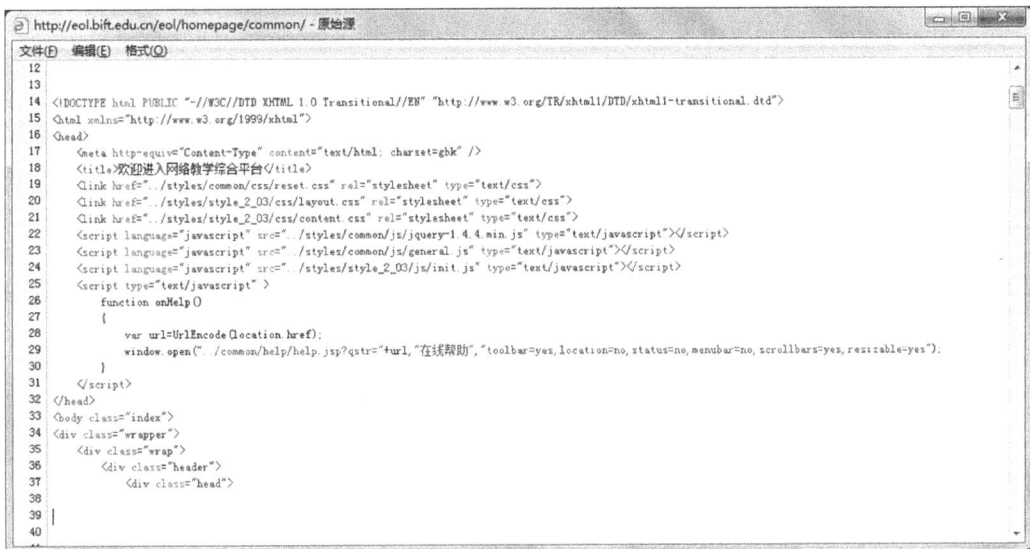

图 2-3　查看网页源文件

可以看到，网页实际上只是一个纯文本文件，它通过各式各样的标记对页面上的文字、图片、表格、声音等元素进行描述（例如字体、颜色、大小等等），而浏览器则对这些标记进行解释并生成页面，于是就得到我们所看到的画面。为什么在源文件看不到任何图片？因为网页文件中存放的只是图片的链接位置，图片文件与网页文件实际上是独立存放的，甚至可以不在同一台计算机上。

通常我们在浏览器端看到的多是静态网页，大都是以 htm 或 html 后缀结尾的文件，俗称 HTML 文件。服务器端的动态网页则具有不同的后缀，如 cgi、asp、aspx、php、jsp 等。

六、互联网接入技术

互联网接入是通过特定的信息采集与共享的传输通道，利用以下传输技术完成用户与 IP 广域网的高带宽、高速度的物理连接。

1. 电话线拨号（PSTN，Public Switched Telephone Network）

PSTN 是普遍的窄带接入方式，即通过电话线，利用当地运营商提供的接入号码，拨号接入互联网，速率不超过 56Kbps。特点是使用方便，只需有效的电话线及自带 MODEM 的 PC 就可完成接入。运用在一些低速率的网络应用（如网页浏览查询、聊天、EMAIL 等），主要适合于临时性接入或无其他宽带接入场所的使用。缺点是速率低，无法实现一些高速率要求的网络服务，其次是费用较高（接入费用由电话通信费和网络使用费组成），目前很少使用。

2. ISDN（Integrated Services Digital Network，综合业务数字网）

ISDN 俗称"一线通"。它采用数字传输和数字交换技术，将电话、传真、数据、图像等多种业务综合在一个统一的数字网络中进行传输和处理。用户利用一条 ISDN 用户线路，可以在上网的同时拨打电话、收发传真，就像两条电话线一样。ISDN 基本速率接口有两条 64kbps 信息通路和一条 16kbps 信令通路，简称 2B+D，当有电话拨入时，它会自动释放一个 B 信道来进行电话接听。主要适合于普通家庭用户使用。缺点是速率仍然较低，无法实现一些高速率要求的网络服务；其次是费用同样较高（接入费用由电话通信费和网络使用费组成）。目前很少使用。

3. xDSL 接入 (x Digital Subscriber Line，各种类型 DSL 数字用户线路的总称）

xDSL 主要是以 ADSL/ADSL2+ 接入方式为主，ADSL 可直接利用现有的电话线路，通过 ADSL MODEM 后进行数字信息传输。理论速率可达到 8Mbps 的下行和 1Mbps 的上行，传输距离可达 4 ~ 5 公里。ADSL2+ 速率可达 24Mbps 下行和 1Mbps 上行。另外，最新的 VDSL2 技术可以达到上下行各 100Mbps 的速率。特点是速率稳定、带宽独享、语音数据互不干扰等。适用于家庭，个人等用户的大多数网络应用需求，能满足一些宽带业务包括 IPTV、视频点播（VOD），远程教学，可视电话，多媒体检索，LAN 互联，Internet 接入等。

4. HFC（Hybrid Fiber-Coaxial，混合光纤同轴电缆网）

HFC 是一种基于有线电视网络铜线资源（CABLE MODEM）的接入方式。具有专线上网的连接特点，允许用户通过有线电视网实现高速接入互联网。适用于拥有有线电视网的家庭、个人或中小团体。特点是速率较高，接入方式方便（通过有线电缆传输数据，不需要布线），可提供各类视频服务、高速下载等。缺点在于基于有线电视网络的架构属于网络资源分享型，当用户激增时，速率就会下降且不稳定，扩展性不够。

5. 光纤宽带接入

通过光纤接入到小区节点或楼道，再由网线连接到各个共享点上（一般不超过 100 米），提供一定区域的高速互联接入。特点是速率高，抗干扰能力强，适用于家庭，个人或各类企事业团体，可以实现各类高速率的互联网应用（视频服务、高速数据传输、远程交互等），缺点是一次性布线成本较高。是目前主要的接入方式。

6. 无源光网络（PON，Passive Optical Network）

PON 技术是一种一点对多点的光纤传输和接入技术，局端到用户端最大距离为 20 公里，接入系统总的传输容量为上行和下行各 155Mbps/622M/1Gbps，由各用户共享，每个用户使用的带宽可以以 64kbps 步进划分。特点是接入速率高，可以实现各类高速率的互联网应用（视频服务、高速数据传输、远程交互等），缺点是一次性投入较大。

7. 无线网络

无线网络是一种有线接入的延伸技术。它使用无线射频 (RF，Radio Frequency) 技术收发数据，减少使用电线连接，因此无线网络系统既可达到建设计算机网络系统的目的，又可让设备自由设置和搬动。在公共开放的场所或者企业内部，无线网络一般作为已存在有线网络的一种补充方式，装有无线网卡的计算机通过无线手段方便接入互联网。

第四节　数据交换技术

数据交换技术是指通过电子方式，采用标准化格式，利用计算机网络进行数据的传输和交换。

一、电子数据交换技术

电子数据交换（Electronic Data Interchange，EDI）是信息技术向商务领域渗透并与国际商贸实务相结合的产物，是"企业与商业伙伴间采用一种标准化及计算机可处理的方式传送格式化数据的协议"，通过计算机通信网络将贸易、运输、保险、银行和海关等行业信息，用一种国际公认的标准格式，实现各有关部门或公司与企业之间的数据交换与处理，并完成以贸易为中心的全部过程。EDI 标准是由各企业、各地区代表共同讨论、制订的电子数据交换共同标准，可以使各组织之间的不同文件格式，通过共同的标准进行彼此之间文件交换。电子数据交换具有迅速准确、方便高效、安全可靠、降低成本的优点。图2-4给出了商务领域由传统数据交换模式向电子数据交换模式转换示意图，图2-5给出了服装业EDI报文示意图。

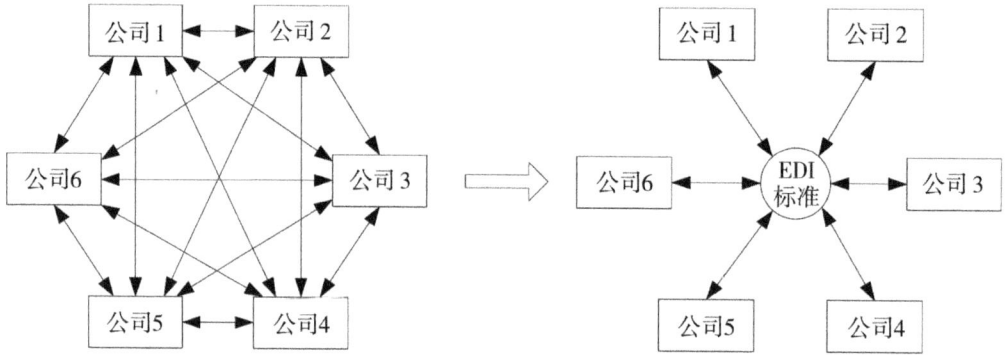

图2-4 商务领域电子数据交换模式转换示意图

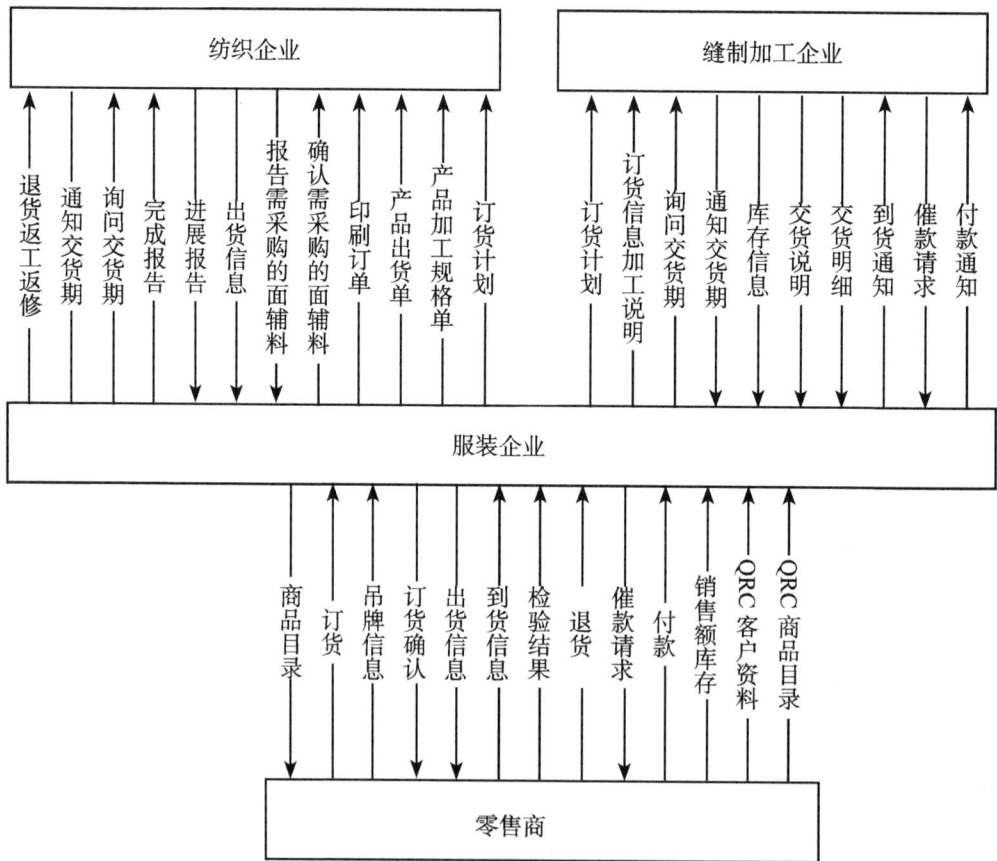

图2-5 服装业EDI报文示意图

二、XML技术

XML(eXtensible Markup Language，可扩展标记语言)是由W3C(World Wide Web

Consortium，互联网联合组织）于 1998 年 2 月发布的一种标准，是 SGML(Standard Generalized Markup Language，标准通用标记语言）的一个简化子集。

XML 将 Web 信息的组织结构彻底改写。XML 不满足于 HTML 的"所见即所得"，它通过上下文的数据关联、规范化的数据格式和灵活的自定义，使 Web 具备了表达网页中的元素究竟是什么的能力。这种能力对于人脑来说也许仅仅需要瞬间逻辑判断，但对于尚处于非智能化阶段的计算机来说，无疑是一次"学习的革命"。

通过 XML 可以方便地实现不同数据源的集成。为实现不同应用系统中异构数据间的交换和集成，XML 技术提供了一种统一数据定义模式——XML Schema，它可以将存在各种差异的信息转换成一定的标准结构样式，然后各异构数据库再将标准化的信息转换成本地数据，进而完成信息的集成共享，如图 2-6 所示。

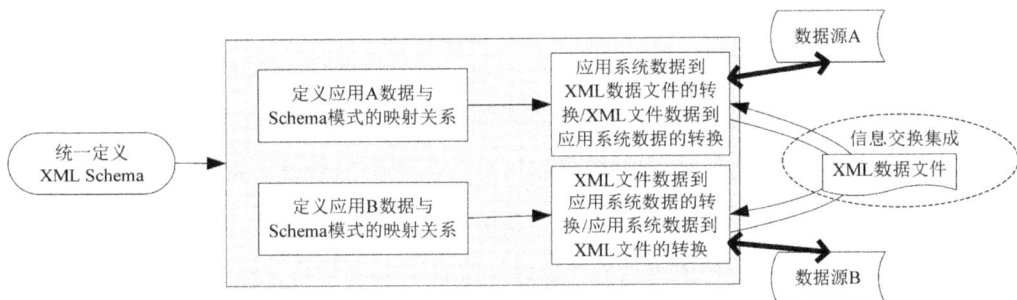

图 2-6 不同数据源转换示意图

第五节 数据库技术

在大数据时代，数据库系统的应用越来越广泛，数据管理是数据库系统的核心任务，内容包括对数据的分类、组织、编码、存储、查询和维护。随着信息技术应用范围的不断扩大，数据库技术也处在不断发展之中。从数据管理方式的角度看，数据管理经历了手工管理阶段、文件系统阶段和数据库系统阶段。

一、数据库系统的组成

数据库系统（Database System，DBS）一般由数据库、数据库管理系统（及其开发工具）、应用系统、数据库管理员和用户组成，其中，数据库管理员和用户主要是指存储、维护和查询数据的各类使用者，由以下 3 类人员组成：

（1）最终用户：是应用程序的使用者，通过应用程序与数据库进行交互。他们通过计算机联机终端存取数据库的数据，具体操作应用程序，通过应用程序的用户界面，使用数据库来完成其业务活动。数据库的模式结构对最终用户是透明的。

（2）应用程序员：是指负责设计和编写应用程序的人员，应用程序员使用高级语言编写应用程序，以对数据库进行存取操作。数据库系统一般需要一个以上的应用程序员在开发周期内完成数据库结构设计、应用程序开发等任务，在后期管理应用程序，完成使用周期中对应用程序在功能及性能方面的维护、修改工作。

（3）数据库管理员：其职能是对数据库进行日常管理，负责全面管理和控制数据库系统。数据库管理员的素质在一定程度上决定了数据库应用的水平，所以他们是数据库系统的重要人员。

二、数据库管理系统

数据库管理系统（Database Management System，DBMS），其职能是对收集到的大量数据经过整理、加工、归并、分类、计算、存储等处理，产生新的数据，以便反映事物或现象的本质和特征及其内在联系。例如，在微波炉生产中，生产管理者根据某种微波炉历年销售数量及最近的市场需求调查，获得了许多数据。再对这些数据进行加工，就会得出相关微波炉的市场预测信息，生产管理者就可根据这些信息进行分析和评价，做出对该产品是增产、减产还是停产的决策。完成这个数据处理任务的是数据库管理系统。它是位于用户与操作系统之间的一种数据管理软件。数据库在建立、运用和维护时由数据管理系统统一管理、统一控制，它可使用户方便地定义数据和操纵数据，并能够保证数据的安全性、完整性、多用户对数据的并发使用以及发生故障后的数据恢复。

三、数据模型

数据模型是从计算机角度看到的模型。要求用有严格语法和语义的语言对数据进行严格的形式化定义、限制和规定，使模型能转变为计算机可以理解的格式。主要包括网状模型、层次模型、关系模型等。数据库中的数据是高度结构化的，也就是说，数据库不仅要考虑记录内的各个数据项之间的关系，还要考虑记录与记录之间的关系。

关系模型是目前最重要的一种模型。数据库领域当前的研究工作都是以关系数据模型为基础的。一个关系模型的逻辑结构是一张二维表，它由行和列组成，每一行称为一个元组，每一列称为一个字段。

数据库需根据应用系统中数据的性质、内在联系，按照管理的要求来设计和组织。在现实世界中，事物内部以及事物之间是有联系的，实体内部的联系通常是指组成实体的各属性之间的联系，实体之间的联系通常是指不同实体集之间的联系。在关系型数据库中，两个实体之间的联系可以分为一对一、一对多和多对多三类。

一对一联系：对于实体集 A 中的每一个实体，实体集 B 中至多存在一个实体与之联系，反之亦然，则称实体集 A 与实体集 B 之间存在一对一联系，记作 1：1。

例如，学校中一个班级只有一个正班长，而一个班长只在一个班中任职，则班级与班长之间存在一对一联系；商场中购物店与店长、乘车旅客与车票之间等都存在一对一的联系。如图 2-7（a）所示。

一对多联系：对于实体集 A 中的每一个实体，实体集 B 中存在多个实体与之联系；反之，对于实体集 B 中的每一个实体，实体集 A 中至多只存在一个实体与之联系，则称实体集 A 与实体集 B 之间存在一对多的联系，记作 1：n。

例如，一个班里有很多学生，一个学生只能在一个班里注册，则班级与学生之间存在一对多联系；一个商场有许多商品，商场和商品之间存在 1 对多联系。如图 2-7（b）所示。

多对多联系：对于实体集 A 中的每个实体，实体集 B 中存在多个实体与之联系；反之，对于实体集 B 中的每一个实体，实体集 A 中也存在多个实体与之联系，则称实体集 A 与实体集 B 之间存在多对多联系，记作 m：n。

例如，一个学生可以选修多门课程，一门课程可同时由多个学生选修，则课程和学生之间存在多对多联系；一个顾客可以购买多种商品，一种商品可由多个顾客购买．则商品和顾客之间存在多对多联系。如图 2-7（c）所示。

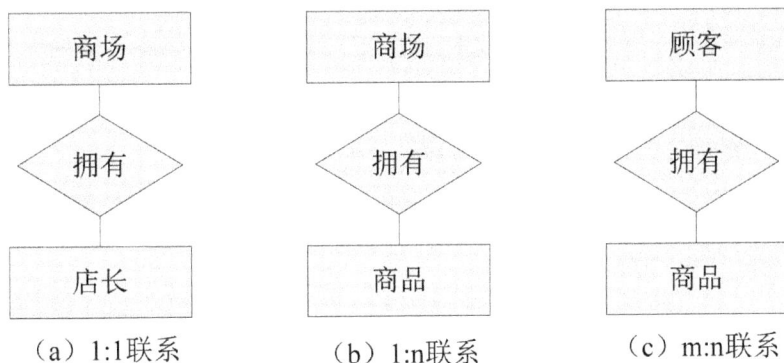

| （a）1:1联系 | （b）1:n联系 | （c）m:n联系 |

图 2-7　两个实体集之间联系的三种情况

客观事物及其联系是信息之源，是组织和管理数据的出发点。为了把现实世界中的具体事物抽象、组织为某一 DBMS 支持的数据模型，首先要将现实世界抽象为信息世界，然后将信息世界转换为机器世界。也就是说，首先把现实世界中的客观对象抽象为某一种信息结构，这种信息结构不依赖于具体的计算机系统，不是某一个 DBMS 支持的数据模型，而是概念级的模型，然后再把概念模型转换为计算机上某 DBMS 支持的数据模型。这一过程如图 2-8 所示。

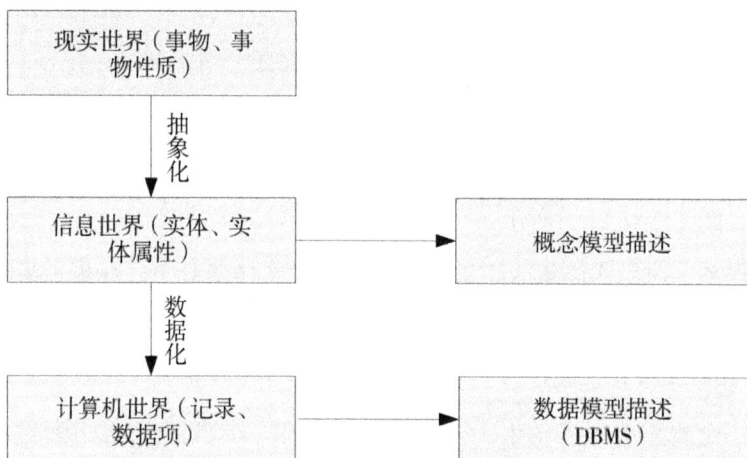

图 2-8　现实世界数据抽象图

第六节　电子支付与结算技术

一、电子支付与结算技术概述

电子支付就是在网络上的货币支付或资金流动，通过计算机网络系统以电子信息传递形式实现流通与支付。

与传统的支付方式相比，电子支付具有以下特征：

（1）电子支付是采用先进的技术通过数字流转来完成信息传输的，其各种支付方式都是采用数字化的方式进行款项支付的；而传统的支付方式则是通过现金的流转、票据的转让及银行的汇兑等物理实体的流转来完成款项支付的。

（2）电子支付的工作环境是基于一个开放的系统平台（即因特网）中；而传统支付则是在较为封闭的环境中运作。

（3）电子支付使用的是先进的通信手段，如 Internet、Extranet；而传统支付使用的则是传统的通信媒介。电子支付对软、硬件设施的要求很高，一般要求有联网的终端、相关的软件及其他一些配套设施；而传统支付则没有这么高的要求。

（4）电子支付具有方便、快捷、高效、经济的优势。用户只要拥有一台上网的终端机，便可足不出户，在很短的时间内完成整个支付过程。

电子支付与结算是利用计算机信息技术，在电子商务的网络上由运作各方共同参与实现的。其网络组成如图 2-9 所示。

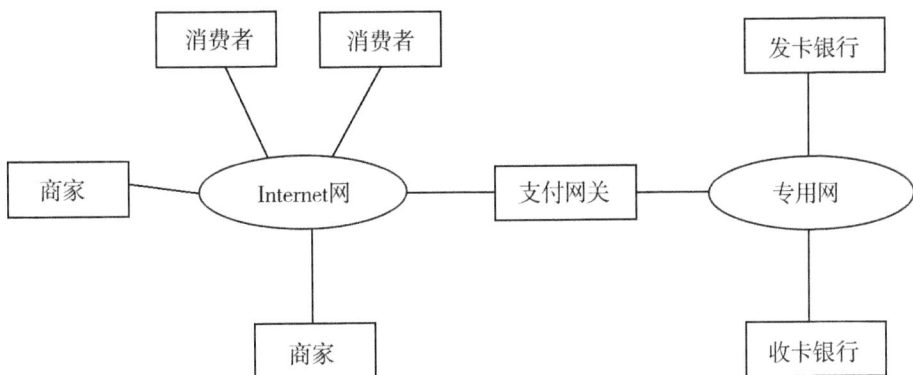

图2-9　电子商务网络组成

商户系统，是电子支付与结算环节的最前端，也是付款人与电子支付结算系统进行交互的接口。支付网关，是连接银行专用网络与 Internet 的一组服务器，将系统与 Internet 公用网相隔离，是保护银行内部专用网络安全的屏障与关口，是面向收单银行的电子支付服务工具。支付网关的主要作用是负责银行网络与 Internet 网络之间的通信、协议转换和进行数据加密与解密。通过安全协议来保证网上交易及支付的安全性，通常有 SET 协议和 SSL 协议。安全认证提供了网上交易与支付的机密性、身份验证的功能。

二、电子支付工具

电子支付工具是电子支付与结算中的商用电子化工具和各类交易卡，是实现电子支付与结算的媒介。

（一）电子货币

1. 银行卡

银行卡是金融服务的常见方式，主要有信用卡和借记卡两种。

信用卡是一种由银行在取得信用卡发行机构商标使用授权后，授予持卡人一定信用额度的磁卡，授权持卡人在指定的商店或场所进行记账消费的信用凭证，是一种特殊的金融商品和金融工具。利用信用卡作为网上交易的付款工具，可视为信用卡在互联网上的延伸应用，也是目前 B2C 业务最为普遍的支付方式。

信用卡的主要功能有：ID 功能，证明持卡人身份；结算功能，可用于支付购买商品、享受服务的款项，是非现金、支票、期票的结算；信息记录功能，将持卡人的属性、对卡的使用情况等各种数据记录在卡中。

借记卡是与活期储蓄存款账户配套，与活期存折并存使用的电子理财工具。是先存款后消费、没有透支功能的信用卡。

2. 数字现金

数字现金，又称电子现金，是一种以数据形式流通的货币。它把现金数值转换成为一系列的加密序列数，通过这些序列数来表示现实中各种金额的市值，客户在开展电子现金业务的银行开设账户并在账户内存钱后，就可以在接受电子现金的商店购物。

数字现金的优势在于完全脱离实物载体，使客户在支付过程中更加方便。数字现金主要包括两类：一是币值存储在 IC 卡上，另一类是以数据文件存储在计算机中。使用方法是：当客户进入网上银行，使用一个口令（Password）和个人识别码（PIN）验明身份，直接从其账户中下载成包的低额电子"硬币"时，数字现金才起作用。然后，这些数字现金被存放在客户的计算机当中，直到客户从网上企业进行购买为止。

为了保证交易安全，计算机还为每个"硬币"建立随机选择的序号，并把这个号码隐藏在一个加密的信封中，这样就没有人可以搞清是谁提取或使用了这些数字现金。这种方式对于保护个人隐私权作用很大，因为客户是用数字现金直接进行交易的，只要一次下载电子"硬币"，就可以多次消费，而不用每次交易都提供类似智能卡的账号和密码。企业也只接触到硬币，对于客户的其他资料是无权过问的。这种交易方式对保护个人隐私权很有意义。

数字现金具有货币价值、互通性、匿名性、可取得性、安全性的特点

3. 电子支票

电子支票是一种借鉴纸张支票转移支付的优点，利用数字传递将钱款从一个账户转移到另一个账户的电子付款形式。这种电子支票的支付是在与商户及银行相连的网络上以密码方式传递的，多数使用公用关键字加密签名或个人身份证号码代替手写签名。用电子支票支付，事务处理费用较低，而且银行也能为参与电子商务的商户提供标准化的资金信息，故而可能是最有效率的支付手段。电子支票主要用于企业与企业之间的大额付款。

电子支票交易的过程可以分以下几个步骤：

（1）交易双方达成购销协议并选择用电子支票支付。

（2）买方通过网络向企业发出电子支票，同时向银行发出付款通知单。

（3）卖方通过验证中心对买方提供的电子支票进行验证，验证无误后将电子支票送交银行索付。

（4）银行在卖方索付时，通过验证中心对买方提供的电子支票进行验证，验证无误后即向企业兑付或转账。

（二）电子钱包

电子钱包是电子商务活动中客户常用的一种支付工具，是在小额购物或购买小商品时常用的新式钱包，是抽象化虚拟的钱包。电子钱包里可以装各种电子货币，诸如电子现金、电子零钱、安全零钱、电子信用卡、在线货币、数字货币等。实际上是一种应用软件，由网上银行及商业站点免费提供，可下载到用户端的计算机上，客户要使用电子钱包在网络上进行在线购物或其他电子交易前，须安装电子钱包软件并建立好个人的账户和密码。支付过程在电子钱包系统中进行。目前世界上有 Visa Cash 和 Mondex 两大电子钱包服务系统，其他电子钱包服务系统还有 Master — Card Cash、EuroPay 的 Clip 和比利时的 Proton 等。

（三）智能卡

智能卡（Smart Card）又称 IC 卡，是一张植入计算机芯片的塑料卡片。与一般以磁条作为载体材料的银行卡不同，智能卡的卡片上带有集成电路模块装置，数据存储和传输能力强，安全保密性能高。智能卡的主要应用范围是电子支付、电子识别、数字存储。智能卡的芯片中能存贮大量的个人数据，包括身份信息、金融交易信息等，能独立完成持卡人身份认证、消费额度的授权、信息数据和资料的加密、取款和电子签章等操作，再配合各种服务系统，可以扮演个人多个账户的"存取钥匙"角色，广泛应用于网络购物、公共交通、电话、金融交易、医疗、保险等多种行业。我国的第二代身份证就是一张 IC 卡身份证，除存储公民的姓名、性别、民族、出生日期、住址等信息外，还可以登记健康状况、银行信用等信息，实现对公民个体的"立体化"描述，其信息量超过户口簿。

存储在智能卡上的钱通过 DES 或 RSA 加密算法来进行数据加密，而且由个人识别码（PIN）保护，以保护智能卡解决方案的安全性。为了用智能卡支付，必须将卡引入到硬件终端设备，该设备需要一个来自发行银行的特殊密钥来启动任一方向的货币划拨。

智能卡具有存储量大、使用范围广、不需要联网、设备安装简单、开发能力强、安全性高的优点，体积小、读写方便、携带方便。

三、网上支付的操作过程

（一）银行卡支付方式（以信用卡为代表）

1. 通过第三方代理人的支付

通过第三方代理人的支付是买卖双方以共同信任的第三方支付代理人为中介进行信用卡网上支付的。第三方代理支付原理如图 2-10 所示。

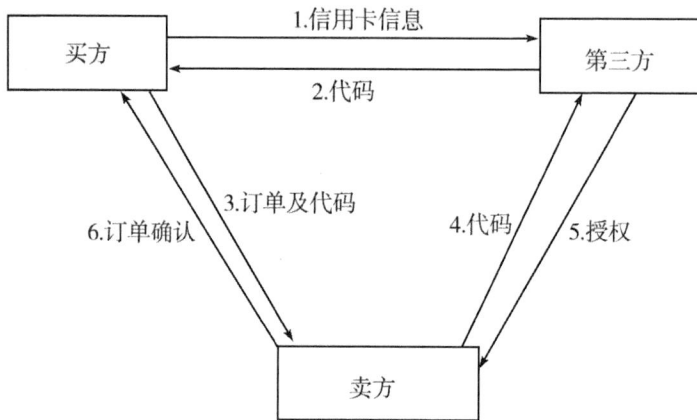

图 2-10　第三方代理支付原理

2. 简单加密方式

在这种模式下付费时，信用卡信息一旦输入浏览器窗口或其他电子设备后，就被简单加密并安全地通过网络从买方向卖方传递。Cybercash 简单加密信用卡支付方式流程如图 2-11 所示。

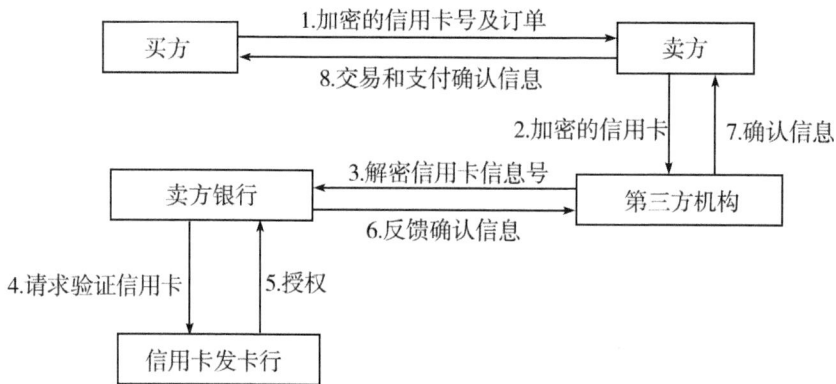

图 2-11　Cybercash 简单加密信用卡支付方式流程

3. SET 支付方式

即按照 SET 协议进行的电子支付。其中涉及的角色包括：持卡人、发卡机构、商家、银行和支付网关。SET 支付流程如图 2-12 所示。

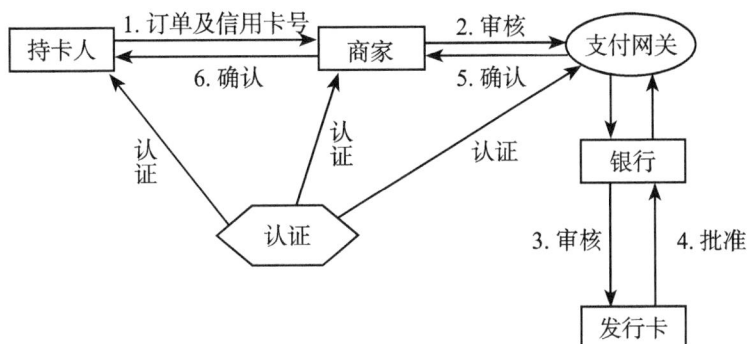

图 2-12　SET 支付流程

（二）数字现金支付方式

1.数字现金支付方式

数字现金支付方式包括：购买、存储、与其他数字现金或票据的交换和资金结算四种方式。

2.数字现金的支付流程

数字现金的支付流程如图 2-13 所示。

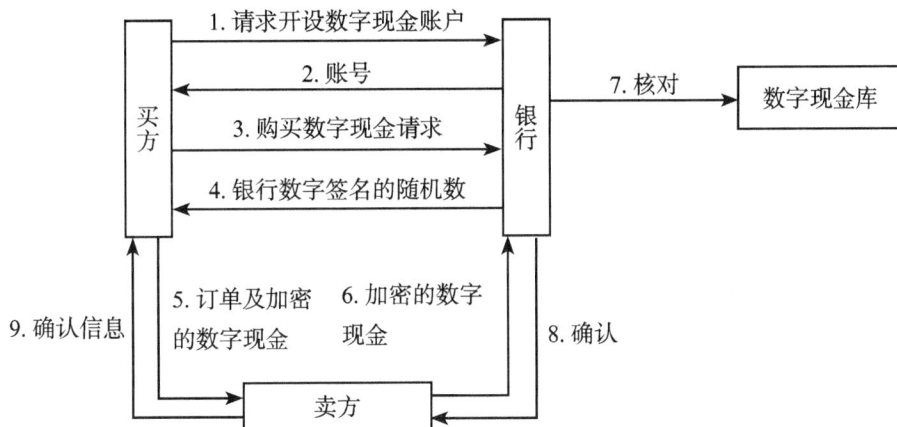

图 2-13　数字现金支付流程

（三）电子支票支付方式

电子支票支付按其传输线路的不同有两种形式：

（1）在专用网络上进行电子支票支付方式。

（2）将传统支票应用到公共网络上进行资金转账的电子支票支付方式。如图 2-14 所示。

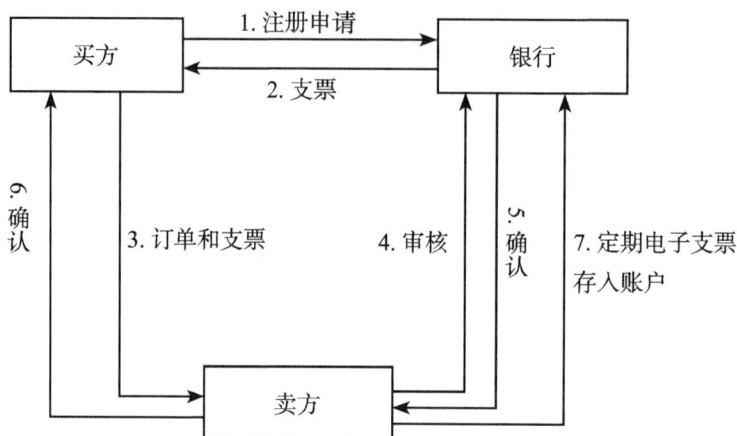

图 2-14　电子支票支付流程

（四）电子钱包的使用过程

电子钱包的使用过程如图 2-15 所示。

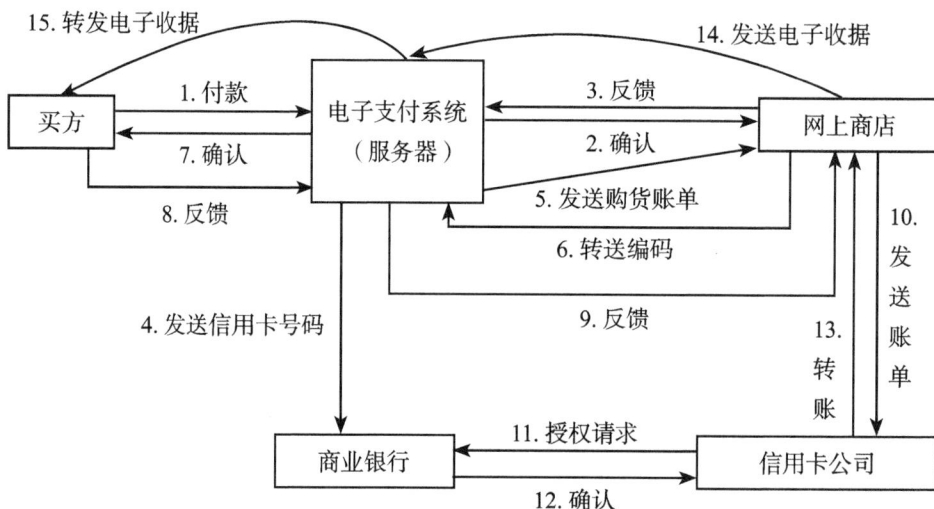

图 2-15　电子钱包使用流程

四、电子支付系统

电子支付系统是指消费者、商家和金融机构之间使用安全电子手段交换商品或服务，即把新型支付手段包括电子现金、信用卡、借记卡、智能卡等支付信息通过网络安全传送到银行或相应的处理机构来实现电子支付，是融购物流程、支付工具、安全技术、认证体系、信用体系以及现代的金融体系为一体的综合大型系统。

（一）电子资金转拨系统（EFT，Electronic Funds Tranfer）

EFT 是银行间、银行与客户间通过电子方式实现资金流动的应用系统，是银行同其客户进行数据通信的一种工具。EFT 具有高效性、便捷性、专用性、安全性、应用广泛性等特点。

（二）电子数据交换系统（EDI）

EDI 系统作为一种新的银行金融活动工具，可实现电子支付信息、各种电子订货单、各种电子银行金融票据、发货和交货信息及各种电子支付清单和结算清单的远程发送和接收等。

第七节　电子商务安全技术

一、电子商务安全概述

信息技术是一把双刃剑，一方面它给人们的生活工作带来了极大的便利，另一方面，信息安全问题又使网络社会暴露在不安全的环境下。电子商务的一个重要技术特征是利用信息技术来传输和处理商业信息，它是在开放的网络环境下运作的一种新型的商务模式，其安全问题已经成了发展应用的最大障碍。计算机病毒、黑客攻击、短信诈骗等问题层出不穷。因此，电子商务安全从整体上可分为两大部分：计算机网络安全和商务交易安全。网络安全不仅关系到个人的资金安全、企业的货物安全，还关系到国家的经济安全、国家经济秩序的稳定等问题。

二、电子商务安全机制

电子商务的安全机制是关于电子安全的一个完整的逻辑结构，从信息系统安全的基本原理和电子商务的特点出发，电子商务的安全机制包括加密机制、数据完整性机制、访问控制机制、恢复机制和纠正机制等。加密机制，保证数据和信息安全传输，不被破译。数据完整性机制，防止数据和信息丢失，以及非法客户对信息的恶意篡改。访问控制机制，包括客户接入权限的控制以及客户流量的控制，防止系统受到非法登陆和超出负载而崩溃。恢复机制是系统发生故障或事故从而导致系统中断或数据受损后，能在较短时间内恢复正常运行。纠正机制能及时堵塞漏洞，改进安全措施，实行系统的动态安全管理与监控。

三、电子商务安全技术

针对电子商务的特点和安全机制，当前主流的技术包括加密技术、防火墙、虚拟专用网（VPN，Virtual Private Network）、数字签名、电子商务安全应用协议。

1. 加密技术

加密技术就是将复杂的数学转换式应用于非安全线路上所传送的数据。加密技术是电子商务采取的主要安全措施，贸易方可根据需要，在信息交换的阶段使用。目前应用较为普遍的主要有两种加密方法：私用密钥加密和公用密钥加密。

私用密钥加密又称作对称加密法（Symmetric — Key Cryptography），即文件的加密和解密采用同一把密钥。当发送者要发送一份文件时，利用一把密钥（Secret Key）将文件中的明文转成密文后寄出，而接受者收到此份密文后便利用同一把密钥将密文转成明文，如图2-16所示。

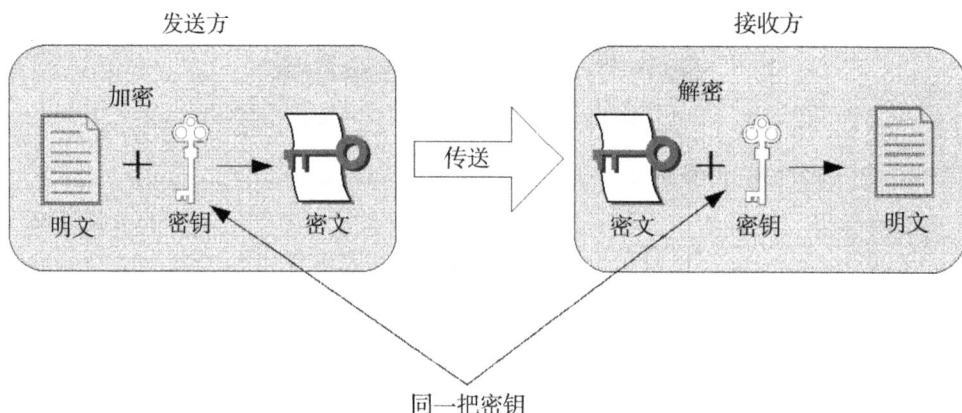

图2-16 私用密钥加密

公用密钥加密又称"非对称性加密法"（Asymmetric — Key Cryptography），它改善了对称加密技术的缺点。其基本思路是设计一对不同的加密密钥和解密密钥。这对密钥中的任何一把都可以作为公用密钥（加密密钥），通过非保密方式向他人公开，而另一把则作为私用密钥（Private Key）加以保存。公用密钥用于对机密性信息的加密，私用密钥则用于对加密信息的解密，如图2-17所示。

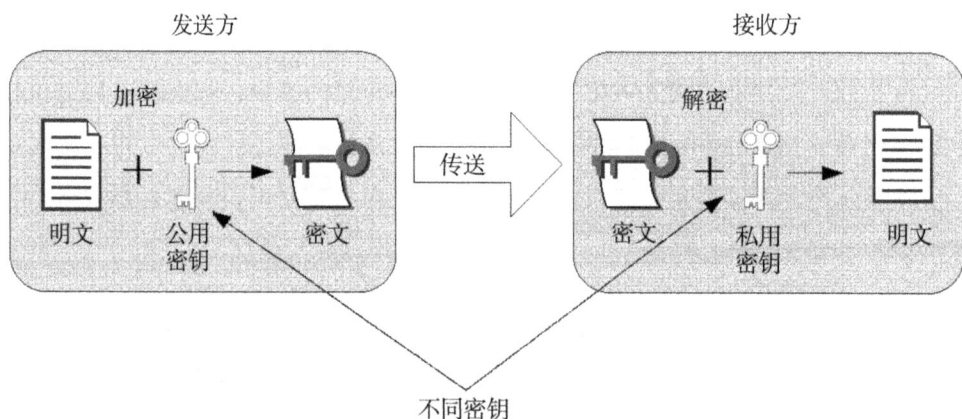

图2-17 公用密钥加密

2. 防火墙

防火墙是用来隔开内部网络与外部公共网络的第一道屏障，用以阻止外界入侵者，确保内部网络的安全。防火墙属于最基本的网络层安全技术，它负责网络间的安全认证与传输。防火墙就像是一座大楼的门卫，负责所有的进出管制。防火墙控制外部网络对内部网络的访问，对流经它的网络通信进行扫描，抵御各类拒绝服务攻击和扫描攻击，以免其在目标计算机上被执行。防火墙可以关闭不使用的端口，决定内部网络可以访问哪些外部资源和目标。它还能禁止特定端口的流出通信，封锁病毒并禁止来自特殊站点的访问，从而防止来自不明入侵者的所有通信。

防火墙有不同类型。按照技术的不同，防火墙产品可以分为软件防火墙、硬件防火墙、软硬一体化防火墙。从适用对象来划分可分为企业级防火墙、个人防火墙。从产品等级划分包括过滤型防火墙、应用网关型防火墙、服务代理型防火墙。

3. 虚拟专用网

虚拟专用网（VPN）是用于互联网交易的一种专用网络，它可以在两个系统之间建立安全的信道，用于电子数据交换（EDI）。它与信用卡交易和客户发送订单交易不同，因为在 VPN 中，双方的数据通信量要大得多，而且通信的双方彼此都很熟悉，这意味着可以使用复杂的专用加密和认证技术，只要通信的双方默认即可，没有必要为所有的 VPN 进行统一的加密和认证。现有的或正在开发的数据信道系统可以进一步增加 VPN 的安全性，因而能够保证数据的保密性和可用性。

4. 数字签名

数字签名可以解决电子商务交易安全及在线身份识别鉴定的问题，并可证明签署者同意文件内容。数字签名在 ISO7498 − 2 标准中定义为：附加在数据单元上的一些数据，或是对数据单元所作的密码变换，这种数据和变换允许数据单元的接收者用以确认数据单元来源和数据单元的完整性并保护数据，防止被人伪造。美国电子签名标准（DSS，FIPS186 − 2）对数字签名作了如下解释：利用一套规则和一个参数对数据计算所得的结果，用此结果能够确认签名者的身份和数据的完整性。

数字签名主要有信息的保密性、交易者身份的确定性、不可否认性与不可修改性等功能。

5. 电子商务安全应用协议

近年来，针对电子交易安全的要求，IT 业界与金融行业一起，推出不少有效的安全交易标准和技术。目前，互联网上有几种加密协议在使用，对应 OSI 网络模型的每一层都已提出了相应的协议。对应用层有 SET 协议，对会话层有 SSL 协议。在所有的协议中，SSL 和 SET 与电子商务的关系最为密切。

安全套接层协议 SSL（Secure Sockets Layer）是 Netscape 公司提出的一种传输层技术，它提供加密、认证服务和报文完整性，可以实现兼容浏览器和 Web 服务器之间的安全通信。安全套接层采用 RSA 和 DES 认证与加密以及 MD5 完整性检查而包装起来的方法。使用这些方法，SSL 解决了基于 Web 通信的三个问题。

（1）在连接期间，客户和服务器定义和交换秘密密钥，该密钥用于加密传输的数据。因此，即使 SSL 的通信被窃听，由于经过加密而难以破解。SSL 支持公开密钥加密，因此服务器可以使用公共方案如 RSA 和数字签名标（DSS）来认证客户。

（2）服务器可以使用消息摘要算法，如通过 MD5 和 SHA 来检验正在进行会话的完整性，因此 SSL 可以防止第三方劫持会话。

（3）SSL 通过两层和两个步骤对数据进行保护。开始，客户和服务器进行握手（与 TCP 握手相同）。在这一过程中，它们交换密钥并在它们之间同步建立一个加密状态。接下来，SSL 获得应用数据（在记录层）并加密数据。然后，在接收端这一过程以相反的方式执行。这些性能使得 SSL 成为在所控制的服务器和未知客户之间进行安全电子商务交易的出色工具。

电子商务在提供机遇和便利的同时，也面临着一个最大的挑战，即交易的安全问题。在网上购物的环境中，持卡人希望在交易中保密自己的账户信息，使之不被人盗用；企业则希望客户诚实守信，并且在交易过程中，交易各方都希望验明对方的身份，以防止被欺骗。针对这种情况，VISA 国际组织、万事达（MasterCard）国际组织、Microsoft、Netscape 和 GTE 等多家科技机构，共同制定了应用于互联网的以银行卡为基础进行在线交易的安全标准，这就是"安全电子交易协议"（Secure Electronic Transaction，SET）。它采用公钥密码体制和 X.509 数字证书标准，主要为了保障网上购物信息的安全性。

安全电子交易协议的原则是保证信息的机密性与在互联网上的信息安全传输，只有收件人才能访问和解密；保证支付完整性，保证数据完整地被收件人接收；验证商户和持卡人，确信通过互联网进行交易的商户和持卡人的身份；互相操作性，保证不同厂商的产品使用同样的通信协议和信息格式，从而可以互相集成。在 SET 中，客户必须对订单和付款指令进行数字签名，同时利用双重签名技术保证企业看不到客户的账号信息。在线商店接受订单后，向客户所在银行请求支付认可。信息通过支付网关到收单银行，再到电子货币发行公司确认。在操作过程中，客户、在线商店、支付网关都通过 CA 来验证通信主体的身份，以确保通信的对方不是冒名顶替，所以，也可以简单地认为，SET 充分发挥了认证中心的作用，以维护在任何开放网络上的电子商务参与者所提供信息的真实性和保密性。

第八节　服装电子商务中的新技术概述

一、虚拟现实技术简介

虚拟现实技术是许多相关学科领域交叉、集成的产物。它的研究内容涉及人工智能、计算机科学、电子学、传感器、计算机图形学、智能控制、心理学等。我们必须清醒地认识到，虽然这个领域的技术潜力是巨大的，应用前景也是很广阔的，但仍存在着许多尚未解决的理论问题和尚未克服的技术障碍。客观而论，目前虚拟现实技术所取得的成就，绝大部分还仅限于扩展了计算机的接口能力，仅仅是刚刚开始涉及人的感知系统和肌肉系统与计算机的结合作用问题，还根本未涉及"人在实践中得到的感觉信息是怎样在人的大脑中存储和加工处理成为人对客观世界的认识"这一重要过程。只有当真正开始涉及并找到对这些问题的技术实现途径时，人和信息处理系统间的隔阂才有可能被彻底克服。我们期待着有朝一日，虚拟现实系统成为一种对多维信息处理的强大系统，成为人进行思维和创造的助手，成为对人已有的概念进行深化和获取新概念的有力工具。

虚拟现实技术（VR）是仿真技术的一个重要方向，是仿真技术与计算机图形学人机接口技术、多媒体技术、传感技术、网络技术等多种技术的集合，是一门富有挑战性的交叉技术前沿学科和研究领域。虚拟现实技术主要包括模拟环境、感知、自然技能和传感设备等。

模拟环境是由计算机生成的实时动态的三维立体逼真图像。感知是指理想的 VR 应该具有一切人所具有的感知功能，除计算机图形技术所生成的视觉感知外，还有听觉、触觉、力觉、运动等感知，甚至还包括嗅觉和味觉等，也称为多感知。自然技能是指人的头部转动，眼睛、手势或其他人体行为动作，由计算机来处理与参与者的动作相适应的数据，对用户的输入做出实时响应，并分别反馈到用户的五官。传感设备是指三维交互设备。就本质上来讲，虚拟现实就是一种先进的计算机用户接口，通过给用户同时提供诸如视、听、触等各种直观而又自然的实时感知交互手段，最大限度地方便了用户的操作，从而减轻用户的负担，提高整个系统的工作效率，实现用户与环境直接进行自然交互。虚拟现实技术具有以下四个重要特征。

1. 多感知性

所谓多感知性就是说除了一般计算机所具有的视觉感知外，还有听觉感知、力觉感知、触觉感知、运动感知、甚至包括味觉感知和嗅觉感知等。理想的虚拟现实就是应该具有人所具有的感知功能。

2. 存在感

存在感又称临场感，是指用户感到作为主角存在于模拟环境中的真实程度。理想的模拟环境应该达到使用户难以分辨真假的程度。

3. 交互性

交互性是指用户对模拟环境内物体的可操作程度和从环境得到反馈的自然程度（包括实时性）。例如，用户可以用手去直接抓取环境中的物体，这时手有握着东西的感觉，并可以感觉物体的重量，视场中的物体也随着手的移动而移动。

4. 自主性

自主性是指虚拟环境中物体依据物理定律动作的程度。例如，当受到力的推动时，物体会向力的方向移动，或翻倒、或从桌面落到地面等。

二、物联网技术简介

"物联网（Internet of Things）技术"的核心和基础仍然是"互联网技术"，是在互联网技术基础上延伸和扩展的一种网络技术。其用户端延伸和扩展到任何物品和物品之间，进行信息交换和通信，是通过射频识别（RFID）、红外感应器、全球定位系统、激光扫描器等信息传感设备，按约定的协议，将任何物品与互联网相连接，进行信息交换和通信，以实现智能化识别、定位、追踪、监控和管理的一种网络技术，实现对"万物"的"高效、节能、安全、环保"的管、控、营一体化管理和服务功能。

物联网技术是一项综合性的技术，是一个系统，物联网的应用关键需要解决传感器、RFID、嵌入式软件以及传输数据计算等领域的应用问题。简单讲，物联网是物与物、人与物之间的信息传递与控制。在物联网应用中有以下关键技术。

1. 传感器技术

传感器技术是计算机应用中的关键技术，到目前为止绝大部分计算机处理的都是数字信号。自从有计算机以来就需要传感器把模拟信号转换成数字信号以方便计算机对之处理。

2. RFID 技术

RFID 标签也是一种传感器技术，RFID 技术是融合了无线射频技术和嵌入式技术为一体的综合技术，RFID 在自动识别、物品物流管理方面有着广阔的应用前景。

3. 二维码技术

二维码作为物联网的一种核心应用，是用某种特定的几何图形按一定规律在平面上分布的黑白相间的图形记录数据信息的，在代码编制上巧妙地利用构成计算机内部逻辑的"0""1"比特流的概念，使用若干个与二进制相对应的几何图形来表示文字数值信息，通过图像输入设备或光电扫描设备自动识别以实现信息自动处理，能够在横向和纵向两个方位同时表达信息，因此能在很小的面积内传递大量的信息。

三、大数据技术简介

大数据技术是互联网、移动应用、社交网络和物联网等技术发展的必然趋势。大数据应用已成为当前最为热门的信息技术应用领域，是数据分析的前沿技术，是从各种各样类型的数据中，快速获得有价值信息的能力。在电子商务活动中，对大量消费者提供产品或服务的企业可以利用大数据进行精准营销。大数据具有数据体量巨大、数据类型繁多、价值密度低、处理速度快等特点。大数据处理的关键技术包括：大数据采集、大数据预处理、大数据存储及管理、大数据分析及挖掘等技术。

1. 大数据采集技术

大数据采集重点要突破分布式高速高可靠数据爬取或采集、高速数据全映像等大数据收集技术；突破高速数据解析、转换与装载等大数据整合技术；设计质量评估模型，开发数据质量技术，一般分为大数据智能感知层：主要包括数据传感体系、网络通信体系、传感适配体系、智能识别体系及软硬件资源接入系统，实现对结构化、半结构化、非结构化的海量数据的智能化识别、定位、跟踪、接入、传输、信号转换、监控、初步处理和管理等；基础支撑层：提供大数据服务平台所需的虚拟服务器，结构化、半结构化及非结构化数据的数据库及物联网络资源等基础支撑环境。

2. 大数据预处理技术

主要完成对已接收数据的辨析、抽取、清洗等操作。

（1）抽取：因获取的数据可能具有多种结构和类型，数据抽取过程可以将复杂的数据转化为单一的或者便于处理的构型，以达到快速分析处理的目的。

（2）清洗：大数据并不全是有价值的，有些数据并不是我们所关心的内容，而另一些数据则是完全错误的干扰项，因此要对数据过滤"去噪"，从而提取出有效数据。

3. 大数据存储及管理技术

大数据存储与管理要用存储器把采集到的数据存储起来，建立相应的数据库，并进行管理和调用。开发新型数据库技术，数据库分为关系型数据库、非关系型数据库以及数据库缓存系统。开发大数据安全技术，改进数据销毁、透明加解密、分布式访问控制、数据审计等技术；突破隐私保护和推理控制、数据真伪识别和取证、数据持有完整性验证等技术。

4. 大数据分析及挖掘技术

数据挖掘就是从大量的、不完全的、有噪声的、模糊的、随机的实际应用数据中，提取隐含在其中的、人们事先不知道的、但又是潜在有用的信息和知识的过程。大数据分析技术应改进已有数据挖掘和机器学习技术，开发数据网络挖掘、特异群组挖掘、图挖掘等新型数据挖掘技术，突破基于对象的数据连接、相似性连接等大数据融合技术，突破用户兴趣分析、网络行为分析、情感语义分析等面向领域的大数据挖掘技术。

【思考题】

1. 如果构建一个电子商务网站，需要考虑哪些关键技术？

2. 对于服装电子商务网站来说，如何展示对顾客更有吸引力？

3. 简述在电子商务过程中常见的支付方式。

4. 服装电子商务领域中可能应用的新兴技术有哪些？

【案例】

从 3D 打印到大数据：服装业或迎来脱胎换骨巨变

荧光透亮的面料上点缀着细腻的蕾丝，在灯光交替下，身着泳装的模特鱼贯而出，仿佛将自然界的流光溢彩搬到了 T 台上。在上海时装周，爱慕集团以一场"泳衣中的礼服"惊艳四座。人们没有想到的是，这样鲜艳的色彩和流畅的版型均是基于一项新的技术——3D 打印。对，你没看错，3D 打印也能做衣服，并且能带来意想不到的效果。"基于新技术，泳装的装饰花边更加细腻，可以任意造型又保持柔软，最大限度地还原设计师的灵感，这是对传统泳衣制作技术的颠覆。"爱慕集团董事长张荣明说，在不久的将来，3D 打印技术泳装和内衣将面向市场，满足各类需求。

近年来，服装业的日子过得有些艰难。挖掘潜力市场，重建消费连接，成为当前服装企业转型的不二法则。一些类似 3D 打印的有益尝试更是见证了行业转型的铿锵步伐。"除了 3D 打印，当下最热的'大数据'，同样可以做衣服。"中国服装协会常务副会长陈大鹏说，"比如，利用大数据分析出消费者更喜欢哪种颜色，哪种款式更容易被售出等，并以此设计出与市场更贴近的服装，全面提升供应链的效率。"当前，爱慕、欧迪芬等内衣品牌已经开始对消费者体型数据积累和应用，并建立了人体体型研究数据库，剪裁出更适合中国人的内衣。同样，歌力思、例外等服装品牌也在开发自己的用户数据，在与用户的沟通中找到品牌发展的新方向。

上海纽约大学讲席教授陈宇新解析："从营销的角度来说，大数据的到来使服装企业能够更加深入了解个体消费者的偏好，这也是所谓的大数据微时代，互联网大数据可以使得服装企业实现测量优化和传播企业信息，最终以针对性落到个体消费者身上，而这种模式很适用于服装定制服务。"陈宇新在东欧的一位校友在上海开设了一家高级定制公司，"他向我介绍了他们做高级定制的流程。从特殊的沟通到设计初稿，然后再选择这种方案进行深化的设计，从确定面料到制作调整再到支付完工这个过程，他们搜集了一系列数据，通过了解消费者定制的时间段及定制集中期，为每个顾客建立档案，搜集顾客的购买频率和单次购买数额、偏好、服装款式等信息。虽然最初数据很少，但经过几年耕耘，他建立起庞大的消费数据库，利用这些数据甚至还能挖掘出潜在客户。"

从宏观角度来看，整个社会就像一个巨大的实验室，每个人的行为都可能成为一个数据，这些数据被收集起来以后，将有可能为未来建构商业模式及商业竞争提供更多的重要依据。

当然，大数据炙手可热，而热就意味着有泡沫，在众多服装企业中不乏一些企业为了盲目快速追求利润，且并未对大数据进行深入了解，便走上了大数据"烧钱"的不归路。随着大数据的不断被"神话"，似乎该模式多数情况下只浮于理论基础上，由于数据量缺失、大数据清洗和分析能力不足，以及数据可视化瓶颈等问题，大数据一直迟迟未能落地。北京赛制时代信息技术咨询有限公司总经理赵康强调："大数据仅有数据信息是不够的，数据多并不代表有价值，真正的大数据应用一定要跟我们所处的行业进行深入融合，为行业的业务等需求作分析才能真正产生价值。"

"在目前的服装行业来看，落地比较好的，更多是用大数据指导服装行业物流配送。百事云康以前是 ZARA 物流配送的提供者，这是一种线上线下 O2O 模式的结合，全程用数据进行控制，该模式可以让物流配送到达指定门店，与消费者线上订货配送连接在一起，即便店内无货也能在几日后在同一店内拿到所需货品，使消费者享受到专属服务，促使物流效益提高，解决缺货现象等。"陈宇新说道。

信息是流动的也是变化的，企业只有获得动态信息才是最有商业价值的。动态信息可以帮助企业了解顾客的消费习惯。DCCI 互联网数据创始人胡延平指出，站在目前互联网的角度来看，品销合一、数据融合、内容营销、移动、数据效益等方面，是如今基于数据品牌营销体系发展的关键。

因此，任何新鲜的事物，即使是最具前瞻性的，也要有一定的过程进行慢慢渗透，因为相关行业和技术也需要相同幅度的跟进和去繁就简化，在这种转化和优化的过程中，结合商业实践信息反馈，让大数据的处理更加模块化、一键化，具备复制性和简易性。并且成本在技术的提升中下降到大部分零售终端一线可以接受、愿意接受的水平，这样的大数据才真正具有生命力和价值。

资料来源：中国服装网 http：//news.efu.com.cn/newsview-1060908-1.html

【案例讨论】

针对以上案例和本章所学的知识，对下面几个问题展开讨论：

1. 什么是大数据技术？谈一下大数据技术如何应用到服装行业中。

2. 除了本案例中谈到的大数据技术，你还了解哪些新兴的 IT 技术？谈一下这些 IT 技术是如何应用到服装领域中的。

【本章小结】

电子商务技术是利用计算机技术、网络技术和远程通信技术等实现整个商务过程中的电子化、数字化和网络化。人们不再是看着实实在在的货物面对面地进行交易，而是通过网络，通过网上琳琅满目的商品信息、完善的物流配送系统和方便安全的资金结算系统进行交易。电子商务技术的作用体现在三个方面：一是对产品与服务交易过程和商务主体间商业关系创新提供支持；二是支持商业模式创新，并创造新的商业价值；三是可以通过 VR 等技术提升用户的购物体验。

互联网技术的发展给人们的生活和工作带来了翻天覆地的变化，传统的服装行业也借助互联网和 IT 技术开展服装电子商务，进行企业转型升级。本章围绕服装企业开展电子商务所需的信息技术展开讨论，先后针对传统的计算机网络技术、Internet 技术、数据库技术、电子支付技术和电子商务安全技术进行了阐述，并且针对当前服装领域可能应用到的热点 IT 技术，如虚拟现实技术、物联网技术和大数据技术等进行了讲解。

第三章　服装电子商务模式

【本章学习目标】

　1. 了解电子商务模式的分类

　2. 分析 B2B、B2C 与 C2C 服装电子商务运作模式，并掌握其特点

　3. 了解 O2O 服装电子商务模式的特点

　4. 认识其他服装电子商务模式

【引导案例】

服装定制电商衣邦人进驻泉城，互联网＋模式逐鹿齐鲁服装市场

2016 年 11 月 26 日，专业的男装高端定制电商平台——衣邦人正式入驻泉城济南。济南网点的开业，也标志着衣邦人作为服装定制电商行业的领跑者，在华北服装制造大省山东正式开展"互联网＋服装定制"细分市场的布局。

海右此亭古，济南名士多。济南是文化大省山东的省会，定制服装早在晚清时期就在济南的绅士名流中蔚然成风。始于清代同治年间的"玉谦旗袍店"、根出济南的定制老字号"瑞蚨祥绸布店"，都显示出济南服装定制市场的深厚历史；同时，山东服装制造工业基础雄厚，衣邦人作为从杭州走出的男装高端定制电商平台，如何在济南打开市场呢？

互联网思维领跑服装定制细分市场

据了解，起源于互联网重镇杭州，衣邦人从市场开拓到流程管理，都带有鲜明的互联网思维色彩。"衣邦人采用网络营销＋上门量体＋工业 4.0 工厂店的 C2M 模式取代了传统门店的经营方式，让客户足不出户，就能体验着装顾问免费上门量体服务，这对于济南的服装定制市场而言是非常新颖的。"衣邦人 CEO 方琴说，"我们用网络营销取代了线下推广，降低推广成本；着装顾问免费上门量体，同时提供专业的着装搭配和着装礼仪建议，不仅仅是量体，更是客户的形象设计顾问；技术团队自主开发衣邦人 ERP、App 以及 3D 智能量体引擎等，让客户订单数据和工业 4.0 工厂无缝对接，大幅减少不必要的中间环节，实现定制又精准又快速。"她解释道。

服务流程优化，服务能力升级

衣邦人市场总监沈海华表示，在衣邦人定制服装时，每一位客户都会由我们的专业顾问进行一对一服务，包括电话预约、现场量体、面料介绍、款式选择、搭配建议、售后回访等一系列服务环节。而经历了第二季度调整期之后，衣邦人组建呼叫中心，把所有售后服务、通话记录上传至后台。呼叫中心的完善大幅提高了各环节的沟通效率。让来自全国各地客户的定制需求从 App 预约，到量体下单时的一条条数据，再到工厂裁剪出的各类精选面料，最终成为穿在身上的一件得体的服装，而整个过程只需 7 到 10 天。秉承着"高端定制，触手可及"的理念，从 2015 年 3 月开始，衣邦人在全国范围内，已陆续开设跨越北、上、广、深和各省省会等一、二线城市在内的 20 个网点，着装顾问免费上门量体服务覆盖全国 146 个城市，累计服务用户近 10 万人，复购率高达 30%。

据了解，9 月 8 日衣邦人对外宣布 A 轮融资成功，融资金额达数千万元。衣邦人中国区销售总监沈海华透露，随着资金的注入，衣邦人将会在服务制度，用户体验以及信息化管理上加大投入，优化相关流程，将衣邦人打造成为国内"互联网 + 服装定制"首选平台。

资料来源：网易新闻 http：//news.163.com/16/1129/12/C71OHFDT000187V5.html

第一节　电子商务模式的相关概念

商务模式是一种包含一系列要素及其关系的概念性工具，用以阐明某个特定实体的商务逻辑。它描述了公司所能为客户提供的价值以及公司的内部结构、合作伙伴网络和关系资本等用以实现这一价值并能够持续盈利的要素。简单来说，商务模式就是指能够为企业带来收益的模式。商务模式规定了公司在价值链中的位置，并指导其如何赚钱。

电子商务模式，就是指在网络环境中基于一定技术基础的商务运作方式和盈利模式。研究和分析电子商务模式的分类体系，有助于挖掘新的电子商务模式，为电子商务模式创新提供途径，也有助于企业制订特定的电子商务策略和实施步骤。

一、电子商务模式的主要内容

电子商务模式是电子商务运行的秩序，是指电子商务所提供的产品、服务、信息流、收入来源及各利益主体在电子商务运作过程中的关系和作用的组织方式与体系结构。电子商务模式主要包括战略目标、目标客户、收入与利润来源、价值链以及核心能力等主要内容。

一个电子商务项目想要获利，首先必须明确其战略目标，企业必须不断地向其客户提供有价值的并且不可替代的产品和服务，这样才能保持竞争优势。其次，企业必须明确其目标客户，即在市场的某一领域或地理区域，企业提供哪些产品或服务，以及提供多少产品或者服务。再次，在电子商务市场中，企业通过电子商务获得收入和利润点来源比较复杂，直销类企业和非直销类企业的收入来源有很大不同。第四，在电子商务活动中，企业的价值链结构发生了很大变化，比如商品信息发布、客户沟通和订单处理等都可以在网络完成，而采购与发货等物流环节也可以通过第三方物流完成。最后，电子商务公司需要将其技术平台和业务能力进行集成，其核心能力主要包括资源、竞争力和竞争优势等。

二、电子商务模式的主要类型

电子商务模式可以从多个角度建立不同的分类框架。随着其应用领域的不断扩大和信息服务方式的不断创新，电子商务的类型也越来越多。本节将按照交易参与主体不同这一分类方式（参考本书第一章相关内容），将电子商务模式分为以下几个主要类型：

（1）企业与企业之间的电子商务（Business to Business，即 B2B）。

（2）企业与消费者之间的电子商务（Business to Consumer，即 B2C）。

（3）消费者与消费者之间的电子商务（Consumer to Consumer 即 C2C）。

（4）消费者与企业间的电子商务（Consumer to Business，即 C2B）。

（5）线上与线下的电子商务（Online to Offline 即 O2O）。

（6）其他电子商务模式。

三、服装电子商务模式的发展

中国服装电子商务从 2003 年开始迅猛发展。2003 年以前，中国电子商务尚处于起步阶段，网购只是一种小众的网络行为，服装也不是网上的主流商品。个别服装企业对电子商务也是浅尝辄止，在此期间，一些 B2B 平台网站如阿里巴巴、中国服装网等成为服装企业试水电子商务的优先选择。服装行业电子商务大致可分成两大类，一种是由传统行业转型进入电子商务领域，例如玛萨玛索，一些大型百货公司也由实体转而进入电子商务领域，比如美国的梅西百货和第五大道百货，国内的银泰百货等；而另一种方式则是由电子商务企业转而将服装作为主要商品进行销售，例如凡客诚品。

2003 年非典疫情的爆发，极大地刺激了网购的发展。淘宝的免费开店政策以及支付宝的推出推动着中国电子商务进入 C2C 主导阶段，近百万的个人卖家成为网上出售商品的主体，而服装品类也成为其中发展最快的商品种类。据 2005 年中国互联网络信息中心发布的 C2C 市场调查报告的数据显示，服装在当时已经成为卖家和卖家人数最多的商品。

2006~2008 年，服装垂直电子商务开始兴起，涌现出一批服装垂直电子商务网站，如 PPG、凡客（Vancl）和玛萨玛索等网站。虽然 PPG 强势进入男士衬衫直销市场，但由于其为供应管理所困，最终倒下。这种垂直模式的电子商务公司表现为轻资产的快公司，一般仅仅设立库存部门，并没有生产部门，只能通过大规模的广告投入来占领市场。

2008~2010 年，品牌服装企业开始了电子商务扩展阶段。许多服装企业在金融危机的影响下，寄希望于通过电子商务来开拓内贸市场，再加上电子商务发展已经具备相当规模，传统品牌服装企业也开始重视电子商务渠道。

2011 年至今，许多资本大鳄开始进入服装电子商务领域。2010 年底麦网登陆美国纳斯达克市场，国内其他知名服装类电子商务网站如好乐买、乐淘等网站也获得了数千万美元级别的风险投资，一些依托淘宝成长起来的淘品牌如七格格、裂帛等公司也获得了不菲的风险投资数额。

2014 年开始，微博和微信等多种自媒体形式的发展，造就了许多新型的电子商务模式。许多微商、电商网站的手机客户端开始出现爆发式发展，O2O 以及虚拟试衣等模式也开始出现。

如今，服装电子商务作为电子商务中的重要品类，早已占据了各大电商平台。其品类包含女装、男装、童装、运动服饰、内衣、鞋履和箱包等。中国电子商务研究中心（100EC.CN）监测数据显示，2014 年服装网购交易额达到 6153 亿元，同比增长41.48%。艾瑞咨询发布了《2015H1 中国服装网购行业报告》，报告显示，2015 年上半年中国服装网购市场整体交易规模为 4130.5 亿元。2015 年上半年中国服装类产品C2C 渠道销量占比为 67.7%，占据服装网购主流地位。这主要是 C2C 平台上服装的多样性和低价等因素共同作用的结果。2015 年上半年中国 B2C 平台服装产品销量份额排名第一位的平台为天猫，占比 76.2%。天猫作为平台型 B2C 在服装品类上优势非常明显。

第二节　B2B 电子商务模式

一、B2B 电子商务模式的概念

企业对企业的电子商务模式称为 B2B 电子商务，即 Business-to-Business 的缩写，是指企业与企业之间通过专用网络或 Internet，进行数据信息的交换、传递，并开展交易活动的商业模式。这种交易可以在企业及其供应链成员之间进行，也可以在企业和任何其他企业之间进行。这里的企业可以是任何组织，包括私人的或公共的，营利性的或非营利性的。

目前，B2B 类电子商务网站有阿里巴巴、慧聪网等。阿里巴巴是传统电子商务的创始者和领导者，也是全球最大的 B2B 电子商务品牌，为数千万网商提供海量商机信息和便捷安全的在线交易市场。

B2B 电子商务通过 B2B 网站将企业内部网与客户紧密相连，通过网络的快速反应，为客户提供更好的服务，从而能够促进企业的业务发展。由于 B2B 电子商务面向企业间的交易，因此无论在交易额还是交易领域的覆盖上，规模都相当可观。B2B 电子商务模式包含三个要素：交易、合作、服务。B2B 网站平台通过为消费者提供质优价廉的商品，在吸引消费者购买的同时能促使更多商家入驻。与物流公司建立合作关系，能为消费者的购买行为提供最终保障，这是 B2B 平台硬性条件之一。物流主要是为消费者提供购买服务，从而实现再一次的交易。

B2B 电子商务模式的成本包括技术成本、安全成本、物流成本和客户成本。

B2B 技术成本包括软硬件成本、学习成本和维护成本。电子商务是各种技术结合的产物，巨额的投资、复杂的管理和昂贵的维护费用无疑会使一些系统、技术和人才匮乏的企业望而却步。

在任何情况下，交易的安全都是商家和消费者关心的首要问题，如何在网上保证交易的公正性和安全性、保证交易双方身份的真实性、保证传递信息的完整性以及交易的不可抵赖性，成为推广电子商务的关键所在。

在电子商务中最难解决的就是物流配送。物流配送既是电子商务的重要环节，又是最后环节，是电子商务的目标和核心，也是衡量电子商务成功与否的一个重要尺度。

电子商务的客户成本，指的是顾客用于网上交易所花费的上网、咨询、支付直到最后商品到位的费用总和，这是一种完全依赖于网络的服务，只要消费者开始享受这样的服务，就要承担每小时数元钱的最低成本，还不包括添置相应的硬件设备和学习使用的费用。

B2B 电子商务的购物流程如图 3-1 所示。

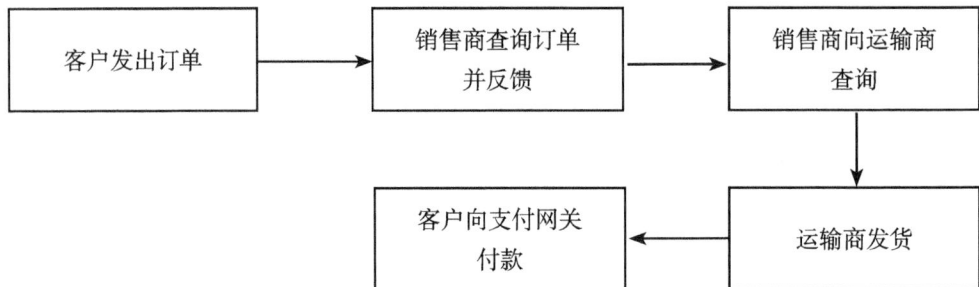

```
┌─────────────┐      ┌─────────────┐      ┌─────────────┐
│  客户发出订单  │ ───> │ 销售商查询订单 │ ───> │ 销售商向运输商 │
│             │      │   并反馈     │      │    查询     │
└─────────────┘      └─────────────┘      └─────────────┘
                                                 │
                                                 ▼
┌─────────────┐      ┌─────────────┐
│ 客户向支付网关  │ <─── │  运输商发货   │
│   付款       │      │             │
└─────────────┘      └─────────────┘
```

图 3-1　B2B 购物流程图

二、B2B 电子商务模式的特点

B2B 电子商务模式交易次数少、交易金额大，交易对象广泛，交易操作规范。首先，B2B 电子商务一半涉及企业与客户、供应商之间的大宗货物交易，虽交易次数较少，但交易金额通常较为庞大。B2B 交易可以在顾客与制造商之间直接进行，也可以通过网上中间商实现。其次，B2B 电子商务交易的对象可以是任何一种产品、半成品和原材料。最后，由于涉及企业间的交易，B2B 电子商务的交易过程较为复杂，有实时采购和战略式采购两种基本类型。实时采购通常是指以实时市场价格购买所需的商品和服务，其价格因受供求关系的影响是动态的。战略式采购是指基于长期合同的采购。

B2B 电子商务模式的优势总的来说有以下几点。

第一，B2B 电子商务模式可以降低交易双方的信息交流成本且交流通畅快速，也能够提供一些新的交易机会和合作机会。

第二，B2B 电子商务模式能够降低企业的交易成本，包括促销成本、采购成本、销售成本等。

第三，B2B 电子商务模式能够有效减少企业库存，以信息技术为基础的电子商务模式能够及时将市场信息传递给企业以供企业决策，可以有效降低企业库存和库存成本。

第四，B2B 电子商务模式能够有效缩短企业生产周期，信息的交流能够使企业的生产运作更加快速，从而为客户提供更高效的服务。

B2B 电子商务模式可以分为两种类型：垂直方向和水平方向。垂直方向是同一产品或部门之间的交易市场，而水平方向是指那些可以适用于所有产业的商品和服务的交易市场。

面向制造业或面向商业的垂直 B2B，也可以分为两种类型，即上游和下游。生产商或商业零售商可以与上游的供应商之间形成供货关系；生产商与下游的经销商可以形成销货关系。简单地说这种模式下的 B2B 网站类似于在线商店，这一类网站其实就是企业网站，就是企业直接在网上开设的虚拟商店，通过这样的网站可以大力宣传自己的产品，用更快捷更全面的方式让更多的客户了解自己的产品，促进交易。B2B 也可以是商家开设的网站，这些商家在自己的网站上可以宣传自己经营的商品，目的也是用更加直观便利的方法促进、扩大商业交易。

面向中间交易市场的 B2B。这种交易模式是水平的 B2B，它是将各个行业中相近的交易过程集中到一个场所，为企业的采购方和供应方提供方便，这一类网站自己既不是拥有产品的企业，也不是经营商品的商家，它只提供一个平台，在网上为销售商和采购商创造交易条件，采购商可以在其网上查到销售商的有关信息和销售商品的有关信息。

应用较为广泛的 B2B 模式主要有电子市场、电子分销商、服务提供商和信息中介四种类型。

电子市场也称交易中心，即一个数字化的市场形态，供应商和企业采购均可在这里进行交易。例如阿里巴巴、慧聪网等大型电子交易平台。

电子分销商是由一家企业寻求为多个客户服务而建立的企业，它直接为各个企业提供服务或产品。

服务提供商指向其他企业提供服务的企业，主要通过整合资源将供应链整体方案提交给客户，并对客户的决策产生影响。

信息中介是以收集消费者信息并将其出售给其他企业的机构，其盈利收入主要是信息出售费和数据挖掘后的信息咨询费等。

三、服装 B2B 电子商务

目前国内 B2B 电子商务模式包括两种类型，一种是大型企业自建 B2B 电子商务网站用以开展电子商务，企业通过电子商务可以降低成本、提高销售量；一种是第三方电子商务平台。随着中小企业对 B2B 网站认知的不断提升，绝大部分中小企业都会通过第三方电子商务平台开展电子商务，例如通过第三方电子商务平台发布和查询供求信息，与潜在客户进行在线交流和商务洽谈等。

我国 B2B 盈利模式的主要方式有广告、搜索、自有产品销售、交易费、租金、信息咨询费等。广告类主要包括一些文字广告、图片广告、动态广告、广告联盟分享投放知名网站上的广告和邮件广告等。搜索方面主要涉及关键词竞价排名和热点词汇直达商铺或企业网站的方式来获取收益。自有产品销售方面包括一些管理软件和会员费等。交易费用涉及交易佣金、支付服务、网上业务中介、网上拍卖、物流服务等方面。

服装电子商务

增值类和信息咨询费用主要包括客户留言、前沿资讯短信服务和邮件服务、高级商友俱乐部收费服务和线下服务、下载电子杂志、行业发展报告、网站数据分析报告和专家在线资讯服务等。此外还有一些平台利用线下服务包括网络营销策划、培训、展会、行业商会、研讨会、高峰论坛等或者与政府、行业、网站、媒体或企业之间的商务合作进行盈利。

服装类 B2B 电子商务在国内起步较早，发展到现在已经涌现出一批龙头综合性网站平台，比如阿里巴巴、慧聪网和亿商网。

阿里巴巴 B2B 公司是全球电子商务的领先者和中国最大的电子商务企业，其电子商务业务主要集中于 B2B 的信息流，是电子商务服务的平台服务提供商。阿里巴巴 B2B 着力于营造电子商务信任文化。其独具中国特色的 B2B 电子商务模式为中小企业创造了崭新的发展空间，在互联网上建立了一个诚信的商业体系。阿里巴巴的业务涉及面非常广泛，服装只是很小的一部分。阿里巴巴网站如图 3-2 所示。

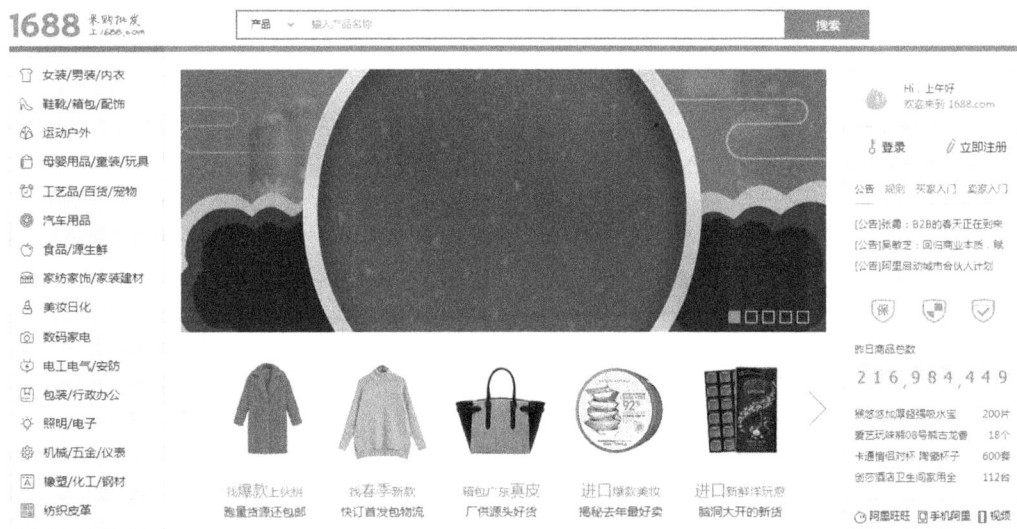

图 3-2　阿里巴巴网站

阿里巴巴拥有中国 B2B 交易的最大数据库，通过其对外发布 B2B 市场的详细报告，可以看到近几年来 B2B 的发展轨迹。就市场环境来说，外需市场低迷，中国出口受到挑战；制造成本持续上升，中国出口优势减弱；B2B 市场采购商数量远多于供应商数量。美国经济有复苏迹象，但国内消费仍然低迷。2015 年前两个季度的进口额为 1.1 万亿美元，同比下降 3%；过去 5 年，美国进口增速从 19.4% 下滑到 3.4%。俄罗斯和巴西经济严重下滑。2015 年前 5 个月中巴贸易总额为 281 亿美元，同比下降 19.5%，降幅比 2014 年继续扩大；2015 年 1~11 月，中俄贸易总额 613 亿美元，同比下降

29.3%。海外买家遍布全球，主要的海外买家来自欧洲、北美、中南美。2015年外需最旺盛的市场为美国、英国和印度，最热的增量市场是俄罗斯、巴西、西班牙、法国、乌克兰等国家，而增长最快的海外市场出现在欧洲、中南美和中东。

除了综合类的B2B电子商务平台，专业化的服装B2B类电子商务网站在国内也有许多，比如慧聪服装网、中国服装网、富民时装网、中国服装批发网、衣联网等。

图3-3 慧聪服装网

慧聪服装网（图3-3）隶属于慧聪网，是国内服装业最具影响力的网站。现已开通男装、女装、内衣、孕婴童、婚纱礼服、运动装、休闲装、家居服、羽绒服、工作服、品牌服装、帽子围巾、领带、腰带、袜子、眼镜等多个特色专栏，拥有国内领先的网络交易市场，可以为服装行业客户提供各种服务。

图 3-4　衣联网

衣联网（图 3-4）的前身是服装店主论坛，发展到现在已成为拥有 79 万家服装零售店及超过 9000 家服装批发商的 B2B 企业。衣联网专注做服装这一垂直领域，目前除了在广东区域的服装批发基地外，杭州、常熟、北京等地也设立了项目合作及分公司。依托衣联网进货的服装零售店超过 117 万家，入驻衣联网的服装批发商超过 10000 多家（2013 年 9 月数据）。衣联网上的实体批发商主要来自十三行、沙河、白马、虎门等服装批发基地，热销的品类有高中低档的女装、男装、童装、内衣及 T 恤、外套、毛衣、棉衣、羽绒服、牛仔等。衣联网不断整合线上线下资源，与传统市场保持"竞合关系"（既竞争又合作），并不断规范上游市场（批发商），制定有效规则，将整个电子商务平台以专业化的运营模式推向市场，让商家更加便捷的实现产品在市场上流通。

第三节　B2C 电子商务模式

一、B2C 电子商务模式的概念

B2C 电子商务指的是企业针对个人开展的电子商务活动的总称，即表示企业对消费者的电子商务活动，具体是指通过信息网络以及电子数据信息的方式实现企业或商家机构与消费者之间的各种商务活动、交易活动、金融活动和综合服务活动，是消费者利用 Internet 直接参与经济活动的形式。B2C 电子商务是消费者接触最多的商务形式，消费者在网络购买电器、书籍、日用品和服装等产品都通过这种形式进行交易。

```
注册会员 → 挑选商品 → 下订单 → 收银台结账
                                      ↓
订单查询 ← 购物完成 ← 选择付款方式 ← 选择送货方式
```

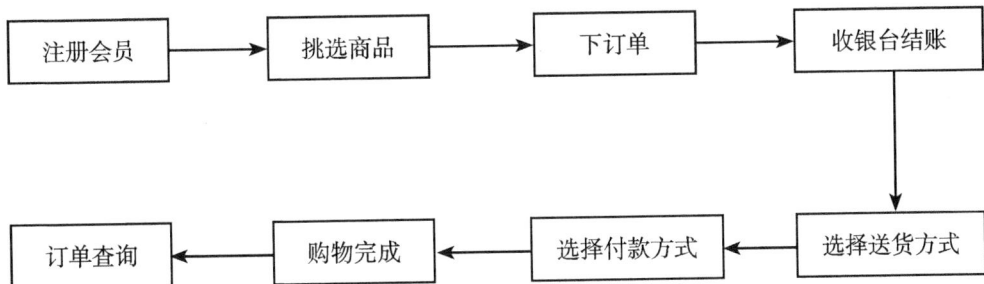

图 3-5 B2C 购物流程图

二、B2C 电子商务模式的特点

B2C 电子商务模式有以下特点：

（1）生活化，B2C 电子商务是人类传统购物的网络实现，是一次技术实现，随着互联网技术的日益普及，B2C 势必会深入人类的生活，成为人类购物的习惯形式，也许在以后我们只存在网络购物，而购物是城市化生活的必需，是生活中必不可少的一部分，也就是说，B2C 实际上就是网络化的生活。

（2）透明化，传统购物由于信息的不通畅，往往很难知道其他商店的商品状况和价格，但在网络世界里，消费者可以轻而易举地查询到多家网上商店的商品状况和价格，这样消费者就拥有了充分的信息对称性，能够货比三家，买到性价比很高的商品。

（3）个性化趋势和统一化趋势并存，由于网络环境信息的无限透明性，厂商要取悦消费者，就必须有充分的创意，向消费者提供充分的个性化服务，个性化竞争将会十分激烈，可以说 B2C 是个性化的购物时代，而创意是有限的，基本需要是相对固定的，再加上网络信息的无限透明性，网络商店的统一化趋势不可避免，因此又可以说，B2C 是个统一化购物的时代。

B2C 电子商务模式的类型主要有：

1. 综合型 B2C

发挥自身的品牌影响力，积极寻找新的利润点，培养核心业务。如卓越亚马逊（2004 年，亚马逊收购卓越，2007 年，卓越改名为"卓越亚马逊"，2011 年，再次更名为"亚马逊中国"），可在现有品牌信用的基础上，借助母公司亚马逊国际化的背景，探索国际品牌代购业务或者开展国际品牌产品销售等新业务。网站建设要在商品陈列展示、信息系统智能化等方面进一步细化。对于新老客户的关系管理，需要精细客户体验的内容，提供更加人性化、直观化的服务。选择较好的物流合作伙伴，增强物流实际控制权，提高物流配送服务质量。

2. 垂直型 B2C

核心领域内继续挖掘新亮点。与知名品牌生产商积极沟通与合作，化解与线下渠道商的利益冲突，扩大产品线与产品系列，完善售前、售后服务，提供多样化的支付手段。鉴于个别垂直型 B2C 运营商开始涉足不同行业，这些运营商尤其需要规避多元化风险，避免资金分散。与其投入其他行业，不如将资金放在物流配送建设上。可以尝试探索"物流联盟"或"协作物流"模式，若资金允许也可逐步实现自营物流，以保证物流配送质量，增强用户的黏性，将网站的"三流"完善后再寻找其他行业的商业机会。

3. 传统生产企业网络直销型 B2C

首先要从战略管理层面明确这种模式未来的定位、发展与目标。协调企业原有的线下渠道与网络平台的利益，实行差异化销售，如网上销售所有产品系列。而传统渠道销售的产品则应体现地区特色；制订差异化价格，线下与线上的商品定价根据时间段不同设置不同价位。线上产品也可通过线下渠道完善售后服务。在产品设计方面，要着重考虑消费者的需求。在团队建设方面，应大力吸收和挖掘网络营销精英，培养电子商务运作团队，建立和完善电子商务平台。

4. 第三方交易平台型 B2C

B2C 受到的制约因素较多，但对于人力、物力、财力有限的中小企业，仍不失为一种拓宽网上销售渠道的好方法。关键是中小企业要选择具有较高知名度、点击率和流量的第三方平台；其次要聘请深谙网络营销、网络应用、实体店运作的网店管理人员；再次是要以长远发展的眼光看待网络渠道，增加产品的类别，充分利用实体店的资源、既有的仓储系统、供应链体系以及物流配送体系发展网店。

天猫商城是典型的网络销售平台，卖家可以通过这个平台卖各种商品，这种模式类似于现实生活中的购物商场，主要是为商家提供卖东西的平台。天猫商城不直接出售任何商品，但是商家在做生意的时候要遵守天猫商城的规定，不能违规，否则会受到处罚。这种模式的优势是平台足够大，想卖什么就卖什么，前提是不能违法违规。商城负责整个平台的维护，而商户只管做自己的生意，盈亏要自负，与商城没有关系。不过不管你生意如何你都要交一定的场地费。如果想做推广你可以在商城内做广告，搞促销活动，这些都是商户自愿的经营行为。商城负责树立好自己的形象，能吸引足够多的消费者就够了，收入稳定。而商家想卖什么都可以（不违法违规），盈亏自负。这种模式的优势在于可以随着市场变动，商户自行对市场做出反应，不需要商城去担忧。市场自由，没有太多条件限制，扩充性强。这种模式对于商城与商户都很稳定，除了一些管理上的纠纷，市场经营方面都是独立的，不发生任何利益冲突。总的来说，这种模式优点在于收入稳定，市场灵活，商城不用花太多心思去管理各种产品的经营，而缺点在于盈利可能偏低，商城的战略变动可能会受到内部商户的抵制，内部纠纷会比较多。不过这种模式仍然被商户们所喜爱，因为他们可以在这个平台上获得利润，而京东的模式却是这些商户的敌人。

5. 传统零售商网络销售型 B2C

传统零售商自建网站销售，将丰富的零售经验与电子商务有机地结合起来，能有效地整合传统零售业务的供应链及物流体系，并通过业务外包解决经营电子商务网站所需的技术问题，这类网站的典型代表就是国美。

6. 纯网商型 B2C

纯网商指只通过网上销售产品的商家。纯网商的销售模式主要有自产自销和购销两种。纯网商没有线下实体店。

三、服装 B2C 电子商务

（一）服装 B2C 电子商务的盈利模式

服装 B2C 电子商务的主要盈利模式有以下几种：产品销售营业收入模式、网络广告收益模式、收费会员制收益模式和网站的间接收益模式等。

1. 产品销售营业收入模式

以产品交易作为收入主要来源是多数 B2C 网站采用的模式，这种 B2C 网站又可细分为两种：销售平台式网站和自主销售式网站。销售平台式网站并不直接销售产品，而是只为商家提供 B2C 平台服务，通过收取虚拟店铺出租费、交易手续费、加盟费等来实现盈利。例如淘宝的 B2C 购物平台，淘宝提供 B2C 平台，收取加入淘宝商家一定费用，并根据提供服务级别的不同收取不同的服务费和保证金。自主销售式网站则直接销售产品，并建有完整的仓储和物流配送体系或者发展第三方物流加盟商，例如京东、亚马逊和 1 号店等。

2. 网络广告收益模式

网络广告收益模式是互联网经济中比较普遍的模式。B2C 网站通过免费向顾客提供产品或服务吸引消费者提高网站流量，从而吸引广告主投入广告，通过广告盈利。

3. 收费会员制收益模式

B2C 网站可以为会员提供便捷的在线加盟注册程序、实时的用户购买行为跟踪记录、准确的在线销售统计资料查询及完善的信息保障证等。一些 B2C 网站还可以提供收费会员服务，例如京东 PLUS 会员和亚马逊 prime 会员等。B2C 网站通过提供更优质的服务使客户愿意付出更多的费用来享受增值服务。

4. 网站的间接收益模式

除了能够将自身创造的价值变为现实的利润，企业还可以通过价值链的其他环节盈利，例如网上支付收益模式和网站物流收益模式。最显著的例子是 90% 的淘宝用户通过支付宝，带给淘宝巨大的利润空间，不仅可以通过支付宝收取一定的交易服务费用，而且可以充分利用用户存款和支付时间差产生的巨额资金进行其他投资盈利。

（二）服装 B2C 电子商务的经营模式

服装 B2C 电子商务的经营模式主要包括以下七种类型：

1. 大型电商网站

美国亚马逊网站是最早在网络上进行商品销售的网站，从最初仅销售书籍产品，一直到现在的无所不包，其中服装电子商务亦是其中一大品类。大型电商在国际上以亚马逊（图 3-6）为代表，在国内以当当网、京东网等为代表，这些大型电商都建立起自己的网络销售平台以销售各种各样的产品，这其中包括很大一部分服装类产品。这些服装产品中，有一部分是这些自营电商平台自己采购然后进行销售的服装，而另一部分则是由这些大型电商平台中入驻的第三方卖家进行销售的，这样的第三方卖家在这类大型电商平台中占有一定的比例，而这个比例的多少则由平台电商根据自身定位以及各种营销策略来确定。例如，亚马逊和京东的第三方卖家大约占近一半的比例，而另一半自来自营渠道；而当当网的服装产品销售中，第三方商家则占了大部分。在这些第三方卖家中，一类是入驻平台的大型服装品牌，它们利用大型电商的网络平台优势进行网络销售；另一类则是一些店铺类商家，它们并不局限于一个服装品牌商品的销售。

图 3-6　亚马逊网站

2. 网络服装品牌

网络服装品牌 PPG 成立于 2005 年，在不到两年的时间内营业额迅速上升到 10 多亿元，每天仅衬衫一类就能卖出一万件，2007 年已跻身国内衬衫市场前三甲。PPG 轻装入市，融合戴尔的直销经验，将衬衫生产外包给长三角地区的服装企业进行贴牌加工，其物流配送、质检等环节也全部进行外包，公司仅保留设计、质监和直销部门。轻装上阵使其节省了大量成本，新颖的运营模式使其获得大量风投的青睐，促使 PPG 得以飞速发展。

2007 年，卓越网创始人陈年创办的凡客（图 3-7）出现在衬衫市场中，PPG 在与宝岛进行价格战的同时遇到了强劲对手，再加上在价格战中无暇顾及产品质量导致质量下降，各个供应商和广告商要求还账等资金问题导致巨额亏损，最终于 2010 年彻底崩溃。凡客产品涵盖男装、女装、童装、鞋、家居、配饰、化妆品七大类，还未上线就引来数百万美元的融资。在最初几年内，凭借极具性价比的服装服饰和完善的客户体验，凡客诚品已经成为网民购买服装服饰的主要选择对象。经历了 2011 年上半年凡客体广告语红遍大街小巷，产品种类快速扩充，再到 2011 年年底时候的巨额亏损，可以说 2011 年凡客坐了一回过山车。凡客诚品的模式类似于现实生活中的美特斯邦威、特步等服装专卖店，主要是自产自销的经营模式。凡客靠卖服装类产品起家，又陆续推出家居、化妆品等产品。凡客所销售的这些产品基本上都是自己生产，然后自己销售。这种模式的优势在于，产品的整个产业链都可控，公司的目标利润可以从产品生产时制订，没有供货商的货源限制。缺点在于公司品类扩张困难。

图 3-7　凡客网站

此外，还有一些电商开始销售自品牌的一些产品，比如当当网（图3-8）在其网站销售自品牌当当优品的家具类产品。

图3-8 当当网站销售当当优品

3. 实体商城电商

实体商城网络销售是指一些大型的实体商城自建的网络销售渠道，这些大型商城具有良好的声誉和客户群体，网络销售不仅不会影响其实体商城的销售，反而会对实体渠道予以补充。例如美国的梅西百货（图3-11）、Saks Fifth Avenue（图3-9、图3-10）等。梅西百货是美国最大的精品百货公司，成立于1858年，经多次重组并购让其成为美国最大的精品百货公司，在美国各大城市都设有分店。1924年Saks Fifth Avenue开业，它在当时还是住宅区的第五大道上第一家大型零售店，出售最高品质的男女服装与珠宝，提供独特的客户服务。Saks Fifth Avenue常年都会有一些大品牌打折，因此颇受消费者喜欢。

图3-9 SAKS和Macy's的实体百货店

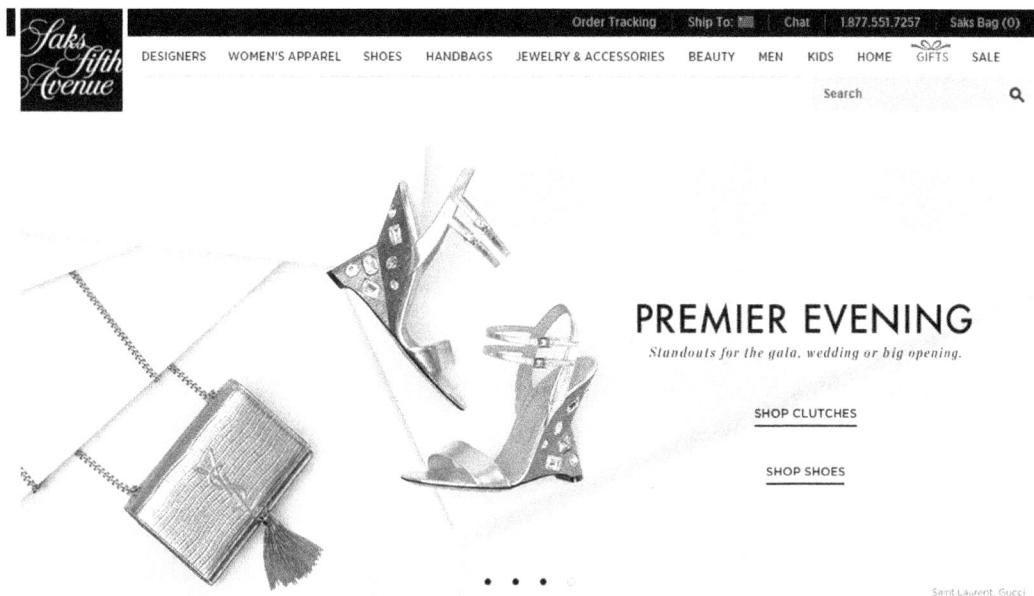

图 3-10　SAKS 网站

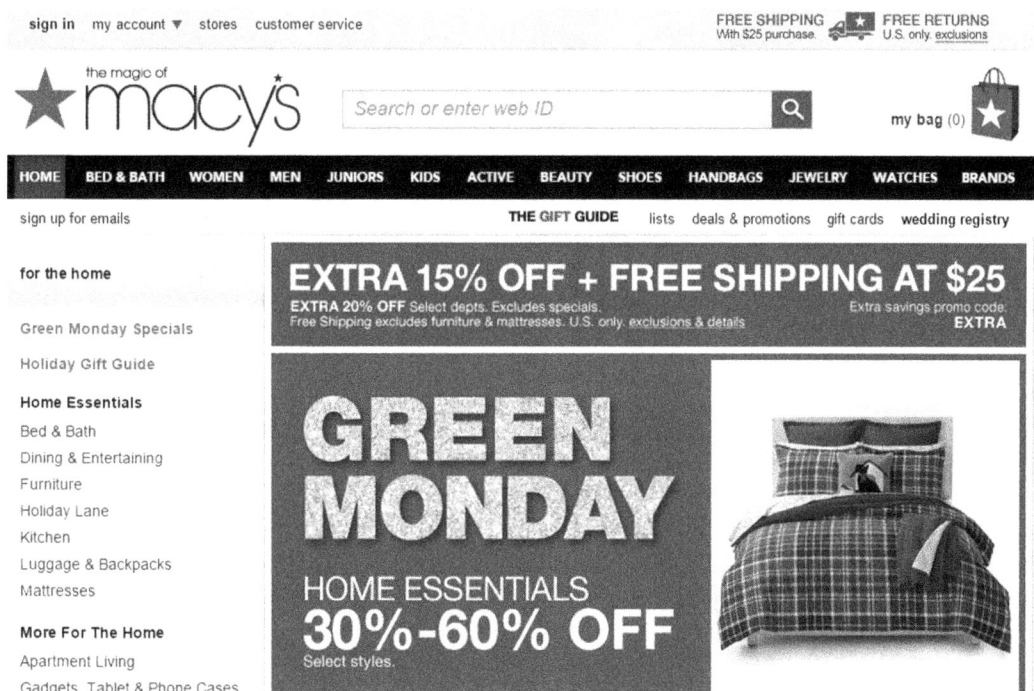

图 3-11　Macy's 梅西百货网站

4. 服装品牌电商

服装品牌网络销售可分为网络直销和网络分销两大类。一些品牌仅在网络渠道进行销售，而一些品牌则选择实体和网络渠道共同进行销售（实体店为主网络为辅，或实体与网络并重）。许多传统品牌服装企业如李宁、七匹狼等开始通过多种形式开展电子商务，并取得不俗的业绩。传统品牌服装企业依托第三方电子商务平台如淘宝网和QQ商城等，以自营店或授权店的方式试水电子商务，并尝试与官网以及其他B2C网站相结合开展多渠道的电子商务销售，都促进了企业的生产。例如波司登是全国最大、生产设备最为先进的品牌羽绒服生产商，主要从事自有羽绒服品牌的开发和管理，包括产品的研究、设计、开发、原材料采购、外包生产及市场营销和销售。旗下品牌包括"波司登""雪中飞""康博""冰洁""冰飞""上羽""波司登男装""Ricci-Club女装"等。波司登不仅有自己的实体渠道，还积极创建其网络渠道，其中品牌自建网络销售平台和天猫旗舰店同时进行网络销售。

图 3-12　波司登官网

图 3-13　波司登天猫旗舰店网站

百丽国际控股有限公司及其子公司是中国大陆最大的女装零售商，旗下拥有百丽、天美意、百思图、真美诗、森达、思加图等多个品牌。而优购网依托投资方百丽国际的供应链、资金以及品牌优势，并涉足深层次供应链管理，参与货品研发、设计、生产、零售等各个环节，成为时尚商品网络购物平台。

图 3-14　百丽旗下优购网站

5. 特卖网站

美国特卖网站 Gilt，其模式其实就是奢侈品在网络上的一种创新营销模式，概括起来，Gilt 模式 = 会员制 + 折扣 + 奢侈品牌。Gilt 由法国的 Vente Privee 网站演变而来，运营采用一种非常特殊的模式：会员制的奢侈品折扣模式，来销售那些著名设计师的限量奢侈品或者是从未与大众见面的产品。其网站的创始人亚丽克西斯·梅班克和亚历山德拉·维尔克斯·威尔森希望通过会员制模式来维护奢侈品品牌的形象，只有邀请成为会员后才可以登录网站查询相关信息、进行电子商务交易。

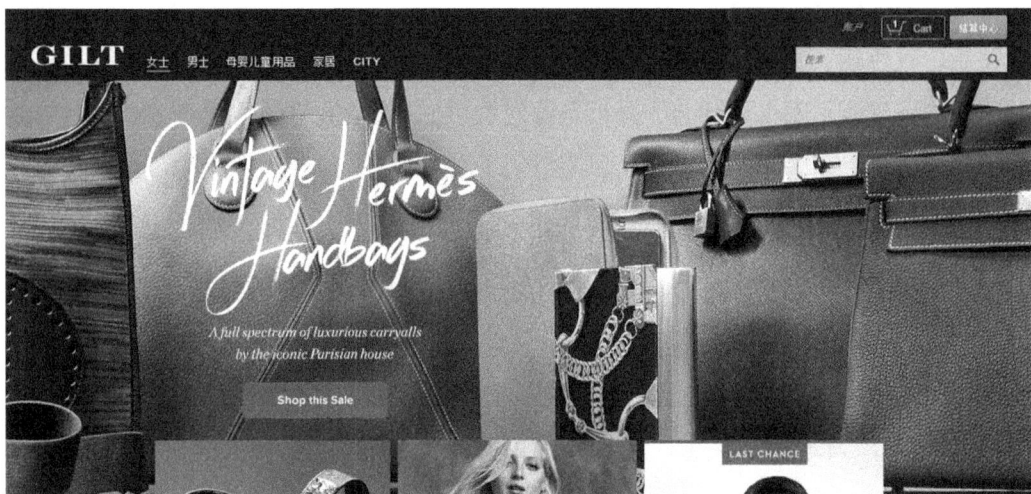

图 3-15 Gilt 特卖网站

中国网络限时特卖市场在一定程度上吸收、借鉴了 Vente-privee、Gilt Groupe 等国外网络限时特卖企业的成功经验，同时结合文化差异、市场阶段及国内消费者的购物习惯，发展出具有本土化特色的经营模式。中国网络限时特卖市场已由奢侈品向中高档大众消费品延伸，以更亲民的价格扩大消费覆盖群体——以唯品会为例，成立初期以顶级奢侈品为主，用户数量难以规模化，后调整战略，瞄准阿迪达斯、耐克、卡西欧、ebase、欧时力等中国消费者更熟悉的二、三线名牌，取得较好的市场反应。当当也在这一环境下开设尾品汇，销售一些品牌的尾货产品。

图 3-16　当当尾品汇

　　唯品会率先在国内开创了特卖这一独特的商业模式。其"零库存"的物流管理方式以及与电子商务的无缝对接，使唯品会得以在短时间内在电子商务领域生根发芽。唯品会与知名国内外品牌代理商及厂家合作，为中国消费者提供低价优质、受欢迎的品牌商品。每天 100 个品牌授权特卖，商品囊括时装、配饰、鞋、美容化妆品、箱包、家纺、皮具、香水、3C、母婴用品等。

图 3-17　唯品会网站

服装电子商务

好乐买 OkBuy 成立于 2007 年 8 月，通过将现代电子商务模式与传统零售业进行创新性融合，以现代化网络平台和呼叫中心为服务核心，以先进的直销营销理念配合高效完善的配送系统，成功实现了无中间商、无店铺租金的经营模式，真正做到物美价廉，快捷便利地为消费者提供高品质、折扣价的正品鞋子与时尚服装。

图 3-18　好乐买网站

在网络发展非常迅速的时代，一些奢侈品品牌折扣店也开始进入网络销售渠道，其中最著名的是 Coach Factory Store。Coach Factory Store 是会员制网络工厂店，顾客在注册之后才可以进入其网站消费，产品包括成衣、箱包、配饰等，一般价格在商品原价的基础上均有很大折扣。许多产品在上架之初便被秒杀。这般好处对于消费者而言可不是随时就能享受得到的。Coach Factory Store 网站的开放有时间限制，每隔不定期的一段时间，Coach Factory Store 才会开放网络，而顾客也只能在网站开放时才可以进入网站购买。在此之前，网站会向顾客的注册邮箱发出邀请函，告知顾客网站将于几时开始进行特卖活动，邀请顾客届时进入网站购物。这一形式不同于其他折扣店或网络零售店，Coach Factory Store 属于其品牌自有网站，其 Factory Store 的产品与其旗舰店等正价产品在款式上有些许不同，在各大 outlet 商城也会有 Coach 的工厂实体店。这一形式能够作为旗舰店产品的一种补充，亦能满足很大一部分中低端消费者的需求。

图3-19 Coach工厂店网站

6. 海淘

海淘，顾名思义就是海外淘宝，消费者直接从海外的网站购买物品，然后发货到国内。近年来出境游人数的增多以及网络消费的普及，使更多的消费者了解到国内外奢侈品价格的巨大差异。一些消费者开始尝试从海外购买奢侈品，而网上购物可以省去旅游的颠簸和花费，并且不受时间地点的限制，可以随时随地购买，因此也不会错过海外购物的巨大优惠期，如Black Friday（黑五）及圣诞节等。因为很多品牌的官网和网上商城不支持国际直邮，因此催生了一大批华人快递公司，欧洲北美都有很多大小不一的华人快递公司。海淘的消费者可以使用转运公司的海外地址，他们在海外网站购买的物品将直接被发送到这些转运地址，之后转运公司再将这些物品通过海运、空运等国际快运方式寄回国内海淘消费者的手中。这其中的时间短则几日，多则月余。

与海外市场的繁荣相对比的是国内市场的冷清。近年海外购买奢侈品的消费者越来越多，海外奢侈品消费约占内地消费者奢侈品总支出的2/3。在一份贝恩咨询的问卷中可以清晰地看到，消费者选择海外购物多半是因为产品的品质及种类，而最主要的原因是价格的差异。

"海淘大军"虽然给国外奢侈品品牌带来了巨大的收益，但同时也与国内的销售商产生了剧烈冲突。这样的渠道冲突，使许多品牌为了维护国内零售市场渠道开始封闭国内IP地址在海外网站的购物，如丝芙兰。在国内打开美国Sephora官网将直接跳转至中文网站页面。一些网上商城的网站甚至拒绝国内用户访问，如Nordstrom。还有一些品牌通过不支持用国内信用卡支付来限制国内客户的消费，或者发现收货地址是转运公司时直接砍单，如 Coach Factory Store 等。

除了这些由奢侈品品牌设置的各种障碍外，海淘对消费者似乎也并不都是顺利无忧的购物方式。各种各样的原因导致不愉快的购物体验是海淘大军不断抱怨的主要内容，比如由于转运或其他原因发生的丢货现象。虽然在美国，消费者的退换货政策非常宽松，消费者可以及时退货或者换货。但对于海淘的顾客而言，这样的政策对他们并没有很大用处。而这些商品漂洋过海在到达国内时或者消费者收到货物时已经损坏，那么消费者要想在国内享受在海外直接购物时的退货换货政策异常不方便，在当地进行退换货更是一种奢望。

在海淘的消费活动中，同时受到消费者诟病的还包括高昂的国际运费及转运公司的一些不规范行为。原因很简单，新生的国际转运公司或华人转运公司总会遇到各种各样的问题，并且没有相关机构监管，使消费者对其的信任只能建立在尝试及经验上，这样便产生了许多商机，并且被国内各大电商所捕获。

天猫，京东，魅力惠，唯品会及聚美优品等均开通了海外直购（直邮）业务。这样的购物方式，在很大程度上避免了海淘消费者承担的各种风险，如货物损坏及退换货的风险。同时其时效性比起海淘消费者自行购物有很大的提升，与此同时，消费者在自行海淘时不能满足的一些奢望可以在这些商家得到满足。这些大型网络电商开通的海外直邮方式，一方面扩大了电商的客户群，另一方面也满足了消费者购买海外商品，特别是奢侈品的购物需求，同时这些大型的电商能够给消费者提供更多的购物保障，当然由此带来的就是比自行海淘稍高的商品价格。但基本上这样的价格能够被消费者所接受，因为多付出的这一部分价格能够带来更多的保障，包括商品的退换货及时效等，更不用担心语言问题及遇到假冒伪劣产品。

聚美优品开设了聚美海外购的极速免税店服务，消费者在网站购买的海外商品可以享受免税店的价格。唯品会开设了全球特卖服务。京东自营商品也增加了一些奢侈品品牌商品包括箱包、鞋履、化妆品等，如 Salvatore Ferragamo 等，除此之外还有海外购的奢侈品商品，包括大部分的奢侈品品牌，囊括化妆品，成衣服饰，箱包鞋履等。天猫商城开设有天猫国际服务为顾客提供海外购物保证。这些国内大型电商向消费者保证所有海外购的商品均从海外发货，并在商品入境前进行申报及清关，相关的税金由商家承担，以此获得消费者的信任。这样的零售方式将成为奢侈品品牌在中国市场未来几年除专卖店之外的主要销售方式。

在海外购飞速发展的情势下，一些物流公司也开始涉足电商行业。顺丰快递主要经营国际、国内快递业务及报关、报检等业务。顺丰海淘是顺丰旗下唯一自营的跨境电商平台，提供在线网站、移动客户端、微信移动版等多渠道电商服务，也是国际供应链布局全面领先的跨境电商，极速保税和跨境直邮双线服务并行。之后更名为丰趣海淘，主营海外商品类目多元丰富，包含母婴儿童用品、美妆个护、流行鞋包等。

图 3-20　顺丰旗下丰趣海淘网站

7. 银行类电商

民生银行是中国大陆第一家由民间资本设立的全国性商业银行，成立于 1996 年 1 月 12 日。2013 年 3 月 20 日，民生商城银泰百货开始电商运营，而民生银行民生商城所提供的商品或服务信息均由第三方供应商提供。无独有偶，继民生银行之后许多银行都开始涉足电商行业，例如工行融 e 购。银行电商往往会选择一些均码的小件商品进行销售，比如民生商城的丝巾、运动包和鞋子等，一般为第三方卖家出售。银行 App 如招商银行等的 App 商城和积分商城也开始提供服装商品的销售服务。对于银行类电子商务，依托其银行行业优势，最大的特点是商品购买可分期付款。不仅对于房产、汽车等产品可提供分期服务，如今的趋势是对任何消费都可提供分期服务，这一服务能够有效吸引消费者进行奢侈品等服装产品的消费。

图 3-21　民生银行旗下民生商城

图 3-22　工商银行旗下融 e 购

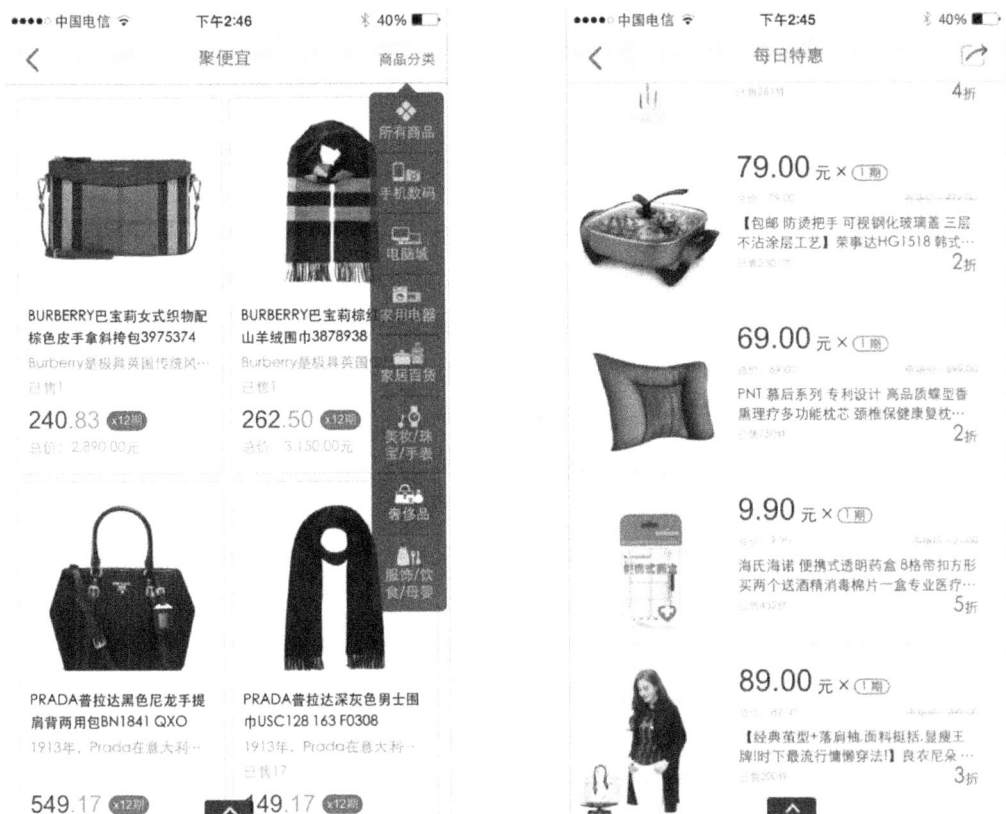

图 3-23　招商银行掌上生活 App

（三）服装 B2C 电子商务市场的发展趋势

据贝恩咨询 2015 年中国电子商务市场研究报告披露，中国线上零售渗透率在 2014 年创下历史新高，达到 11%，总价值约 2.9 万亿元人民币，这一数字在 2020 年将分别达到 22% 及 10 万亿元人民币。当前 B2C 电商市场表现为四大趋势，这一趋势则将在未来数年中持续并深化。

首先，市场日趋规范化。B2C 进一步扩大市占率，将从目前约 50% 的市场份额，以年均 30% 左右的增速增长，预计 2020 年达到线上交易的 70%。对于商家来说，入驻京东更多是出于渠道扩张的需求，就像在线下大品牌也会选择在不同的商场开店一样。品牌的生存需要尽可能多地接触消费者，增加曝光频次。比如裂帛、茵曼、韩都衣舍等淘品牌也都在京东开店面世。"京东服装城"的入驻商家已经超过 3.8 万家，其中知名服饰品牌旗舰店占比达到 60% 以上。除了最主要的服装品类，奢侈品、箱包、美妆等时尚相关行业也有大牌入驻，如新秀丽、丝芙兰等。

第二，网购与日常生活更加紧密。移动电商在 2015 年首次超过 PC 电商，约占

55%的线上零售份额，预计到2020年将达到70%。天猫2015年"双十一"统计数据显示，全天912亿元交易额中移动端占比为68%，远超上年"双十一"的42.6%。其中，"双十一"开启的前半个小时里，无线端交易占比达到74%。各大电商平台均看到了移动电商的发展趋势。移动电商战略的成败将决定未来三年的电商行业格局。除了传统电商从PC端向移动端转型外，2016年包括达令App、蘑菇街等一大批移动电商发展也非常迅猛。手机移动端已成为消费者的一个"器官"。消费者在移动端网购已由"具项型购物"向"逛"转型，即消费者没有特定的购物目的，而是把移动电商作为替代"逛"商场的一种消费体验，即在"逛"中消费。

第三，综合型平台之间纷纷建立更紧密的战略联盟，以应对垂直和品牌独立网站发起的挑战。例如阿里巴巴战略投资苏宁、京东入股永辉超市、京东和腾讯的社交＋电商京腾计划。利用线下店或社交平台，掌控消费者信息，打造更多触点。各种服装电子商务平台中，过去占绝对优势的仍是C2C电子商务平台，淘宝以超过100%的增长速度带动服装电子商务整体份额。但近年来B2C平台及垂直类服装网站快速增长，已经打破C2C电子商务平台的垄断地位。

第四，跨境电商的飞速增长，使"买遍全球"成为现实。跨境电商预计将实现30%的复合年增长率，有望在2020年达到1万亿元总量。

美国在线支付公司PayPal和调研公司Ipsos发布的第二届全球跨境贸易报告显示，35%的中国网购消费者在2015年曾以海淘方式购买商品，而2014年这一比例为26%。作为海外直邮电商平台的代表，亚马逊在中国市场深耕多年，面对天猫、京东等玩家的冲击，亚马逊仍未停止本土化的脚步。2015年，亚马逊在"海外购"方面推出了不少举措，对选择货品、物流配送、支付等环节进行升级，以提升用户的海淘体验。

第四节　C2C电子商务模式

一、C2C电子商务模式的概念

C2C是消费者对消费者的交易模式，买卖双发都是个体用户而不是企业，其特点类似于现实商务世界中的跳蚤市场。其构成要素，除了包括买卖双方外，还包括电子交易平台供应商，也即类似于现实中的跳蚤市场场地提供者和管理员。C2C电子商务模式就是通过为买卖双方提供一个在线交易平台，使卖方可以主动提供商品在网络平台售卖，而买房可以自行选择商品进行购买。行业内著名的C2C平台有eBay和淘宝网。

eBay 创立于 1995 年 9 月，当时 Omidyar 的女朋友酷爱 Pez 糖果盒，却为找不到同道中人交流而苦恼。于是 Omidyar 建立起一个拍卖网站，希望帮助女友和全美的 Pez 糖果盒爱好者交流，这就是 eBay。令 Omidyar 没有想到的是，eBay 非常受欢迎，网站很快就被收集 Pez 糖果盒、芭比娃娃等物品的爱好者挤爆。如今 eBay 已有 1.471 亿注册用户，有来自全球 29 个国家的卖家，每天都会涉及几千个分类的几百万件商品销售，成为世界上最大的电子集市。

全球速卖通是阿里巴巴旗下面向全球市场打造的在线交易平台，像淘宝一样，把商品编辑成在线信息通过速卖通平台发布到海外。类似国内的发货流程，通过国际快递，将商品运输到买家手上，目前已与 220 多个国家和地区的买家达成交易。

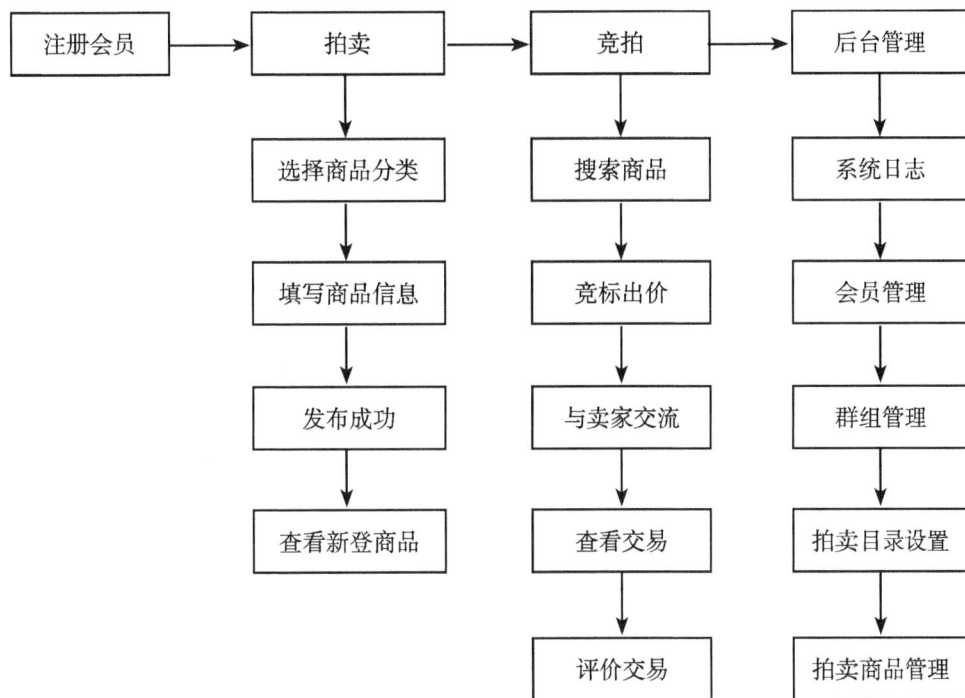

图 3-24　C2C 购物流程图

二、C2C 电子商务模式的特点

C2C 模式的特点就是利用专业网站提供的大型电子商务平台，以免费或比较少的费用在网络平台销售自己的商品，卖家可以是各行各业的人，而买家可以是世界各地的客户。在 C2C 模式中，电子交易平台供应商发挥着举足轻重的作用。

首先，网络的范围虽然非常广阔，但是如果没有一个知名的、受买卖双方信任的供应商提供平台，将买卖双方聚集在一起，那么双方单靠在网络上漫无目的地搜索是很难发现彼此的，并且也会失去很多机会。

其次，电子交易平台提供商往往还扮演着监督和管理的角色，负责对买卖双方的诚信进行监督和管理，负责对交易行为进行监控，最大限度地避免欺诈等行为的发生，以保障买卖双方的权益。

再次，电子交易平台提供商还能够为买卖双方提供技术支持服务。包括帮助卖方建立个人店铺，发布产品信息，制订定价策略等；帮助买方比较和选择产品以及电子支付等。正是由于有了这样的技术支持，C2C 的模式才能够短时间内迅速为广大普通用户所接受。

最后，随着 C2C 模式的不断成熟发展，电子交易平台供应商还能够为买卖双方提供保险、借贷等金融类服务，更好地为买卖双方服务。

因此，可以说，在 C2C 模式中，电子交易平台提供商是至关重要的一个角色，它直接影响这个商务模式存在的前提和基础。人们在讨论 C2C 电子商务模式的时候，总会从商品拍卖的角度分析该模式存在的合理性和发展潜力，但是往往忽略了电子交易平台供应商的地位和作用。可以说，单纯从 C2C 模式本身来说，买卖双方只要能够进行交易就有盈利的可能，该模式也就能够继续存在和发展。但是，前提是必须保证电子交易平台供应商实现盈利，否则这个模式就会失去存在发展的基础。

三、服装 C2C 电子商务

C2C 电子商务的代表网站有淘宝网和易趣网，毫无疑问，淘宝在 C2C 领域的领先地位暂时还没有人能够撼动。

对于服装行业而言，除了传统的淘宝 C2C 模式以外，还有一类由社交平台转型的电商平台。2013 年以前，美丽说和蘑菇街都是依托淘宝生态起家的导购网站，靠赚取导流佣金或分成为生。而当年淘宝开始逐步收紧对导购网站的政策，年中对佣金接口的限制导致了美丽说和蘑菇街的转型。之后，蘑菇街和美丽说锁定女性时尚电商细分市场，频繁转型。短短 2 年间，两家企业先后经历了导购平台—垂直电商—类淘宝的 C2C，如今的 "C2C+B2C" 模式的数次转型。

2013 年美丽说、蘑菇街以导购形态日益做大，逐渐分流了淘宝的流量和广告。而美丽说在 2012 年底融资时引入了阿里的对头腾讯，已经为此后与遭遇淘宝封杀埋下伏笔。"脱淘" 后美丽说和蘑菇街都开始摸索女性电商模式。其间阿里尚忙于大力推动天猫，但留给美丽说和蘑菇街的时间并不多，必须在淘宝插足女性时尚电商前竖起壁垒、做大规模，否则势必难抵巨头的淹没。但女性时尚电商的探索道路并不顺畅，两家在短时间内都经历过数次转型，最终才确定以达人买手引领的 "社交 + 电商" 模式。但这一商业模式也被部分业内人士质疑转型过于频繁、找不到方向，这在一定程度上也反映出它们的焦虑感。

图 3-25 蘑菇街网站

C2C 服装电子商务的主要盈利模式有会员费、交易提成、广告费、搜索竞价排名和支付环节收费等。

C2C 网站为会员提供网上店铺出租，公司认证，产品信息推荐等多种服务组合而收取费用，这种盈利模式的收益比较稳定。

交易提成也是 C2C 网站的主要利润来源。C2C 网站提供一个交易平台，为交易双方提供机会，从交易中收取提成来进行盈利。

企业将网站上有价值的位置用于放置各类型广告，根据网站流量和网站人群精度标定广告位价格，然后再通过各种形式向客户出售。

C2C 网站商品的丰富性决定了购买者搜索行为的频繁性，网站用户可以为某关键字提出自己认为合适的价格，最终由出价最高者竞得，在有效时间内该用户的商品可获得竞得的排位。

支付宝业务在一定程度上促进了网上在线支付业务的开展，通过中间支付服务商，保证了交易双方的支付安全，支付公司按成交额的一定比例收取手续费。此类支付平台也越来越多。

第五节　C2B 电子商务模式

一、C2B 电子商务模式的概念

C2B 即消费者直接面对企业,是互联网经济时代新的商业模式。这一模式改变了原有生产者(企业和机构)和消费者的关系,是一种消费者贡献价值,企业和机构消费价值的模式。C2B 模式和我们熟知的供需模式恰恰相反。真正的 C2B 模式应该先有消费者需求,而后有企业生产,即先有消费者提出需求,后有生产企业按需求组织生产。通常情况为消费者根据自身需求定制产品和价格,或主动参与产品设计、生产和定价,从产品、价格等方面,来彰显消费者的个性化需求,生产企业进行定制化生产。这一 C2B 模式也在天猫"双十一"的预售后慢慢为更多人所知。

C2B 的核心是以消费者为中心,消费者当家做主。C2B 产品应该具有以下特征:相同生产厂家相同型号的产品无论通过什么终端渠道购买价格都一样,产品价格组成结构合理,渠道透明,供应链透明。

C2B 的经济关系被视为是一种逆向的商业模式,而 C2B 的出现主要是因为人类社会正历经以下大转变:

(1)能够通往大众的双向交流人际网络使这种类型的商业关系变得可能。传统媒体只能建立单向的互动关系,而互联网则是一种双向交流的媒介。

(2)获取技术的代价下降。现今,个人已经能够接触过去只有大型公司才能取得的技术(印刷、高效能电脑及功能强大的软件等)。

另外,C2B 模式内涵的延伸也决定了其发展前途。如果只是单纯地通过大群体的影响力争取到合适价格,那么其也就只能是成为 B2C 或 C2C 模式的一种补充,或者是一种新的营销手段。内涵的扩展,使 C2B 能够作为一种单独的模式独立发展,而新颖的模式内容,以及消费者有权决定所购买产品内容等方面的创新性,使其具有不可限量的发展前途。

二、C2B 电子商务模式的特点

C2B 模式更具革命性,它将商品的主导权和先发权由厂商手中转交给了消费者。传统的经济学概念认为针对一个产品的需求越高,价格就会越高,但由消费者因议题或需要形成的社群,透过社群的集体议价或开发社群需求,只要越多消费者购买同一个商品,购买的效率就越高,价格就越低。C2B 模式强调用"汇聚需求"取代传统"汇聚供应商"的购物中心形态,被视为一种接近完美的交易形式。

C2B 模式充分利用 Internet 的特点,把分散的消费者及其购买需求聚合起来,形成类似于集团购买的大订单。在采购过程中，以数量优势同厂商进行价格谈判，争取最优惠的折扣。个体消费者可享受到以批发商价格购买单件商品的实际利益，从而增加其参与感与成就感。

常见的 C2B 模式有：聚合需求形式（反向团购、预售）、要约形式（逆向拍卖，客户出价，商家选择是否接受）、服务认领形式（企业发布所需服务，个人认领，类似威客）、商家认购形式（个人提供作品、服务，等待企业认领）、植入形式（软文）等。而目前看来电商的 C2B 模式主要依靠的形式还是聚合需求形式和要约形式，同时个性化定制也是一个重要的模式。

聚合需求形式是指通过预售、集体团购等形式可以将分散着的用户需求集中起来，对于一些还没有生产出的产品，可以根据集中的需求进行快速生产，在用户需求完全表达的前提下，可使商家的供给正好与用户的需求匹配，以避免资源的浪费。对商家而言，即需即产实现了零库存，使库存成本趋零，而由于已经知道需求的分布，甚至可以选择不同的生产地点进行生产从而降低运输成本，同时由于用户已经付费锁定了收益，商家也不必担心调研时口碑很好的商品大规模生产后出现"叫好不叫座"的情况。这种形式整体降低了商家的成本，在一定程度上避免了商家的损失。

而对用户而言，由于商家的成本降低，通过预售购买的用户可以享受到更低的价格，其实在某种程度上可以理解为是在用"时间"换"价格"。很多用户对一些物品的时间属性并不十分敏感，而低价不及时正好迎合了这些用户的需求。可见聚合需求的形式给商家和用户都会带来许多好处，不过目前也存在着许多问题，其中最大的一个问题可能就是商家是否可以根据用户的需求实现迅速生产。

一方面，如果聚合的需求较少，生产单位成本则会很高，商家一般不会生产这些产品，而已经预定的用户的感情也许就会受到伤害；另一方面，如果需求较多，商家是否有能力实现快速生产？虽说弱化了时间属性，但时间过长的话用户必定不能忍受，此外还有一个行业问题，比如服装等季节性较强的行业，强调发布的时间，也许就不适合这种形式。针对这个问题，可以考虑在发布预售或团购时就注明预售数量达到多少时该预售生效，让用户有心理准备，同时商家要衡量自身的生产能力和运送能力能不能达到即需即销的要求，也许通过与其他商家或平台共同合作能从一定程度上缓解这个问题，但关键还是商家的能力与规模。聚合需求形式整体上说还是有着较大的用户群体，如果商家有足够能力，这种形式还是很有发展空间的。

个性化定制是指由用户提出个性化需求，商家根据需求生产个性化产品，用户为此付出一定的溢价。目前其实也有一些商品在销售时可以个性化定制，但这个个性化一般都仅仅是针对某个小模块，比如 iPad mini 订购时背面的刻字，又比如购买手机时外壳的颜色和样式等。这些定制可以给用户带来一定的个性化元素，让用户体会到产品的不同，但是，仅仅是某一个模块的定制并不能带来实质性的变化，某一商品的外观、功能、包装、销售过程等都实现个性化的定制，这在目前看来并不现实，只是一种发展趋势。人们都有从众的内在倾向，也可能正因为如此我们才更加想让自己看起来与众不同，打造唯一属于你的产品，这会迎合许许多多用户的需求。

当然，为了这种个性化用户也需要付出更多的金钱，目前为个性化埋单的理念虽有发展但并没有完全普及，随着人们自我展现需求的不断加强以及个性化的不断升级，为个性化埋单，买属于自己的产品的理念终会深入人心。这种深度个性化的定制也对商家的设计与生产提出了更高的要求，在设计产品时就要考虑到如何让产品更有可配性，同时要为生产做铺垫，还要考虑这样的个性化是否有利于生产。生产流程也需要一定改变，这无疑会增加成本。可见个性化定制同样要求商家具有较强的实力，普及真正的个性化定制还尚需时日。

要约形式即将销售方与购买方的传统位置互换，用户自己出价，商家选择是否接受。从商家角度而言，这种方法的优点是使消费者剩余趋零，提高利润。这种形式的典型例子是 priceline。Priceline 是美国一家基于 C2B 商业模式的旅游服务网站。打开 Priceline 网站，最直观的可选项目就是"机票""酒店""租车""旅游保险"。Priceline 属于典型的网络经纪，它为买卖双方提供一个信息平台，以便交易，同时提取一定佣金。Priceline 所创立的"Name Your Own Price"（客户自我定价系统）十几年来一直是独树一帜，被认为是网络时代营销模式的一场变革，而 Priceline 公司则在发明并运用这一模式的过程中迅速成长。Priceline 发明的"Name your own price"（自我定价）系统是经济学中价格与价值相互关系原理的延伸解读，即产品的价值和使用价值可以通过价格体现，但是产品越接近保质期，它的使用价值就越小，理论上达到保质期时点之时，产品的使用价值就会变为 0。具体到机票或者酒店行业，越临近登机或者入住，机票和酒店客房的实际价值就越小，而一旦飞机起飞或者客房空置超过夜里 24 点，其使用价值便会为 0。

所谓消费者剩余，是指消费者为获得一种商品所愿意支付的价格与他获得该商品而支付的实际价格间的差距。而要约模式对商家而言即将价格隐藏，根据用户的出价来判断是否销售，这种方法可以降低消费者剩余，对商家有利。对用户而言，尽管都想价廉物美，但在不知道实际价格时，稍微多付一些买到了产品同样会感到高兴。

三、服装 C2B 电子商务

服装 C2B 电子商务最理想的形式就是个性化定制。随着广大消费者对 Nike 的认识日益加深，对 Nike 提出了更深层次的要求，而不再是对 Nike 新品的出现感到满足。Nike 深知广大消费者的心理，于是让消费者变换角色，让消费者真正成为设计师，此举无疑满足了某些消费群体的愿望。所谓 Nike ID 就是让消费者自己做自己的设计师，自己给自己设计衣服。

Nike ID 服务的正式启动意味着从此中国的消费者可以随时随地登录 Nike ID 官方网站选择他们喜爱的耐克产品。

Nike ID 诞生于 1999 年，于 2008 年 4 月 24 日在中国大陆上线。其最让鞋迷热衷的就是可以对钟爱的球鞋、服装和运动配件进行个性化设计，通过选择多种颜色配色和材质，并加入个性化符号，设计出一款专属于自己的 Nike ID 产品。Nike ID 是由 Nike 提供的一种服务，它可以让客户定制、设计自己的 Nike 产品。Nike 为我们提供了网上以及实体商店两种方式来享受这种服务。

图 3-26　Nike ID 个性化定制网站

不单是运动品牌，奢侈品品牌也一样投入到个性化定制的风潮中来。Burberry2011 年初推出 Bespoke 计划，即 Burberry 将为消费者进行个性化风衣定制。之后又于 2015 年推出经典围巾的定制活动。客户在 Burberry 官网及店内都可以享受风衣和围巾的定制服务。

图 3-27　Burberry 围巾个性化定制

第六节　O2O 电子商务模式

一、O2O 电子商务模式的概念

O2O 即 Online to Offline，是指线下的商务机构与互联网结合，让互联网成为线下交易的前台，进而将线下的销售与线上的营销紧密地结合在一起。商家可以在互联网上做品牌推广，通过打折、提供信息、服务预订等方式，把线下商店的消息推送给互联网用户，从而将他们转换为自己的线下客户；消费的产品通过互动方式最后回到互联网上获得产品新的附加值，让消费者不由自主地参与到线上传播活动中，并使企业积累精准客户，实现差异化竞争。O2O 电子商务模式的典型代表有保险直购 O2O、苏宁易购 O2O 和大众点评 O2O 等。

二、O2O 电子商务模式的特点

O2O 对用户而言：可以获取更丰富、更全面的商家及其服务的信息；更加便捷地向商家在线咨询并进行预购；获得相比线下直接消费较为便宜的价格。

O2O 对商家而言：能够获得更多的宣传和展示机会，吸引更多新客户到店消费；推广效果可查、每笔交易可跟踪；掌握用户数据，大大提升对老客户的维护与营销效果；通过用户的沟通、释疑更好了解用户心理；通过在线有效预订等方式，合理安排经营、节约成本；对拉动新品、新店的消费更加快捷；降低线下实体对黄金地段旺铺的依赖，大大减少租金支出。

从 2014 年 1 月宝宝树获得融资拉开序幕，随后定位为"工具＋社区＋电商"的辣妈帮、进口母婴品牌商品限时折扣特卖网站蜜芽宝贝、专做母婴特卖的贝贝网等母婴电商网站先后宣布融资。除了垂直母婴电商以外，综合电商平台京东、天猫、唯品会等也都纷纷开辟了母婴频道。从市场格局来看，悉数目前母婴电商市场的玩家，天猫、京东、苏宁红孩子占据了整个母婴电商约 75% 的市场份额。天猫、京东分别以 46.9% 和 22.8% 的市场份额排名母婴市场前两位，苏宁红孩子以 5.6% 的市场份额跻身三甲，当当以 3.9% 的份额紧随其后。其他依次为 1 号店、唯品会、亚马逊中国、聚美优品和其他。

相比综合性电商平台，垂直母婴电商的体量依旧还很小，为了进一步切割母婴市场这块蛋糕，线上销售结合线下体验的 O2O 模式逐渐在母婴品类上兴起。

京东商城提出建 1000 家母婴体验店的计划，计划中的体验店，至少应具备体验店、营销中心、移动仓库、售后中心、配送站、自提点等功能；苏宁易购继续深化 O2O 发展进程，线下红孩子母婴体验店伴随着苏宁云店的发展持续扩张；乐友也在北京蓝色港湾开设了全新 O2O 体验店，增加线下海淘和智能硬件体验区，进一步深化 O2O 进程。

三、服装 O2O 电子商务

对于服装行业而言，O2O 模式似乎已经不是新闻。2015 年 6 月，京东联合绫致集团、拉夏贝尔、特步、李宁推出服装 O2O 模式，线上下单，门店就近配送，而优衣库、美特斯邦威和歌莉娅也是这种模式的先行者。服装零售企业比较典型的 O2O 电子商务模式主要有以下 4 种类型：门店模式、私人定制模式、生活体验店模式和粉丝模式。

（一）门店模式

门店模式是指把门店作为 O2O 的核心，强调 O2O 为线下门店服务的工具性价值，O2O 主要用来为线下门店导流、提高线下门店销量。例如线上发放优惠券线下使用，增加门店销量；线上发布新品预告和相关搭配，吸引用户到店试穿、刺激用户购买欲望；收集门店用户数据，做精准营销；通过地理位置定位功能帮助用户快速找到门店位置，为线下门店导流等。

以线上向线下导流的门店模式，主要应用于品牌号召力较强，同时销售以门店体验和服务拉动为主的服装品牌，所以手机 App 的主要功能是向线下门店导流，具体模式有：门店查找、优惠券、品牌宣传等，该类门店大都有手机商城，以方便用户直接下单，该模式的代表性践行者有优衣库、GAP 中国等。

优衣库的门店模式：强调O2O为线下门店服务的工具性价值，主要用来为线下门店导流、提高线下门店销量。

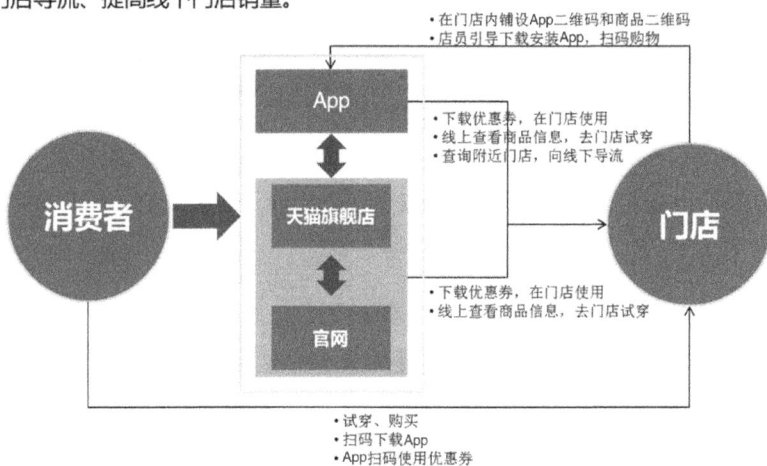

图 3-28 优衣库 O2O 模式

优衣库一直坚信实体渠道（门店）对于消费者而言有着巨大的价值，O2O 的主要作用是为线下门店提供服务，帮助线下门店提高销量，并做到推广效果可查、每笔交易可追踪。早在 2013 年 4 月份，优衣库就实现了"门店＋官网＋天猫旗舰店＋手机 App"的多渠道布局。优衣库的 App 支持在线购物、二维码扫描、优惠券发放以及线下店铺查询，其中在线购物功能是通过跳转到手机端的天猫旗舰店来实现的，优惠券发放和线下店铺查询功能主要是为了向线下门店引流，增加用户到店消费的频次和客单价。

优衣库店内商品和优惠券的二维码也是专门为自有 App 设计的，只能用优衣库的 App 才能扫描识别，从而将线下门店里的消费人群吸引到线上，提高了 App 下载量和使用率，利用 App 的优质功能，这些优衣库 App 的使用者又会成为门店更忠实的消费者，从而形成良性循环。

（二）私人定制模式

私人定制模式是指利用 O2O 工具（第三方 O2O 平台、自有 App 等）建立品牌商与消费者之间的长期联系和无缝沟通，充分利用国内微信、微淘等移动 App 大入口的便利优势，结合自身的服务、体验，进行融合式的创新，为用户提供个性化的服务和体验创新。一方面品牌商可以基于消费者过去的消费记录向其单独推送商品和优惠信息，另一方面消费者也可以主动向品牌商提出自己的个性化需求（预约试穿、送货上门等），品牌商会有专人为其提供一对一服务，满足消费者对服装品牌的"私人定制"。

该模式由绫致时装公司首创，目前仍在积极实践中。绫致旗下品牌有杰克琼斯和 ONLY 等，依靠一对一的导购来提升销售额，导购服务和试穿服务相对优衣库来说更加关键，如何利用移动 O2O 将线上的便利性和线下的一对一导购、试穿融合，是 O2O 模式成功的关键。

绫致的 O2O 主要体现在与腾讯微生活的战略合作上，目前利用微信的公众账户＋微购物平台做入口，暂时只有品牌营销、新品宣传、手机购物等功能，正在测试跟导购的一对一融合，实现在线导购、预约试衣等功能，用户到店之后，导购人员会根据用户的需求进行服装推荐和精准度更高的导购，这种"私人定制"的导购可以让用户提前筛选服装，节省用户的时间，门店导购可以提前安排，比如选定服装款式提前准备好，导购人员还可以根据用户的特殊需求做服装的个性化推荐。

绫致是典型的导购驱动型公司，导购与消费者之间的亲密互动是促成门店销量的关键因素，因此微信所具有的便利的即时沟通方式、庞大的用户基础和社交关系网更符合绫致期望通过 O2O 实现"私人定制"的未来设想，绫致的 O2O 布局非常高调，不仅有高层现身讲述经验，腾讯微生活也在推广微购物时将其作为成功案例加以宣传，但目前绫致的 O2O 之路才刚刚起步，虽然 O2O 理念及未来实现"私人定制"的设想非常激动人心，但是线下零售店以体验式＋导购式为核心，以此打通手机互动难度很大，从欧美零售业移动 O2O 的成功经验来看，大部分用户在手机购物时选择只有两个：或者直接用手机购买，或者到实体店后用手机享受所在门店的服务（优惠券使用、精准活动、扫码查商品信息等），所以手机 App 的功能主要包括到店功能和远程功能（手机购物、电子期刊、产品查询等）两大部分，让用户使用手机联络导购，还要预定到店服务（试穿、导购等服务），从体验上已经给用户造成了麻烦，除非从品牌选择上你是不可或缺的，相信绫致旗下品牌目前还无法做到。

绫致时装的私人定制模式：核心是门店导购与消费者之间的长期联系和无缝沟通，随时随地满足消费者的个性化需求。

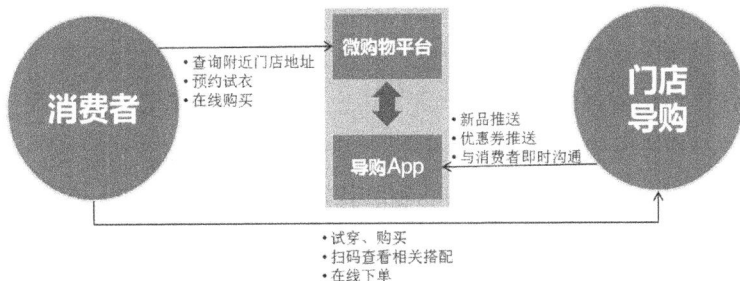

图 3-29　绫致时装 O2O 模式

（三）生活体验店模式

生活体验店模式是指品牌商在优质商圈建立生活体验店，为到店消费者提供 WiFi、平板电脑、咖啡等更便利的生活服务和消费体验，从而吸引消费者长时间留在店内使用平板电脑或手机上网，登录和下载品牌自有 App，以此实现线下用户向手机 App 的转化。

美邦先是与微信合作，后来又开始与支付宝、微淘合作，最近美邦提出了"生活体验店 + 美邦 App"的 O2O 模式，并在全国推出了 6 家体验店，美邦期望通过这些体验店提供的舒适上网服务将消费者留在体验店内，店内提供高速 WiFi 环境和惬意的咖啡，有大量的公用平板供用户使用，用户喝着咖啡登陆美邦 App 购买商品，也可在 App 下单后选择送货上门，以此实现线下向线上导流。

生活体验店模式在服装零售 O2O 领域是一个大胆、新颖的尝试。在这种模式下，门店将不再局限于静态的线下体验，不再是简单的购物场所，而是在购物的同时可以惬意地上网和休息，尤其给陪着配偶购物的男人们提供一个惬意的环境来休息，他们无聊的时候可以喝着咖啡上网，浏览一下美邦 App 上的商品介绍，或者直接手机下单，快递到家里去，这会加大美邦 App 的下载量，为用户的手机网购使用量和下单量打好用户基础。

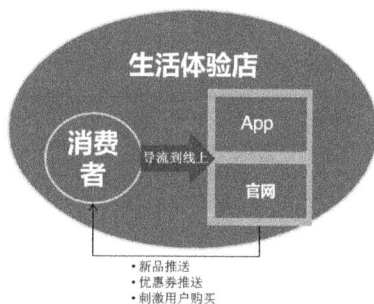

美特斯邦威的生活体验店模式：
通过生活体验店提供的优质服务将消费者长时间留在店内使用平板电脑或手机上网、登录线上购物平台，以此实现线下用户向线上的转化。

图 3-30　美特斯邦威 O2O 模式

（四）粉丝模式

粉丝模式是指品牌商把 O2O 工具（第三方 O2O 平台、自有 App 等）作为自己的粉丝平台，利用一系列推广手段吸引线下用户不断加入，通过品牌传播、新品发布和内容维护等社会化手段黏住粉丝，定期推送给粉丝优惠和新品信息等，吸引粉丝直接通过移动 App 购买商品。尝试粉丝模式案例有歌莉娅。

歌莉娅在 O2O 方面选择了与阿里旗下的微淘合作。2013 年 10 月，歌莉娅在精选出的全国各地近百家门店内摆放了微淘活动物料，吸引到店顾客通过扫门店内的二维码成为歌莉娅微淘粉丝，再加上店铺营业员有针对性的引导和现场扫码引导，短短 5 天内让歌莉娅的粉丝增长了 20 万，据统计活动期间共有超过 110 万用户打开手机访问了歌莉娅天猫店铺。

粉丝模式适合中小型服装品牌。这一模式利用社会化平台的粉丝聚集功能，通过门店对现场用户的引导，然后通过粉丝在线互动提高黏性，这样在新品发布、优惠活动或者精准推荐的拉动下，可以提高移动端的网购能力。歌莉娅通过门店将用户拉到微淘的歌莉娅账户，成为其粉丝，随时接收歌莉娅的新品推荐、活动发布、穿衣搭配建议等信息，然后微淘的推荐链接可以直接指向天猫 App 的歌莉娅旗舰店，促进直接下单。

目前具有粉丝互动功能的社会化 O2O 平台有微信（公众账户）和微淘（粉丝账户），对应的腾讯微购物平台和天猫平台都可以帮助用户直接手机网购，这种模式实际上是线下向线上反向导流，提高用户移动购物的频率和黏性，需要避免线上线下价格不一致导致的互搏困境。

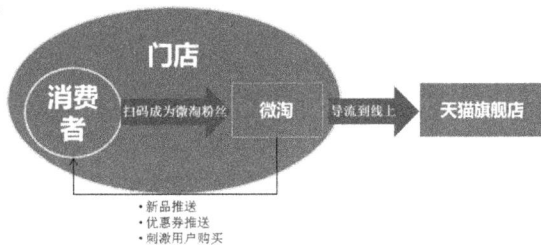

歌莉娅的粉丝模式：利用O2O工具（第三方O2O平台、自有APP等）把门店消费者沉淀到线上，成为自己的粉丝，再通过精准营销实现用户从线下到线上的转化。

图 3-31 歌莉娅的 O2O 模式

第七节 其他电子商务模式

一、G2B 电子商务

G2B 是指政府与企业之间的电子政务活动，即 Government to Business。政府通过电子网络系统进行电子采购与招标，精简管理业务流程，快捷迅速地为企业提供各种信息服务。

在 G2B 模式中，政府主要通过电子化网络系统为企业提供公共服务。G2B 模式旨在打破各政府部门的界限，实现业务相关部门在资源共享的基础上迅速快捷地为企业提供各种信息服务，精简管理业务流程，简化审批手续，提高办事效率，减轻企业负担，为企业的生存和发展提供良好的环境。

G2B 模式目前主要运用于电子采购与招标、电子化报税、电子证照办理与审批、相关政策发布、提供咨询服务等。

香港贸发网是由香港贸发局主办的官方信息发布平台，每年发表约 2000 份研究报告和专题文章，为中小企业分析市场发展及行业趋势，掌握最新的环球商贸情报。除此之外，香港贸发网还提供创业咨询和顾问服务，并且利用网络资源平台免费为中小企业提供商业信息和服务信息、海外及内地市场情报。香港贸发局配对服务还提供一站式方案，为环球客户搜寻、物色和筛选具有潜质的香港企业做为合作伙伴。基于贸发局超过 45 年的外贸推广经验，通过不同渠道包括展览会、网上商贸平台及产品杂志等，使全球卖家与供应商联系更加紧密。

图 3-32　香港贸发局 G2B 服务

二、G2C 电子商务

G2C 是指政府对公众的电子政务，即 Government to Citizen。政府通过电子网络系统为公民提供的各种服务。与 G2B 模式一样，G2C 模式的着眼点同样是强调政府的对外公共服务功能，所不同的是前者侧重针对企业，后者的服务对象是社会公众特别是公众个人。

G2C 模式的服务范围更为广泛，例如：网上发布政府的方针、政策及重要信息，介绍政府机构的设置、职能、沟通方式，提供交互式咨询服务、教育培训服务、行政事务审批、就业指导、电子医疗服务、社会保险网络服务、公民信息服务、交通管理服务、公民电子税务和电子证件服务等。G2C 电子政务的目的是除了政府给公众提供方便、快捷、高质量的服务外，更重要的是可以开辟公众参政、议政的渠道，畅通公众的利益表达机制，建立政府与公众的良性互动平台，使政府能更及时、真实地了解和充分满足公众的需求。

全国中小学学生装（校服）研究中心，是教育部教育装备工作领导小组在北京服装学院设立的教育装备协同创新研究机构。依托北京服装学院专业的设计、研发与生产资源，集合学校在服装设计、服饰文化研究、纺织品安全检测、服装材料、人体工学与服装加工工艺等方面的研究力量，建立中国中小学生人体体型数据库、校服版型数据库、校服设计体系、校服检验检测标准。这一中心就是 G2C 电子模式的典型代表。在北京服装学院设立校服体验中心，为学生、家长和老师提供全方位的产品体验，现场进行穿衣指导，了解服装材料科技功能，提供产品试穿，根据自己的体型定制合适尺码的产品，学生和家长在校服统一订购前对产品进行全面系统的了解和体验，解决校服产品和学生实际穿着需求脱节的问题。

图 3-33　全国中小学学生装（校服）研究中心

三、P2P 电子商务

P2P 借贷是一种将非常小额度的资金聚集起来借贷给有资金需求人群的一种民间

小额借贷模式。P2P 是 "Peer-to-Peer" 的简写，即个人对个人，P2P 借贷指个人通过第三方平台（P2P 公司）在收取一定服务费用的前提下向其他个人提供小额借贷的金融模式。

第一种是纯线上模式，是纯粹的 P2P，在这种平台模式上只进行信息匹配，帮助资金借贷双方更好地进行资金匹配，但缺点明显，这种线上模式并不参与担保。

第二种是债权转让模式，平台本身先行放贷，再将债权放到平台进行转让，很明显能让企业提高融资端的工作效率，但容易出现资金池，不能让资金充分发挥效益。

四、X2X 模式

X2X 模式即 eXchange to eXchange，它是随着网上电子交易市场（e-marketplace）的不断增加，导致不同的交易市场之间也需要实时动态传递和共享信息，即信息的 Exchange，从而产生了 X2X 电子商务。X2X 实际上是一个 X 的延伸和扩展，每一个独立的 X 都有其自身的信息、资源和覆盖的范围，这注定其具有一定的局限性，可能有的电子商务交易不能够独立在一个 X 内部完成，X2X 可以使一个 X 的交易信息无限地延伸和扩展。从而使买卖双方都扩大了选择的机会，提高了交易成功的概率，X2X 是 B2B 电子商务的一次深入发展。

Commerce One 是 X2X 的首先提出者。作为全球最大的 B2B 电子商务网站之一，Commerce One 主要提供网上采购解决方案（Commerce one Buysite Solution）和网上市场构建方案（Commerce one Marketplace Solution）。Commerce one 拥有一个全球贸易社区平台 GTW（Global Trading Web），它是一个基于 XML 的大型 B2B 交易社区，由许多协调的门户站点组成，每个门户站点都是独立拥有的，各自在某个行业成为网上市场的领导者。GTW 就是 Commerce one 建立的 X2X 模式。

五、B2B2C

B2B2C 是一种新的网络通信销售方式，是英文 "Business to Business to Consumer" 的简称。第一个 B 指广义的卖方（即成品、半成品、材料提供商等），第二个 B 指交易平台，即提供卖方与买方的联系平台，同时提供优质的附加服务，C 即指买方。卖方不仅仅是公司，可以包括个人，即一种逻辑上的买卖关系中的卖方。平台绝非简单的中介，而是提供高附加值服务的机构，是拥有客户管理、信息反馈、数据库管理、决策支持等功能的服务平台。买方同样是逻辑上的关系，可以是内部的也可以是外部的。B2B2C 定义包括了现存的 B2C 和 C2C 平台的商业模式，更加综合化，可以提供更优质的服务。

B2B2C 把供应商、生产商、经销商、消费者紧密连接在一起，整个供应链是一个从创造增值到价值变现的过程。它将生产、分销到终端零售的资源进行全面整合，不仅大大增强了网商的服务能力，更有利于客户获得增加价值的机会。该平台将帮助商家直接充当卖方角色，把商家直接推到与消费者面对面的前台，让生产商获得更多的利润，使更多的资金投入到技术和产品创新上，最终让广大消费者获益。

这是一种新型电子商务模式的网站，它的创新性在于为所有的消费者提供了新的电子交易规则。该平台颠覆了传统的电子商务模式，将企业与单个客户的不同需求完全地整合在一个平台上。B2B2C 既省去了当当、卓越式 B2C 的库存和物流，又拥有淘宝、易趣式 C2C 欠缺的盈利能力。

六、B2B2B

B2B2B（Business to Business to Business），是指互联网市场企业和企业通过电商企业的衔接进行贸易往来的电子商务模式。它将企业内部网，通过 B2B2B 网站与客户紧密连接，通过网络的快速反应，为客户提供更好的服务，从而促进企业的业务发展，同时相对传统的 B2B 模式，B2B2B 可为网上交易提供更加安全、便捷的服务。

七、团购（Group Purchase）

团购也叫集采，是团体购买和集体采购的简称，指单次或累计购货量大、所购产品（或服务）直接用于自身消费、赠送，或作为继续加工的原料等购买行为。团购产品（或服务）的销售方主要以追求业务量的稳定、维持持续商务关系或凝聚人气为目的，团购产品（或服务）的购买方主要以获取质优价廉的产品（或服务）为目的。其实质是将具有相同购买意向的零散消费者集合起来，向厂商进行大批量购买的行为（实质就是批发）。是新兴电子商务环境下，议价能力较低的个体消费者联合起来，加大与商家的谈判能力，以求得最优价格的一种购物方式，是一种新型的网络团购业务。现在，团购更多时候以网络团购的形式发起。

团购的产品包括装修建材、家居用品、汽车、房屋、家电、电脑、生活用品等各个领域。团购最早在北京、上海、深圳等城市兴起，目前已经迅速红遍全国各大城市，成为众多消费者追求的一种现代、时尚的购物方式，因为它有效地防止了不成熟市场的暴利、个人消费的盲目性，抵制了大众消费的泡沫。

八、比价与返利模式

比价模式中有众多国内外网站，如国内的没得比、什么值得买、慢慢买、盒子、我查查等网站，国外的 pricerunner, bizrate, money 等。该模式与传统 B2C 平台相比有三方面突破：一是提供了价格比较平台，让消费者了解同类产品在各平台的价格，明明白白地消费；二是能够对消费者的浏览习惯进行跟踪并总结分类，及时为消费者提供其喜好的产品；三是能让静态购物模式动态化，可同时开通多个视频购物演播室，让厂家与消费者直接见面，实现实时在线购买，开辟网络购物新模式。比价网站本质是一个 B2B 或 B2C 类的搜索引擎，它具备搜索引擎的特性，定期抓取更新各大商家的产品价格和用户评论。比价网站可以向购物网站索取返点，或者给品牌做广告，最后达到一定规模后还可以销售自己的产品。例如没得比网站现在不仅为消费者提供一些购物网站的优价产品，还同时提供一些官方产品的购买信息。

返利模式 2003 年在国外出现，一些较大的网站如 Fatwallet、Ebates 和 extrabux 已经运营多年。返利是厂家或供货商为了刺激销售，提高经销商（或代理商）的销售积极性而采取的一种正常商业操作模式。随着电子商务的发展，网上购物正成为一种流行的消费方式，大多数网上商城为了促进产品销量，将一部分利润分给推广者，而推广者又将利润返还给消费者，从而滋生了一个新生的行业——返还利润平台，也就是返利网站。返利网站属于 CPS（商品推广解决方案）中的一种，主要是按销量分成的方式付费。

【思考题】

1. 服装电子商务的主要模式有哪些？

2. B2B 电子商务模式的特点是什么？

3. B2C 电子商务模式的类型有哪些？

4. C2C 服装电子商务的主要盈利模式是什么？

5. 常见的 C2B 电子模式有哪些？

6. O2O 电子商务模式的特点是什么？

【案例】

O2O 倒下了，B2B 就是风口了？

2015 下半年，O2O 市场一片哀号，死掉的项目不计其数，甚至包括一些已获得 A 轮和 B 轮融资的项目。于是，O2O 项目备受质疑，资本撤离，2015 年的投资低潮期由此而来。而许多投资人都表示看好 B2B，认为 B2B 将是 2016 年的热点，主要原因在于：在互联网＋的普及下，传统企业转型互联网是必然趋势；传统企业之间通过互联网进行交易和服务的对接整合想象空间巨大；传统企业具有较强的支付能力及业务上的持续性。相比之下，O2O 项目以地推＋补贴的方式获取个人用户，获客成本太高、忠诚度太低，在转化、留存、复购上都远远达不到期望。

1月15日，找钢网宣布获新一轮11亿元人民币的融资，业内一片叫好，整个B2B行业正处于融资的热潮期，快塑网获得3亿元B轮融资、找煤网获千万美元A轮融资，似乎中国的各大传统行业都已经成功转型互联网，但B2B真的这么美好吗？

B2B可以分为以下几大类：（1）商品采购和交易平台，如阿里巴巴、亚马逊、敦煌等；（2）提供上下游供应链整合的平台，基本都垂直在某一个细分行业中，如风口上的找钢网就属此类；（3）基于SAAS模式为企业提供基于OA、管理、营销、服务、支付功能的平台，如钉钉、分享销客、美恰网等。虽可统归B2B平台类，但商业模式各有差异。

商品采购和交易平台：可再分为国内贸易和跨境贸易二大类，商品标准化。企业既可以是平台商品的供应者，也可以是采购者，他们可直接在平台上进行交易和支付，通过第三方物流配送，流程较为简单，多为小批量的商品采购，交易的频次不高，金额不大。它的核心价值在于将众多的买方和卖方进行汇集，实现交易成本的最小化和交易机会的最大化。

垂直供应链整合平台：这类平台多具有较强的行业资源整合能力，向上整合厂商的生产资源，向下聚合采购企业的订单需求，厂商可实现生产资源的最优化、采购企业可降低企业成本和库存，平台可通过会员费（一般会提供丰富的行业资讯）＋交易佣金＋委托订单差价等多种方式盈利。它的核心价值在于，可以帮助下游采购企业实现小批量或微量的柔性化采购。在传统模式中，考虑到原材购采购、流水线排产、开模、工人排班等都资源的最佳成本配置，上游厂商往往要求下游企业达到一定的起订量，而现在，多家下游企业就可以通过集合订单的方式，满足上游厂商这种规模化生产的要求。

SAAS企业服务平台：它们多为软件企业转型＋互联网模式，可分为基于OA办公的扩展、基于ERP系统的扩展、基于全渠道销售和管理的扩展、基于客户管理系统的扩展、基于数据分析挖掘和商业决策系统的扩展这几类，而全渠道销售和管理的扩展应用是最受中小企业青睐的，它可以整合线上线下的全面销售渠道，线上渠道包括自有官网、第三方平台（淘宝、天猫、京东、唯品会等）、微商分销平台，线下渠道包括直营门店管理、加盟商门店管理、经销和代销管理等，实现对商品、销售、服务的统一控制，也是零售企业实现O2O转型的必然所需。实际上，零售企业O2O成功的关键在于，企业应将商品竞争、渠道竞争转向于基于场景化的服务竞争，并构建线上线下一体化的商品和服务平台来满足终端消费者。

以上三类 B2B 平台中，垂直供应链整合平台是现在风口上的猪，但它能飞多久？主要有几个原因：

（1）有没有真正回到商业的本质。互联网产业革命的出现，对整个社会生产力有一个非常大的提升。这几年互联网对零售行业的效率和价值有非常大的提升，互联网购物成为全国人民的生活方式，传统零售行业也随之改变，但在 B2B 行业，很多企业只是简单地把交易从线下搬到线上，只是简单地聚合了下游的采购订单需求，并没有促使上游的生产厂商进行互联网化的改造和升级。

（2）低估了传统企业进行互联网升级的难度。以我们所了解，中国的生产型企业还是非常传统，具有 ERP 系统信息化能力的生产企业屈指可数，他们普遍都仅使用 OFFICE 系统＋财务管理软件，而改造的难点在于企业负责人对互联网和信息化的理解程度和改造所需的成本（费用和时间）。

（3）B2B 和 B2C 的竞争模式不同，B2C 是以交易规模取胜，前期获得庞大的用户基数和交易笔数，后期再通过运营优化拉升客单和回购，前期并不以追求盈利为目的；而 B2B 是则以盈利规模取胜，针对于企业的交易和服务是可以直接收费且长期收费的，不应以追求用户基数为目的（行业的企业用户数量也有限）。找钢网、找煤网等公布了巨大的成交量，但好像没有说他们盈利多少吧。

在我看来，以消费者为导向的 2C 模式，谁获得了用户的信任和认可，谁就获得了未来，而以企业为导向的 2B 模式，谁能最终改造供应链上游的供给模式，谁就能获得未来。对于 B2B 行业来讲，新商业模式必然要求从下而上进行全面改造，先从下游集合采购订单开始，再向上倒逼各级供应链改造。因此，整个时间周期不会像 2C 模式一样三年一个迭代，而是 5 年~10 年的周期。各类投资机构都需要非常有耐心地等待春天的到来。

资料来源：财富中文网 2016 年 01 月 21 日 http：//www.fortunechina.com/column/c/2016-01/21/content_254422.htm

【案例讨论】

针对以上案例和本章所学知识，就以下问题进行讨论：

1. B2B 和 B2C 的竞争模式有何不同？

2. 分析 O2O 模式的盈利模式。

【本章小结】

本章内容主要介绍了服装电子商务模式的各种分类及其特点。服装电子商务模式

B2B、B2C 和 C2B 模式是服装电子商务的传统模式。B2B 电子商务模式交易次数少、交易金额大，交易对象广泛，交易操作规范。B2C 电子商务是消费者接触最多的商务形式，具有生活化、透明化、个性化趋势和统一化趋势并存的特点。C2C 模式的特点就是利用专业网站提供的大型电子商务平台，以免费或比较少的费用在网络平台销售自己的商品，卖家可以是各行各业的人，而买家可以是世界各地的客户。C2B 是互联网经济时代新的商业模式，这一模式改变了原有生产者（企业和机构）和消费者的关系，是一种消费者贡献价值，企业和机构消费价值，先有消费者需求，而后有企业生产。O2O 是指线下的商务机构与互联网结合，让互联网成为线下交易的前台，将线下的销售与线上的营销紧密地结合在一起。G2B 模式是政府通过电子网络系统进行电子采购与招标，精简管理业务流程，快捷迅速地为企业提供各种信息服务的服务方式。G2C 是指政府对公众的电子政务，政府通过电子网络系统为公民提供的各种服务。此外，还有其他一些电子商务模式。

第四章　服装企业网站的建设与运营

【本章学习目标】

1. 了解服装企业网站建设的技术架构体系和常见的开发技术

2. 掌握服装企业网站建设总体规划的步骤和可行性分析的内容

3. 掌握服装企业网站设计与建设的流程与主要内容

4. 理解服装企业网站运营、维护、安全与评价的相关概念

5. 了解服装网站构建的新技术与发展趋势

【引导案例】

服装企业网站的建设与运营之路——李宁公司为例

中国互联网络信息中心发布的《2015 年中国网络购物市场研究报告》显示，服装鞋帽是最热门的网购品类。对于服装企业来说，是选择到天猫和京东这样的第三方平台构建自己的品牌站点，还是选择自己建设独立的 B2C 商城始终是一个无法回避的问题。下面我们以李宁公司为例，了解服装企业网站建设和开展电子商务之路。

李宁公司选择了相对稳妥的电子商务发展之路，即首先与主流电子商务的第三方平台建立战略合作关系，然后建立自己的官方商城，最终建立李宁网络渠道管理体系和消费者数据库等整套的电子商务系统。2008 年 1 月，李宁公司从零开始组建了自己的电子商务团队，同年 4 月，李宁公司官方旗舰店在淘宝网开店，随后网店推出分销和代销的合作模式，6 月，李宁官网电子商城开业,12 月，李宁电子商务有限公司成立。李宁公司最初借助知名第三方平台的流量和人气开展电子商务，进展十分顺利，但是在发展自己的企业网站，构建电子商务平台的过程中，遇到了一些困难，困难主要来源于企业运营业务模式的转型、电子商务人才和技术的储备等方面。李宁电子商务强调的是 B2C 模式，而之前的业务模式是以 B2B 为主，这就意味着工作流程、财务流程，乃至 IT 流程都要重新打造。而且李宁电子商务有一些个性化需求，比如李宁电子商务不仅仅做 B2C，还包括 B2B、B2B2C。同时，由于公司既有的 ERP 系统没有电子商务功能，直接整合 B2B 和 B2C 的难度很大。李宁公司开始和一些 IT 公司进行接触，最后选择 IBM WebSphere Commerce 作为其电子商务后台的主体系统。李宁公司通过和 IBM 的合作，构建了一个既能随需而变，又能整合公司内外部的多个系统，同时还符合中国消费者独特购物体验的完整服装企业电子商务解决方案。2009 年 7 月，李宁公司自建的电子商务平台正式上线。

一般来讲，服装企业借助第三方平台构建电子商务网站成本低、技术要求不高，对于中小型服装企业借助第三方平台是最佳的选择，而对于一些大型服装企业，应该尽快构建自己的官方网站和开展独立的电子商务，提升品牌价值。服装企业网站建设，开展电子商务，采用借助第三方平台还是自建商城模式，可以根据企业自身发展的阶段和未来国内电子商务发展趋势进行取舍，两者之间的竞争将会持续。目前而言，全网营销还是大多数服装企业采用的手段。他们既有自己独立的官方商城，也有借助第三方平台的官方旗舰店。正所谓你中有我，我中有你，这是当前电子商务环境下大多数服装企业在品牌价值和商品流量平衡中的无奈选择，也是互联网开放精神的体现。

资料来源：摘编自网络

第一节　服装企业网站建设概述

一、服装企业网站建设的现状

（一）服装企业网站建设现状分析

近些年我国服装行业受到高库存的困扰，再加上服装电子商务的不断发展，使传统服装企业不得不纷纷开辟电商渠道，电商对于服装品类而言是大势所趋。中国互联网信息中心（CNNIC）2016 年 6 月发布的《2015 年中国网络购物市场研究报告》显示：服装鞋帽是网络购物市场最热门的销售品类，其购买人群占 79.7%，为网络购物第一大品类。

无论服装企业发展电子商务是为了提高品牌知名度、增加销售渠道从而去除库存、为进行 C2B 的个性化定制服务提供技术基础、开展 O2O 的线上线下服务、开展跨境电子商务服务，还是做独立的电子商务服装品牌，都将遇到一个发展电子商务如何选择渠道模式，即自建网站开展网上商城业务还是借助第三方电子商务企业商务平台的问题。

大多数传统服装企业对于发展电子商务仍处于探索时期，因此对于如何开展电子商务业务以及渠道模式的选择并没有非常成功的案例可借鉴。传统服装企业在开展电子商务业务时还面临许多问题，例如在服装企业开展电子商务营销方面现在仍存在如下问题：如何解决服装商品线上线下价格的差异化和加盟商利益的竞争；如何有效利用网络优势拓展销售渠道和去除库存；如何利用有线和无线网络建立 O2O、C2B 等新兴商务模式；如何解决自建平台和外包第三方的平台之争等。同时，在服装企业内部也面临如下问题：服装企业内部信息化水平如何提高以满足开展电子商务业务所需的 IT 技术支撑；服装企业开展电子商务所需的人才和网络营销能力；服装企业对电子商务业务和传统销售渠道的理解和战略规划定位等。

现阶段我国知名服装企业基本均已建立了企业官方网站，并且自己建立官方商城或借助第三方电子商务平台开展了电子商务业务，有的服装企业还在官方网站上开展了个性化定制 C2B 业务，有的服装企业也通过官方微信、微博、二维码、企业 App 等互联网手段进行了网络营销渠道的拓展，表现出一定的超前意识。具体情况参考表 4-1 所示。

从表 4-1 的调查统计可以看出，运动服装品牌由于竞争激烈，在调查的李宁、安踏为代表的国内主流体育运动服装品牌企业中，均已建起各自的企业官方网站和官方网上商城，并且借助第三方电子商务平台开展了电子商务业务。男性服装品牌和女性服装品牌也均建立了各自的官方网站并且借助第三方电子商务平台开展电子商务业务，一部分服装企业也建立了自己的官方网上商城开展电子商务。而童装服装品牌企业由于起步较晚和市场培育等原因，在调查的四家童装企业中，虽然都建立了各自的官方网站，但有的网站功能性和美观性明显亟待完善，所有四家童装企业均没有建立自己的官方网上商城，仅仅借助第三方平台开展电子商务业务，有一家"贝蕾尔"童装服装品牌企业在天猫、京东、当当等主流 B2C 电子商务平台上都没有开展相应电子商务业务。

表4-1　中国知名服装企业电子商务开展情况

类别	服装企业	电子商务开展模式	官方网站和官方商城	第三方平台
运动服装品牌	李宁	自建官方网站、官方商城、第三方平台	官方网站和官方商城 http：//www.li-ning.com.cn/ http：//store.lining.com/	天猫商城、京东商城、当当网、一号店
	安踏	自建官方网站、官方商城、第三方平台	官方网站和官方商城 http：//www.anta.com/ http：//www.anta.cn/	天猫商城、京东商城、当当网、一号店
	匹克	自建官方网站、官方商城、第三方平台	官方网站和官方商城 http：//www.peaksport.com/ http：//www.epeaksport.com/	天猫商城、京东商城、当当网、苏宁易购
	361°	自建官方网站、官方商城、第三方平台	官方网站和官方商城 http：//www.361sport.com/	天猫商城、京东商城、当当网、一号店、
	特步	自建官方网站、官方商城、第三方平台	官方网站和官方商城 http：//www.xtep.com/ http：//www.xtep.com.cn/	天猫商城、京东商城、当当网、一号店、苏宁易购
	贵人鸟	自建官方网站、官方商城、第三方平台	官方网站和官方商城 http：//www.grn-group.com/ http：//www.grn.cn/	苏宁易购、当当网
女装品牌	太平鸟	自建官方网站、官方商城、第三方平台	官方网站和官方商城 http：//www.peacebird.com/ http：//www.pb89.com/	天猫商城、京东商城
	歌莉娅	自建官方网站、官方商城、第三方平台	官方网站和官方商城 http：//www.goelia.com.cn	天猫商城、苏宁易购、一号店
	朗姿股份	自建官方网站、第三方平台	官方网站 http：//www.lancygroup.com/ 无官方商城	天猫商城、京东商城、当当网
	凯撒股份	自建官方网站、第三方平台	官方网站 http：//www.kaiser.com.cn/ 无官方商城	天猫商城、京东商城、一号店
	阿依莲	自建官方网站、第三方平台	官方网站 http：//www.ayilian.com/ 无官方商城	天猫商城、京东商城、易购网

续表

类别	服装企业	电子商务开展模式	官方网站和官方商城	第三方平台
男装品牌	七匹狼	自建官方网站、官方商城、第三方平台、	官方网站和官方商城 http：//www.septwolves.com/ http：//www.septwolves.cn/	天猫商城、京东商城、当当网、苏宁易购、一号店
	海澜之家	自建官方网站、官方商城、第三方平台	官方网站和官方商城 http：//www.heilan.com.cn/http：//www.heilanhome.cn/	天猫商城、京东商城、苏宁易购
	希努尔	自建官方网站、官方商城、第三方平台	官方网站和官方商城 http：//www.sinoer.com/ http：//www.mode888.com/	天猫商城、京东商城、苏宁易购
	报喜鸟	自建官方网站、官方商城、第三方平台、个人定制	官方网站和官方商城 http：//www.baoxiniao.com.cn/ http：//www.bxn.com/	天猫商城
	利郎	自建官方网站、第三方平台	官方网站，无官方商城 http：//www.lilanz.com/	天猫商城、京东商城
	劲霸男装	自建官方网站、第三方平台	官方网站，无官方商城 http：//www.k-boxing.com/	天猫商城、京东商城
	九牧王	自建官方网站、第三方平台、个人定制	官方网站 http：//www.joeone.cn 无官方商城	天猫商城、京东商城
	雅戈尔	自建官方网站、第三方平台	官方网站 http：//www.youngor.com/ 无官方商城	天猫商城、京东商城、当当网、苏宁易购、一号店
童装品牌	红黄蓝	自建官方网站、第三方平台、	官方网站 http：//www.honghuanglan.com/ 无官方商城	天猫商城
	嗒嘀嗒	自建官方网站、第三方平台	官方网站 http：//www.dadida.com.cn/ 无官方商城	天猫商城、京东商城
	叮当猫	自建官方网站、第三方平台	官方网站 http：//www.dd-cat.com/ 无官方商城	天猫商城、苏宁易购、一号店
	贝蕾尔	自建官方网站、第三方平台	官方网站 http：//www.beler.cn/ 无官方商城	无

（二）服装企业借助第三方平台发展电子商务优劣势分析

服装企业借助第三方平台发展电子商务的优势在于：第三方购物平台的广泛知名度和巨大客户流量；第三方平台完善的购物流程和物流体系；第三方购物平台良好的

信用体系和安全便捷的支付技术；第三方购物平台良好的购物体验和高质量的服务保障；第三方购物平台还能够让企业快速搭建网上商城实现电子商务业务而无需技术和后期维护支持，节约企业广告宣传资金、网站建设和运营资金等。

服装企业依赖第三方平台开展电子商务的劣势在于：随着越来越多服装品牌加入第三方平台，品牌之间的竞争日趋激烈，服装企业运营难度加大；企业运营受到第三方平台规则的限制，如"双十一"打折销售等；网上店铺样式单一，无法突出个性特点；网上店铺功能受限，可拓展性较低，如无法开展个性化定制服务等；服装企业需要向第三方平台缴纳一定的佣金，运营成本逐步提高；大型企业若无官方网站和商城，只靠第三方平台进行网上电子商务业务的拓展，可能会降低企业品牌在客户心中的地位和形象。

服装企业若能自建官方网站和官方商城，可以避免上文提到的各种劣势，可以通过互联网提供更高品质、更灵活的、更具个性化的电子商务服务；电子商务网站的硬件设备和软件系统流程均由企业自身掌控，网站空间和流量不受限制，也更方便功能的拓展，而且不需要支付第三方平台佣金；同时，通过自建官方网站和官方商城，可以提高企业的信息化应用水平和完善人员队伍建设，使企业的组织架构和业务流程更符合互联网＋时代特征的要求，更能反映市场需求、更具竞争力。

传统服装企业自建官方网站和官方商城也具有一定难度和劣势：需要专业技术队伍的培养和建设，对传统服装企业来说人才和技术储备是个难题；需要购买和维护电子商务必须的软硬件和网络等基础设施，前期资金投入巨大；需要企业自身进行网上推广和互联网营销等市场培育的投入等。但是，企业自己建立官方网站和官方商城，以及进行各种新的互联网销售渠道的拓展将是传统服装企业未来发展的必由之路。与此同时，各种 IT 新技术的出现，如大数据运营等，也被一些服装企业所采用，如九牧王和报喜鸟等企业都已经开始尝试服装定制服务，互联网化服装定制能够解决传统服装行业所存在的库存问题，利用互联网 O2O 的定制化模式满足用户追求服装个性化、差异化的新要求。服装企业的电子商务应用还可以借助 App 移动端产品的研发来迎接移动电子商务时代的到来，如美邦服饰发布了自己的 App "有范"，朗姿股份也入股了拥有"明星衣橱" App 的 Hifashion。而森马则投资韩国电商企业，布局跨境电商业务。此外，随着智能化可穿戴设备的走热，红豆股份公司表示将涉足移动互联网和智能穿戴领域。

二、服装企业网站的功能与网站建设的意义

（一）服装企业网站的功能与网站建设的意义

服装企业网站的建立，一方面顺应了目前国家发展"互联网＋"的大战略需要，另

一方面也迎合了国内网络购物市场中服装品类连续几年独占鳌头的迅猛发展势头。同时，服装企业网站的建立也是传统服装企业进行信息化改造，增加科技和创新含金量，最终进军电子商务领域，实现产业转型升级的基础和依托。任何一个网站都要有其存在的价值，服装企业千万不能为了建网站而建网站，盲目进行电子商务转型。一般来说，服装企业网站的基本功能与网站建设的意义有以下六个方面。

1. 服装品牌和企业形象宣传的平台

优秀的网站是进行服装品牌和企业形象宣传的良好手段，相比于传统的电视和报纸等广告手段，企业网站的内容涵盖量和宣传成本更低廉。

2. 服装企业信息发布的平台

服装网站是一个强有力的宣传工具，企业可以通过网站平台发布任何有利于企业经营的信息，如招商引资、招贤纳士、新产品的推介、打折促销等信息，满足潜在合作伙伴和消费者的信息需求。

3. 服装产品展示和销售的平台

服装企业网站的一个重要功能就是服装产品的展示和销售，通过大量图片和文字描述，甚至借助视频等多媒体手段，进行服装新品的推广，寻找潜在的客户群，从而达到销售产品的目的。

4. 客户服务和沟通的平台

顾客就是上帝的意识已经深入人心，服装企业网站也应为客户提供了多种服务类型和沟通互动渠道。如企业会员社区、在线客服等。以消费者所想为中心，尽可能提供各种便利服务和常见问题解答。良好的客户服务和沟通是服装企业经营成败的关键因素之一。同时，来自客户的反馈信息也会促进企业的生产经营，快速适应市场变化。

5. 服装企业供应链和电子商务的平台

服装企业网站的建立，有助于企业进行上下游企业的供应链整合，加强合作和沟通，建立良好的商业生态圈。同时，网站的建立也是推进服装企业信息化建设，特别是全程电子商务以及跨境电子商务等新型电子商务形态发展的基础平台。

6. 企业吸引投资和拓展渠道的平台

服装企业若想在激烈的市场竞争中立于不败之地，就应该借助网站增强企业吸引投资的能力，也可借助网站跨越时空的特点，全天候向全球各个角落的潜在合作伙伴发出邀请，拓展企业生存壮大的渠道。

图 4-1 和图 4-2 分别展示的是国内的运动服装品牌企业安踏的官方网站和电子商务官方商城。

图 4-1　安踏品牌官方网站

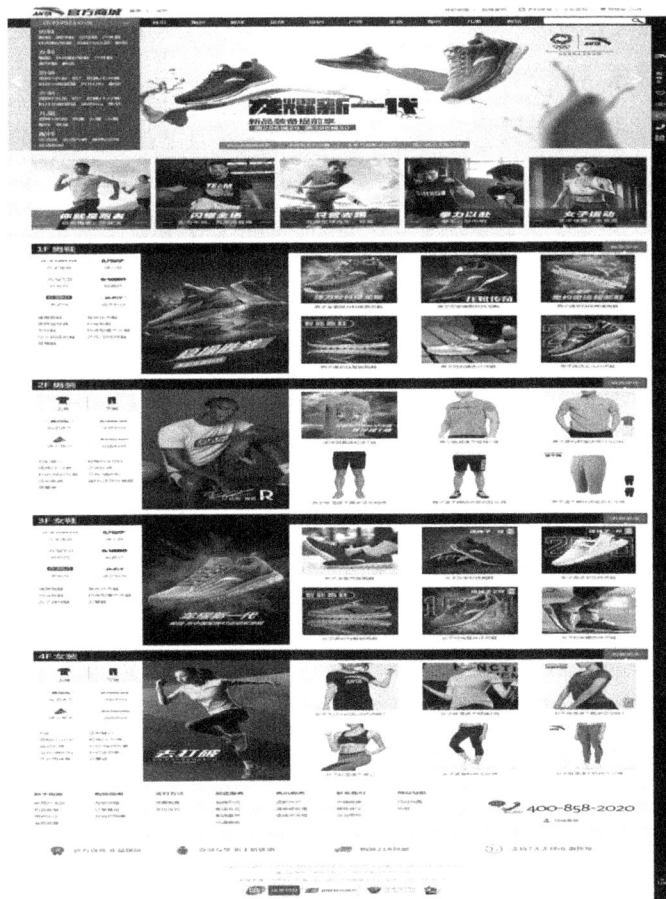

图 4-2　安踏官方商城

服装电子商务

"互联网+"助力整个社会的发展，人们生活方式和消费方式的网络化促进了服装电子商务的崛起，服装企业纷纷自主建设官方网站或借助第三方平台搭建网站形式进军电商领域，采取线上与线下相结合的运营方式，并取得良好的效果。各种新技术的加入以及对消费者个性和体验的关注，使服装企业必须在网站建设方面为自身设置更高的标准。

（二）服装企业网站建设的前景与目标

中国互联网络信息中心（CNNIC）2017年1月发布的第39次《中国互联网络发展状况统计报告》显示，截至2016年12月，中国网民规模达7.31亿，互联网普及率达到53.2%，半数以上中国人已接入互联网。移动互联网的发展，正在改变着人们的生活方式，中国网络购物市场将继续保持快速发展。

从宏观政策来看，政府不断加强顶层设计，多政策密集出台支持网络零售发展。服装企业电子商务网站的建设受到国家政策支持，前景广阔。从微观消费行为来看，网购已经成为消费者的消费习惯，移动消费和个性化需求，促使服装企业网站建设朝着更加人性化的方向改进。

从未来的发展看，线上线下渠道融合发展将进一步深入，精细化和专业化将是新的趋势。首先，科技的进步为线上线下渠道进一步融合发展提供了基础，其次，消费需求的碎片化、细分化态势明显，使市场更加需要精细化、专业化的渠道。服装企业网站在建设方面可以加入最新的科技和一些必要的人文关怀，合理分类，满足消费者需求。

基于以上良好的社会外部环境，服装企业电子商务也出现了良好的发展势头。中国服装协会发布的2015年上半年服装行业经济运行分析显示，2015年上半年，我国服装行业整体运行基本稳定，线上市场服装服饰品类整体形势喜人，虽然各项指标增速进一步放缓，但是交易额不断刷新市场交易纪录。根据2016年4月中国纺织工业联合会信息统计部、流通分会、中国纺织服装电子商务联盟联合对外发布的《2015—2016纺织服装电子商务发展报告》显示，2015年纺织服装电子商务交易总额为3.7万亿元，同比增长25%，具体情况如图4-3所示。服装行业电子商务应用环境进一步完善，服装企业围绕品牌发展和效益提升开展电子商务的能力进一步加强。

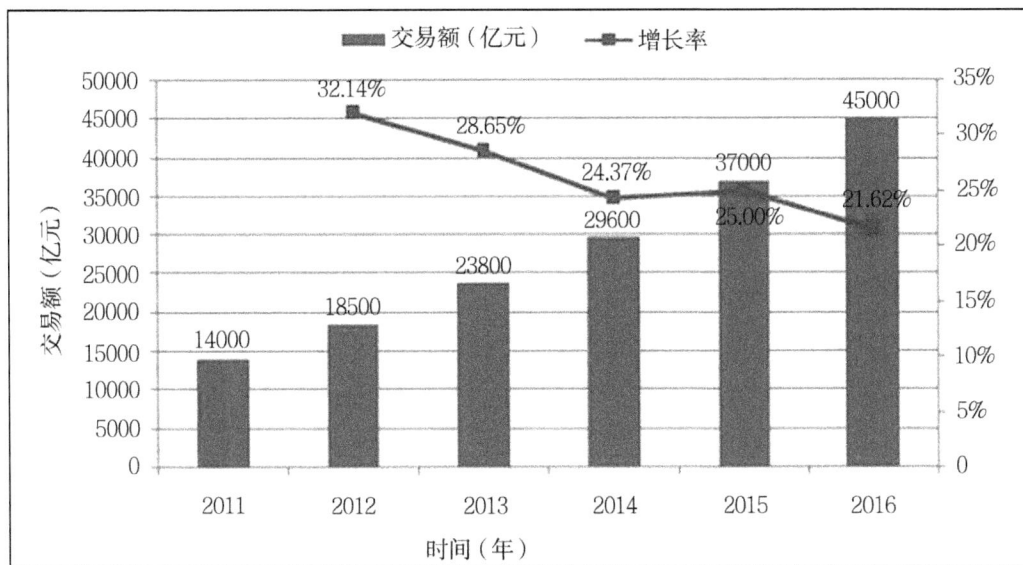

图 4-3　2011~2015 年纺织服装电子商务交易额增长情况

资料来源：中纺联信息统计部、流通分会

　　另外，中国互联网信息中心发布的《2014 年下半年中国企业互联网应用状况调查报告》显示，在企业网站（指网站或网店，包括企业自己建立的独立企业网站，或者是利用第三方电子商务平台建立的网上商铺，统计范围为全部企业）建设状况方面：截至 2014 年 12 月，全国企业中有 41.4% 建立了独立的企业网站，有 17.0% 的企业在电子商务平台上建立了网店。在建站企业中，有 13.4% 的企业既建立了独立的企业网站，又通过电子商务平台建立了网店，具体情况如图 4-4 所示。

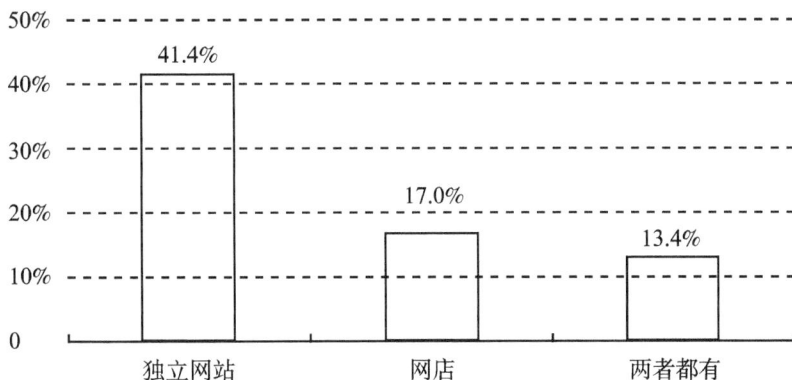

图 4-4　企业建站总体情况

资料来源：中国互联网信息中心

　　部分重点行业中，信息传输、计算机服务和软件业企业建立独立网站比例最高，为 52.4%；而计算机、互联网使用率较低的制造业中，独立网站建站比例相对较高，超过一半都建立了独立网站。在开设网店方面，制造业企业比例最高，为21.7%，其次为批发和零售业，为18.8%。受我国电子商务交易市场快速发展的推动，制造业、批发和零售业在线交易应用较为积极，具体情况如图4-5所示。然而，服装制造和批发零售企业多属于劳动密集型企业，同时受人员信息化水平相对较低等因素的影响，根据图4-3推测，服装企业总体企业建立独立网站情况不足20%。

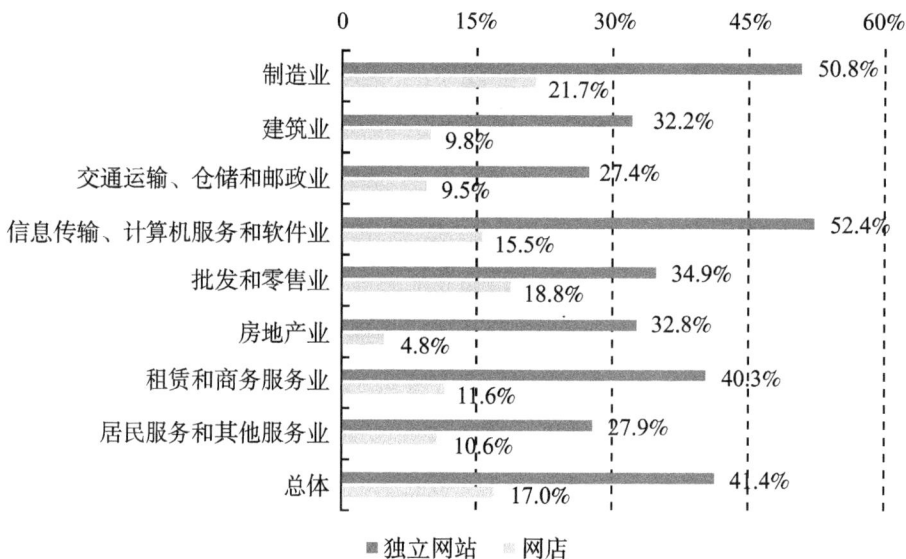

图4-5　企业建站情况（部分重点行业）

以上分析和数据说明服装企业电子商务的开展前景广阔，同时，也对传统服装企业网站建设提出了更迫切的要求，传统服装企业急需借助信息技术，进行品牌营销和企业总体转型升级。借助信息技术、互联网+、大数据、物联网等新兴技术，传统服装企业和电子商务有机融合，必将重新焕发勃勃生机。新科技的不断融入，消费者消费习惯的改变，消费者对于个性化和人性化的追求，一方面促进了服装企业电子商务的迅猛发展，另一方面也对服装企业网站的建设提出了新的要求。

第一，服装企业网站的建设，在不久的将来，首先应该使消费者足不出户就可以通过互联网购买到喜欢的服装，并能够实施服装的个性化定制。第二，我国的电子商务法律建设将会更加完善，消费者会更加信赖互联网，现在的服装专卖店将会被越来越多的体验店所替代。第三，物流管理信息系统将会很好地解决物流配送问题，我国的物流体系将会更完善，消费者在服装企业网站中购买的服装，不再需要等待多日，而是几个小时就可到货，并能通过良好的交互设计实时告知物流动态和位置，让消费者不在为等待订单焦虑。第四，服装企业电子商务的模式将融入更多的运营模式和新技术、新理念，可以为消费者提供更多更专业的服务，如线上试穿的虚拟试衣系统、网上购物的三维商城系统等新兴技术和服务模式，在不久的将来，会被越来越多的服装企业所采用。最后，服装企业电子商务网站建设的任务不再是仅仅为满足消费者的衣着保暖需求，而是要满足消费者的深层次购物心理需求。未来服装网站的建设要使网络购物具有服装选择的个性化，购物环境的虚拟化和可触摸化，购物过程的隐私化，物流进程的可追溯化，信息沟通的及时化，购买活动的跨时空化等各种更具人性化的措施，最终使消费者在服装网络购物过程中体会到更多的便利和乐趣。

三、服装企业网站建设的相关技术简介

（一）Internet 与 WWW

Internet 是一个全球性的、开放的、由众多网络采用 TCP/IP 协议作为通信规则相互连接而成的特定计算机网络。20 世纪 90 年代，Internet 开始进入商业应用时代。正是 Internet 的发展为电子商务发展奠定了坚实的技术基础。

TCP/IP 协议是整个 Internet 运行的基础，同时它目前也被广泛应用于局域网中，在一个组织内部采用 TCP/IP 协议构建起来的互联网络，我们称之为 Intranet（内联网）。Intranet 也是一个企业连入外部 Internet 网络进行电子商务的技术基础。

万维网 WWW（World Wild Web，简称 Web）是采用客户机 / 服务器体系结构的分布式信息服务系统，它采用 HTTP 协议实现了分布于 Internet 上的计算机站点之间的信息共享，同时基于 HTML 实现了超文本的图形化界面，极大地促进了 Internet 的普及和商业应用。WWW 目前已成为 Internet 中最主要的服务。

万维网 WWW 是在 1991 年由被称为"互联网之父"的 Tim Berners-Lee 发明创造的，他同时也是 1994 年在 MIT 成立的万维网联盟（World Wide Web Consortium，简称 W3C，又称 W3C 理事会）的创建者，目前 W3C 负责 Web 的标准化工作。

（二）网页与网站

网页（Web Page）通常是指存放在 Web 服务器上的由 HTML 标签组成的纯文本文件，其后缀通常是 .html 或者 .htm。超媒体网页除了文字信息外，还包括图形、图像、声音、动画和视频等多媒体信息。

Internet 上的一个网页由统一资源定位符 URL（Uniform Resource Locator）唯一定位和查找。一个完整的 URL 格式如下所示：

< 协议 >：//< 服务器名称或 IP 地址 >：< 端口号 >< 路径 >< 文件名 >

对于网页查询，以上协议指的是超文本传输协议（Hypertext Transfer Protocol，缩写为 HTTP）。例如，我们要访问北京服装学院的主页，可以在 IE 浏览器的地址栏中输入 http：//www.bift.edu.cn，在这里，我们只保留了协议和域名就可以唯一定位。这是

因为 HTTP 的默认端口是 80，可以省略，而且路径和文件名也一般都在 Web 服务器中预先设定，通常一个站点被首先访问的那个文件，即用户看到的第一个页面就叫主页（Home Page），主页一般默认为 index.htm 或 default.html，也是可以在 URL 中省略的。

以上我们讲到的是一般意义上的网页定义，也可以称之为静态网页，因为，网页又可以进一步划分为静态网页和动态网页。下面我们分别对静态网页和动态网页进行较为深入的探讨。

静态网页是由 HTML 和 CSS 组成的 ACSII 码文件，它们被保存在 Web 服务器中，由浏览器解释后显示在客户端的屏幕上，静态网页的内容是固定不变的，即其展示的内容不会随着用户请求的不同而改变。通常静态网页的后缀除了 .htm、.html 外，还包括 .shtml、xml 等。静态网页也可以包含某些动态的效果，如 GIF 的动态图片，客户端动态技术如 Flash 动画、JavaScript、ActiveX 控件及 JAVA 小程序等产生的动态效果。

动态网页是由 HTML 和 PHP、JSP、ASP（ASP.NET）、PERL 等高级语言，以及数据库等技术相结合的产物。动态网页的内容是由应用程序动态创建的，它具有交互性，能根据用户请求的不同而展示出不同的内容。与静态网页只访问 Web 服务器不同，动态网页还需要应用服务器进行编译处理，以及与后台数据库服务器的交互。动态网页的后缀一般是 .php、.asp、.aspx、.jsp、.perl 等形式，而且动态网页一般没有固定的 URL，网址中通常含有一个标志性的符号—"？"。如图 4-6 所示，当鼠标移动到 361°官方网站主页的 banner 图片超链接处时，屏幕左下角状态栏会显示动态网页信息如下：http：//www.361sport.com/index.php?m=Product&a=show&proid=5594。

图 4-6　361 度 sport 官方主页的动态网页示例图

狭义上的网站（Website，也叫站点）是网页的集合，它具体由服务器上的某个文件夹及其子文件夹组成，文件夹中分门别类地包含了静态网页、动态网页、图片和动画等多媒体文件、数据库文件和其他源程序等。广义上的网站是由域名（或网站 IP 地址）、DNS 域名解析、空间服务器、网站程序、数据库等组成。

目前世界上大多数的网站是既包含静态网页也包含动态网页的动态网站，单纯的全部由静态网页组成的静态网站基本很少存在。但是，静态网站也有它的优点，比如静态网页易于被搜索引擎检索等。所以，有时候我们采用某种技术使动态网站生成静态网站，以此来增加搜索引擎的抓取率，降低服务器的负载，提高网页存取速度，增强网站安全性等。

（三）网站的总体技术架构体系

网站的构建涉及多方面技术的集成和外部环境（如法律法规和行业标准等）的支撑。下面我们重点围绕网站的技术层面展开描述，以层次化的观点将网站的技术架构体系层层解析。一个网站的技术架构体系如表 4-2 所示。从下到上分别为硬件与网络设施平台、软件与开发环境平台、服务环境支持平台、商务应用环境平台四个层次。

表 4-2　网站的总体技术架构

商务应用环境平台	后端企业信息系统技术 DBMS、MIS、ERP 等技术的应用与集成	应用服务业务逻辑处理技术 中间件技术、购物车等业务对象的开发技术、并发控制等技术	Web 服务显示逻辑处理技术 静态页面展示 HTML、CSS、XML 等技术	前端信息展示技术 UI 设计、Ajax 方法、PC 机 Web/ 移动平台选择等	
服务环境支持平台	支付技术 支付网关、SET 协议等	认证技术 CA、数字证书等	安全技术 Firewall 等	目录服务 LDAP 等	优化技术 Load Balancing、SEO 等
软件与开发环境平台	网络操作系统 Windows Unix/Linux 等	网络通信协议 TCP/IP HTTP 等	Web 服务器软件 Apache 等	数据库系统 Oracle 等	开发语言 PHP/JSP 等
硬件与网络设施平台	硬件设施平台 服务器、存储设备、网络设备等		网络设施平台 无线网络 / 有线网络、Internet/Intranet 等		

1. 硬件与网络设施平台

网站的建设离不开硬件设备的购买和网络的接入等基础设施的搭建。在硬件设施平台的建设中，主要涉及到主机和服务器的选型、数据存储设备（如 SAN）的选择、网络设备的选定等。这些都是网站构建的物理运行平台。

网络设施平台的建设，主要涉及企业内部网的互联互通与企业网站接入方式的选择：如是选择有线或无线接入 Internet，或者是选择专线、服务器托管、虚拟主机等方式进行 Internet 的接入。

硬件与网络设施平台的建设是其他一切平台建设的基础。

2. 软件与开发环境平台

网站建设在拥有硬件、网络等基础设施之后，还需在此基础上进行相关软件与开发环境平台的建设。软件平台主要包括网站服务器中网络操作系统的选择，如 Windows Server 系列服务器操作系统、Unix 系列服务器操作系统和 Linux 系列服务器操作系统等；网站对外接入时网络通信协议的应用，如 TCP/IP、HTTPS、WAP 等协议；网站构建中 Web 服务器软件的选择，如 Apache、IIS 等的选择；网站后台数据库系统的选择，如 Oracle、SQL Server 等。网站开发环境主要涉及开发语言的选择，如 PHP、ASP 和 JSP 等。

软件与开发环境平台是网站建立和电子商务开展的必要基础。

3. 服务环境支持平台

服务环境支持平台为商务应用环境平台中特定的商务系统（网上营销、网上购物等）的正常运行，提供公共的服务环境和保障，为商务系统中公共的功能提供软件平台技术支持和技术标准。在这个层面主要涉及支付技术，如支付网关系统的构建、支付协议（如 SET）的选择等；认证技术，如 CA 体系的构建和数字证书等技术；安全技术，如防火墙等的建设；目录服务，如 LDAP 等；系统优化技术如负载均衡（Load Balancing）、搜索引擎优化 SEO（Search Engine Optimization）等。

服务环境支持平台是电子商务开展的必要支撑和保障。

4. 商务应用环境平台

商务应用环境平台是企业开展服装电子商务活动的核心，也是网站总体技术架构中最重要的组成部分，它通过一系列应用程序完成企业内部管理、企业对外展示和营销以及客户、供应商、物流合作伙伴等的协同管理工作等。企业商务服务的业务逻辑规划是否合理，直接影响到电子商务服务的功能。商务应用环境平台是商务活动中各参与方开展电子商务的核心，所以它必须一方面完整准确地实现各个商务功能，另一方面还得具有良好的人性化界面。

这一层从网站应用系统的体系结构来表示其业务处理形式，主要由后端企业信息系统技术、应用服务业务逻辑处理技术、Web 服务现实逻辑处理技术和前端信息展示技术组成。本层结构较为复杂，我们将在下一部分内容中做重点讨论。

商务应用环境平台是企业开展服装电子商务和网站系统建设的核心。

（四）网站应用系统体系结构

为了更好地理解网站应用系统的体系结构，我们先来看应用系统体系结构的几个发展阶段，它们分别是 C/S 结构、B/W/S 结构和基于 Web 的多层结构等几个阶段。

1. C/S 和 B/S 体系结构

客户机 / 服务器（C/S）模式主要是由承担人机界面显示和数据业务操作等的客户机和承担数据管理任务的数据库服务器组成，它实现了分布式计算模式，数据集中管理和业务处理。对于某些客户机提出的较为复杂的服务请求，为了降低数据库服务器的压力，在两层的 C/S 模式基础上，引入应用服务器进行相关信息的处理，数据库服务器主要承担数据管理任务，从而出现了 C/S 的三层结构。C/S 模式的两种结构如图 4-7 所示。

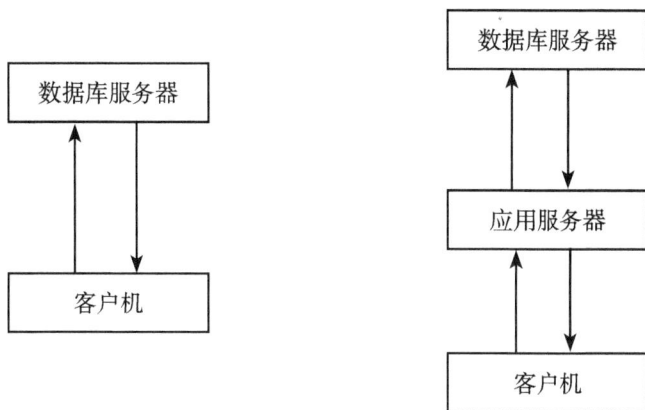

图 4-7　客户机 / 服务器（C/S）模式的两种体系结构

随着 20 世纪 90 年代 Internet 的快速发展，一种基于 Web 的体系结构逐渐发展起来，即 B/S 体系结构，它是以 C/S 体系结构为基础的，主要经历了如图 4-8 所示的几个发展阶段。在 B/S 体系结构中，客户端利用浏览器通过 Web 服务器去访问数据库以获取必需的信息，而 Web 服务器与特定的数据库系统的连接可以通过如中间件等软件以及应用服务器实现。

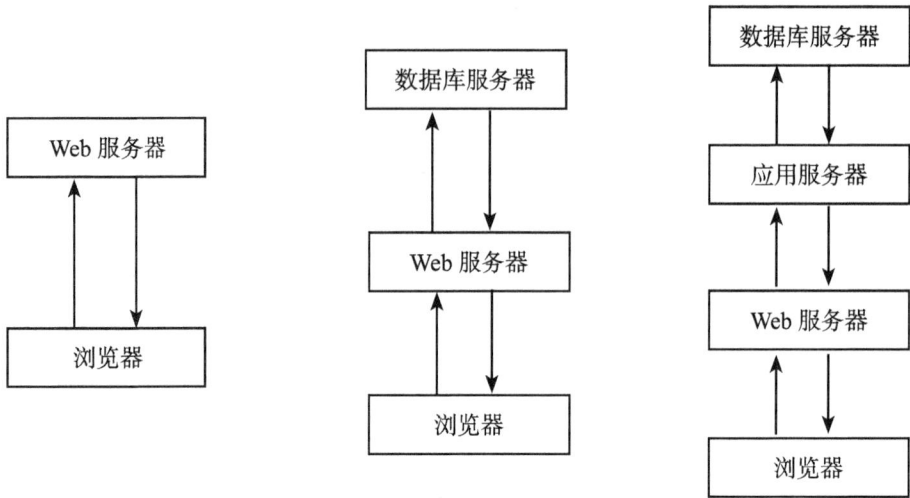

图 4-8　浏览器 / 服务器（B/S）模式的三种体系结构

2. 商务应用环境平台的体系结构

在网站总体技术架构中，最上层的商务应用环境平台的体系结构可以归纳为后端企业信息系统，具有完成数据逻辑，实现数据管理与分析、供应链协同管理等功能，主要由 DBMS、MIS 和 ERP 等系统实现；中后端的应用服务处理系统，具有完成业务的处理，实现数据库接口、并发控制和信息处理业务等功能，主要由 ODBC、Tomcat 等技术实现；中前端 Web 服务处理系统，具有完成表示逻辑，实现静态页面的存储与客户端屏幕页面的显示功能，主要由 HTML、CSS、XML 等技术实现；前端浏览器信息展示系统，具有完成人机界面的展示，实现人机交互功能，主要由 UI 设计、Ajax 设计方法、移动平台 / 传统 PC Web 平台的选择等。

（五）网站开发技术简介

网站程序的开发要遵循可靠性、规范性、可读性、可维护性和高效性等原则。基于 B/S 结构的电子商务网站开发技术主要包括如下几个方面。

1. 前端界面设计技术

在服装电子商务网站的开发过程中界面展示是特别重要的一个步骤，良好的展示能吸引潜在的客户群体。前端界面设计技术可以通过 UI 设计师的手绘和专业软件实现。界面设计首先由艺术设计美术师手绘创作出网站界面草图，然后平面设计师通过设计软件进行界面草图的具体实现，相关的软件主要有 Fireworks、CorelDraw、Photoshop、illustrator 等。

2. 网站前台客户端设计与开发技术

界面设计在网站上的真正实现要通过网站前台客户端的网页设计技术完成，前台客户端开发技术简称前端开发技术。网站前端软件工程师通过相关软件把界面设计在浏览器中展示出来，主要的设计与开发工具有 Dreamweaver、Edit Plus、Eclipse 等，主要的设计与开发技术有 HTML 技术、DIV+CSS 技术、JavaScript 技术、XML 技术、Ajax 技术、交互设计和视觉设计技术等。

以上我们介绍的网页设计技术中，HTML、CSS 和 JavaScript 分别从内容（HTML）、表现（CSS）和行为（JavaScript）三个层面对网页进行了规范。

3. 网站后台服务器端软件开发技术

服装电子商务网站是一个动态网站，动态网站的开发不仅仅包括静态页面的展示，更主要的是后台数据业务处理与相应的动态实现，只有动态网页才能实现网络查询和购物等电子商务基本功能。网站后台服务器端软件开发技术简称后端软件开发技术。网站后端软件开发技术主要有 PHP 开发技术、ASP.net 开发技术和 JSP 开发技术，常见的其他开发技术还有 CGI、Perl、Python 和 Ruby 等。

4. 网站后端数据库技术

电子商务动态网站的运行需要有后台数据库的支持，通过服务器端动态网页开发技术调用后台数据库服务器，产生存取数据的操作，从而动态地更新客户端浏览器用户的网页请求，使网页因请求的不同而产生差异性的响应结果。非电子商务动态、网站的建立同样需要一个强大的后台数据库的支撑，后台数据库在目前的大数据时代变得越来越重要，海量商品数据的存储和管理、多用户的并发请求、客户数据的行为分析等都离不开它。常见的数据库技术有大型网站的 Oracle、SQL Server、DB2，中小型网站的 MySQL、Sybase 等。

必须注意的是，以上数据库主要是面向关系型的数据库开发技术，伴随着大数据时代海量、多样和实时等数据处理的特点，原有关系型数据库显得有些力不从心。为了适应大数据时代数据处理的要求，一种非关系型数据库 NoSQL 应运而生。NoSQL 泛指非关系型的数据库，它是伴随着超大规模和高并发的 SNS 类型的 Web2.0 网站的兴起而迅速发展的一种分布式数据库技术。NoSQL 数据库的产生就是为了解决大规模数据集合多重数据种类带来的挑战，尤其是大数据应用难题。

在当前仍是关系型数据库为主的动态网站的开发过程中，动态网页开发技术（如 PHP）通过 SQL（Structured Query Language，结构化查询语言）来实际调用后台数据库中的数据。SQL 是一种数据库查询和程序设计语言，用于存取数据以及查询、更新和管理关系型数据库系统。

5. 中间件技术

动态网站的实现通常还需中间件技术，以实现 Web 服务器和数据库服务器之间不同接口的信息交互，以及跨硬件平台、跨应用程序的分布式、透明性交互功能。常见的中间件技术有数据访问中间件、远程过程调用中间件、消息中间件、交易中间件、对象中间件等。

第二节　服装企业网站建设的总体规划

在信息化时代的今天，服装企业要想求得更好的发展，开展电子商务，构筑自己的电子商务网站势在必行。通过服装网站的建设，一方面能增加企业知名度和企业营销途径，另一方面也会间接促进自身相对落后的企业信息化建设。当然，对于纯粹依靠电子商务发展的服装营销平台，就更加需要一个功能完善的服装电子商务网站作为依托。不管哪种类型的企业，要想建立符合自身企业战略目标的商务网站都不是一件容易的事情，网站的设计与开发是一个综合工程，也是一个复杂而漫长的过程，我们首先要进行网站的总体战略规划。网站的成功与否与网站的规划有着极其重要的关系。

一、网站规划的基本概念

（一）网站规划的基本概念

网站规划也叫网站策划，是指在网站建设前对市场进行分析、确定网站的目的和功能，并根据需要对网站建设中的技术、内容、费用、测试、维护等做出规划。网站规划对网站建设具有计划和指导的作用，对网站的内容和维护具有定位作用。

一个成功商业网站的建立首先要有合理的网站规划，网站规划既要有全局的战略高度，也要有具体的战术内容，战术是为战略服务的。网站的规划必须服务于企业的总体战略目标，然后从企业现状出发，对网站的技术方案、设计团队、实施阶段划分、进度安排以及投资规模等进行战术性的、系统科学的全局统筹。

另外，网站的规划还要放眼于企业外部，从整个社会的商业环境去认识。一个服装企业电子商务网站的规划不仅仅是利用信息和网络技术构建一个网络站点，更是对企业原有的整个供应链系统工作流程和商务模式的重建，最终的目的是增强企业的市场竞争力。

网站规划的主要任务是：

（1）制订网站的发展战略。网站服务于组织管理，其发展战略必须与整个组织的战略目标协调一致。

（2）制订网站的总体方案和开发计划。在调查分析组织信息需求的基础上，提出网站的总体结构方案。根据发展战略和总体结构方案，确定系统和应用项目开发次序及时间安排。

（3）制订网站建设的资源分配计划，进行可行性分析。分析网站的商务模式和商业机会，提出为实现开发计划所需的硬件、软件、人员、资金等资源，以及网站的投资费用和产生的效益，最终进行网站建设的可行性分析。

网站的规划阶段是一个管理决策过程，是管理与技术结合的过程，是面向未来的、长远的、全局性的、战略性的而非针对当前具体业务或技术细节的一个具有不确定性和非结构化程度较高的过程，其中规划人员对管理和技术发展的见识、开创精神、务实态度是网站规划成功的关键因素。

（二）网站规划的基本步骤

1. 针对当前市场环境的前期调研分析

本阶段，要在成立规划小组，收集相关信息，了解企业的发展战略，组织结构和管理现状的前提下，对企业所处的市场环境进行调研分析。主要工作包括：

（1）结合相关行业的市场现状、特点以及开发目标，分析能否开展电子商务。

（2）市场主要竞争对手分析，了解其网站规划、功能和电子商务开展情况。

（3）网站的潜在客户群体分析，利用网站的功能模块提供有针对性的特色服务。

（4）约束条件的定义及网站应用前景分析，主要是根据公司自身条件，对建设网站所需的人力、财力、物力、技术储备等方面进行限定，同时对网站应用前景进行分析。

2. 明确网站建设目的及功能定位

（1）明确网站建立的目的。建立网站不仅可以宣传企业形象和产品，而且还可以开展电子商务活动，加速企业发展。同时也是企业信息化建设的一个组成部分。

（2）整合公司资源，确定网站功能。根据企业的需要和计划，确定网站的功能，如产品宣传型、网上营销型、客户服务型、电子商务型等。

（3）根据网站功能，确定网站应实现的目标。

3. 提出网站的总体技术解决方案

根据网站的功能确定网站总体技术解决方案，主要包括：

（1）确定网站服务器构建方式：自建服务器、托管服务器、租用虚拟主机方式等。

（2）选择操作系统，用 Unix，Linux 还是 Windows Server，分析投入成本、功能、稳定性和安全性等因素。

（3）确定网站开发方式：自主开发模式、委托开发模式、合作开发模式、购买应用服务提供商 ASP（Application Service Provider）的已有通用解决方案模式等。

（4）网站安全性措施，如防火墙建设、防黑客入侵、防病毒方案等。

（5）相关开发工具、开发语言和后台数据库的选择。如 Dreamweaver、PHP、JSP、MySQL 等。

4. 网站内容规划

（1）根据网站的目的及功能定位规划网站的内容。一个服装企业电子商务网站应包括：公司简介、产品展示、购买方法、联系信息等基本内容。

（2）服装电子商务网站还应具备会员注册、产品信息搜索、购物车、支付方式、物流配送方式、帮助信息等功能。

网站内容是吸引用户的关键因素，特别是服装企业网站，良好的网站布局和充满视觉冲击力的服装图片展示可以留住潜在的访客群体。

5. 网页设计方案规划

网页的设计不仅是一种技术，也是一种艺术。网页设计方案的规划必须做到技术和艺术两者的完美统一。

（1）网页设计在技术上要做到创新，应用不同的技术手段提供更具个性化和智能化的用户体验。

（2）网页设计在艺术上也要有所创意，用具有美感的网页吸引留住用户。同时，网页的艺术设计要与企业整体形象一致，要符合 CI 规范。如网页的文字、色彩、图片的应用要具有统一的视觉效果。

（3）制定网页版面和内容的更新计划，定期进行网页和内容的及时更新维护。

6. 网站后期测试、发布、优化、推广、维护等方面的规划

7. 制订实施进度

制订详细的实施进度表，规定网站各个功能系统开发的优先次序、完成时间安排、团队成员任务分配等。

8. 进行可行性分析

9. 网站规划的审批

（三）网站开发方法

在网站和电子商务系统的建设过程中，常用的开发方法有结构化系统开发方法、原型法和面向对象方法。

1. 结构化系统开发方法

结构化系统开发方法是目前应用最广泛的一种系统开发方法。它利用系统的思想和系统工程的方法，按照用户至上的原则，结构化、模块化、自顶向下的对系统进行分析与设计。它将系统开发分为若干个相对独立的阶段（系统规划、系统分析、系统设计、系统实施等），在前三个阶段坚持自顶向下的原则对系统进行分析与设计，在系统实施阶段，则坚持自底向上的原则逐步实施。

结构化开发方法是建立在系统生命周期理论之上的一种方法。任何系统都会经历发生、发展和消亡的过程，这个过程称为系统生命周期。网站作为企业进行电子商务的主要载体，也是一个信息系统，同样也会遵循这一规律。我们可以将网站开发的过程分为下面 5 个主要阶段：①系统规划阶段，此阶段的主要任务是提出系统建设的总体蓝图；②系统分析阶段，此阶段的主要任务是提出新系统的逻辑模型；③系统设计阶段，此阶段的主要任务是设计系统的物理模型；④系统实施阶段，此阶段的主要任务是系统的最终实现；⑤系统运行、维护和评价阶段，此阶段的主要任务是系统切换、日常管理与维护、评价等。

结构化开发方法的优点是：简单，易于掌握；严格划分工作阶段，阶段性强，易于控制；注重全局性和整体性；强调开发人员与用户的紧密结合等。缺点是：开发周期长，难适应环境变化；仅在开始几个阶段与用户沟通多，不能充分了解用户的需求；此方法基于预先明确用户需求，但实际操作不现实。比较适用于大型、复杂的系统开发。

2. 原型法

原型法是指开发人员在获取用户基本需求和主要功能的基础上，先快速地建立一个原型系统，并把它交给用户试用。开发人员和用户一起在原型系统基础上不断地修改和完善，直到用户满意为止。原型法是基于用户难以完整准确地描述系统需求这一开发过程中的难点而产生的全新开发方法。其优点是：符合人们认识事物的规律，用户全程参与，系统经过反复修改，具有较好的用户满意度；开发周期短，费用相对少；采用自底向上的开发策略，系统更加贴近实际，易于被用户接受；易学易用，减少用户的培训时间；应变能力较强。其缺点是：不适合大型系统的开发；开发过程管理要求和开发工具要求高；若用户盲目提需求，会多次反复，拖延进程；缺乏规范化的文档资料等。其适用范围：处理过程明确、简单的小型系统。

3. 面向对象方法

面向对象的开发方法是伴随着面向对象程序设计语言的诞生而发展起来的，面向对象的方法更接近人类的思维方式，它是以对象为基础，同时引入人类消息传递、封装、继承、多态等概念。其优点是：与人的思维方法一致，软件复用程度高，稳定性高等。

二、服装企业网站的规划与构建方式

（一）服装企业网站发展战略的确定

为了更好地认识服装企业的发展战略，可以将开展服装电子商务的企业分为两大类：企业电子商务与电子商务企业。前者是指那些实体性的传统服装企业，它们开展电子商务只是企业业务的一种拓展和新的组成部分，此类企业如李宁、太平鸟、海澜之家等。后者是指那些没有实体经营的纯网络化、虚拟化的利用网站和网络开展服装销售业务的电子商务企业，此类企业典型的代表有：中国服装网、天猫、唯品会、凡客、美丽说等。两种不同类型的企业在制订网站发展战略时考量的角度应有所不同。

（二）服装企业网站商务模式与商务模型的规划

从网站规划的基本概念可知，以网站为载体的电子商务总体规划主要包括战略层和战术层两个方面。服装企业网站的建立除了初级的品牌宣传推广，更高级的任务是开展电子商务，实现企业盈利这一最终目的。因此，服装企业网站的建立，第一是确定企业的电子商务模式，第二是规划出此模式下的电子商务系统的建设方案。电子商务系统建设属于战术规划层面，企业电子商务模式则属于战略规划层面，是影响企业成功转型的关键因素。因此，我们下面重点分析服装企业电子商务模式的相关概念。

企业商务模式也就是企业的盈利模式。企业电子商务模式，就是指在网络环境中基于一定技术基础的企业商务运作方式和盈利模式。从本书前面章节内容得知，企业电子商务模式可以从多个角度建立不同的分类框架，按照交易双方的关系可以分为企业对企业模式B2B、企业对消费者模式B2C、消费者对消费者模式C2C、线上对线下模式O2O、消费者对企业模式C2B等。研究和分析电子商务模式的分类体系，有助于挖掘新的电子商务模式，为电子商务模式创新提供途径，也有助于企业制订特定的电子商务策略和实施步骤。

服装企业网站的商务模式可以借鉴上述企业电子商务模式中的种类以及开拓发掘新型的商务模式。如服装设计类企业可以采用C2B模式进行个性化定制服务，服装加工类企业可以采用B2B模式进行原材料的采购，服装销售企业可以采用B2C、C2C或O2O模式进行产品销售，当然服装企业还可以通过整合整个服装企业供应链的方式进行B2B2C以及B2B+O2O的混合模式等进行商务模式的创新。

商务模型是以商务模式为基础，解决商务模式如何实现的逻辑框架。当服装企业确定了发展电子商务的商务模型后，根据企业的发展战略目标和自身特点，在战术层面针对企业商务模式进行周密部署，围绕盈利这一企业生存的中心进行电子商务系统的建设、运营与推广，以此来具体实现企业的战略规划目标和商务模式。

（三）服装企业网站的构建方式

服装企业基于网站的电子商务系统的构建方式主要有自主开发、委托外包开发、合作开发、购买通用商品化软件、应用服务提供商 ASP（Application Service Provider）、借用第三方平台等。同时，网站的构建不应仅关注传统 Web 方式的站点，还要更多关注移动平台的建设，如智能手机客户端、各种 App 应用等。下面是针对服装企业电子商务应用情况的分析。

1991 年 8 月 6 日，"互联网之父"Tim Berners-Lee 和他的同事们在欧洲粒子物理研究所（CERN）架设的全世界第一个网站 info.cern.ch 上线，短短几年全球 Web 站点数量激增，据"互联网实时统计"（Internet Live Stats），截至 2014 年 10 月，全球互联网网站数量已超过 10.6 亿，如图 4-9 所示。根据中国互联网信息中心（CNNIC）2016年 1 月发布的《第 37 次中国互联网络发展状况统计报告》，截至 2015 年 12 月，中国网站总数为 423 万个，如图 4-10 所示。

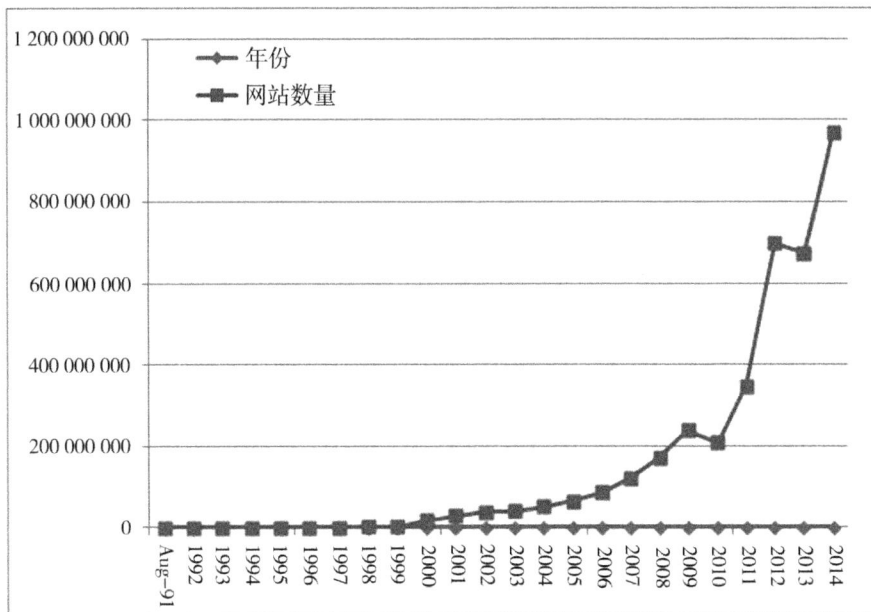

图 4-9　全球网站数量 1991~2014 年变化曲线图

资料来源：http://www.internetlivestats.com/total-number-of-websites/ 和本书作者根据网站

提供数据绘制

中国网站数量

万个

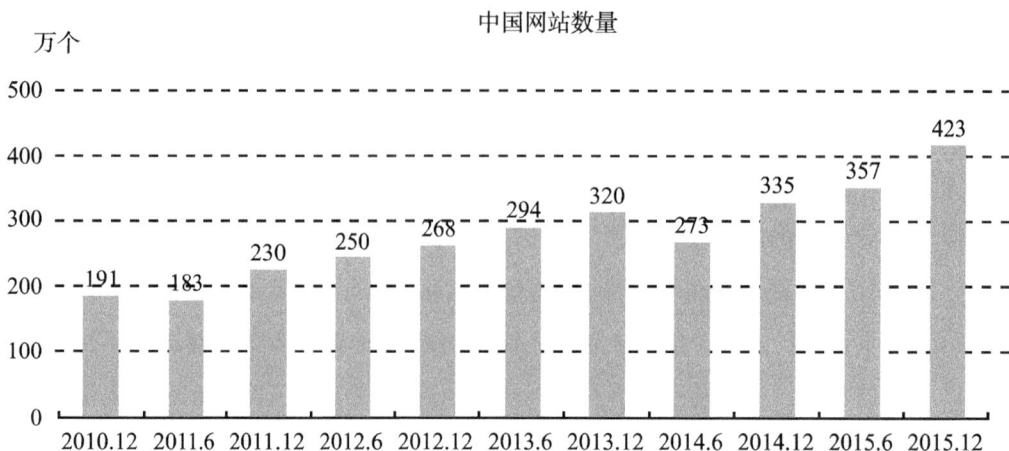

图 4-10　截至 2016 年 1 月中国网站数量（不包含 .edu.cn 下网站）

资料来源：中国互联网信息中心（CNNIC）2016 年 1 月发布的《第 37 次中国互联网络发展状况统计报告》

就在全球网站数量激增，国内外各行业组织都在"互联网 +"的浪潮中拥抱互联网，纷纷建立自己的网站作为网上宣传、销售和企业扩张阵地的时候，国内服装企业网站的建设情况仍然不容乐观。据中国纺织工业联合会信息统计部、中国纺织工业联合会流通分会编写的《2013-2014 年中国纺织服装电子商务发展报告》统计，2013 年，纺织服装专业市场电子商务交易额占纺织服装专业市场实体交易额的 23.68%，纺织服装专业市场通过自建电子商务平台的比例为 30%，借力第三方开放平台（如天猫商城）开展电子商务的比例为 20%，具体情况参考图 4-11 所示。

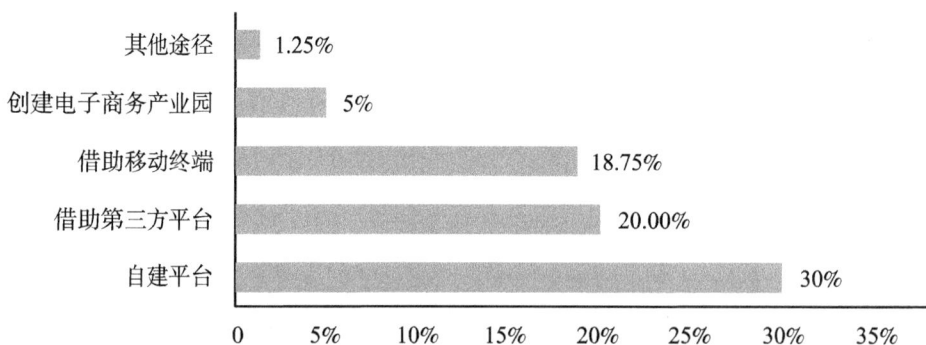

图 4-11　2013 年纺织服装专业市场电子商务渠道建设情况

同时，报告还指出，在对商户电子商务应用情况的调查中发现，在商户应用电子商务的途径中，第三方开放平台仍然是商户首选，占比约 43.23%；商户选择自建销售网站平台的比例仅为 14.41%，具体情况参考图 4-12 所示。

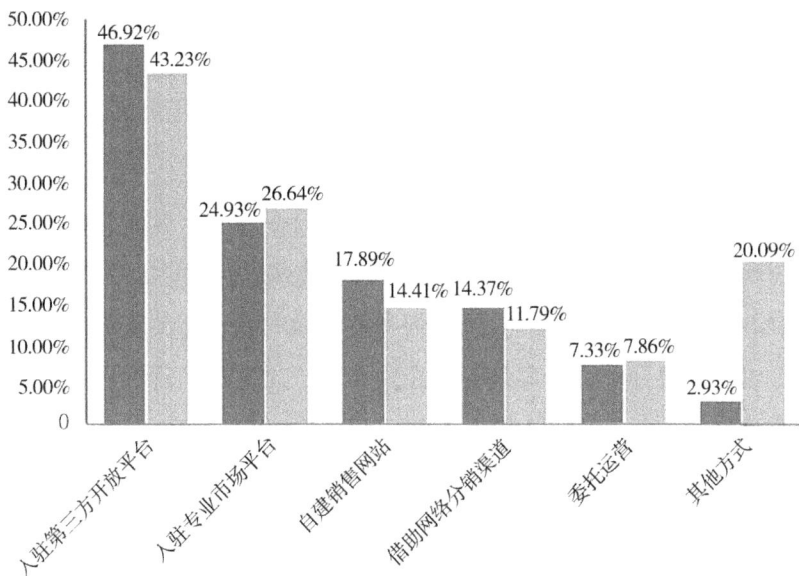

图4-12　2013年商户电子商务开展途径情况

不过，从图4-11和图4-12中也可以看到一些较为乐观的发展趋势，即创新型电子商务应用日益受到市场的重视，18.75%的市场利用移动终端开展电子商务，或利用独立App或与微信平台对接。商户电子商务开展途径趋于多元化，移动电子商务渐成热点。通过移动终端开展电子商务的商户比例达到20%，利用移动终端开展电子商务，微信、二维码和独立App成为主要方式，如商户利用微信平台的服务号、订阅号或者微商城推送成为自媒体营销的最主要销售渠道。

三、服装企业网站的可行性分析

网站可行性分析是网站规划最后一个阶段的主要任务。服装企业网站的可行性分析就是企业根据自身发展战略和所处的内外部环境，从技术、经济、管理和社会环境等角度进行分析，判断企业目前是否具备网站建设和开展电子商务所需的资源和条件。可行性分析的目的就是研究网站规划阶段的总体方案是否必要和可行，避免盲目决策给企业带来损失，以减少投资失误。

（一）服装企业网站的技术可行性分析

技术可行性分析主要是指网站的建设方案在现有技术条件下是否能够实现。技术条件主要指硬件和软件等资源、人员的技术水平和已有的工作基础等。作为以网站为载体开展电子商务的服装企业，在进行技术可行性分析时，一方面要充分评估自身的技术储备，在我国，纺织服装企业正处在劳动密集型向品牌与设计的转型阶段，但在

IT技术人才的储备和信息化建设方面还有明显不足。另一方面服装网站电子商务的建设要重点关注安全方面的风险分析及对策，电子商务网站面对大量网上交易信息和资金支付信息，若对安全交易方面不予以重视，将会给企业带来不可估量的损失。

（二）服装企业网站的经济可行性分析

服装企业网站的经济可行性分析主要是指对项目实施后投资成本和产出效益的分析。它是分析网站建设和开展电子商务后企业的经济效益是否超过开发和维护的成本。经济可行性分析还可以围绕服装企业采取何种商务模式和盈利模式进行。目前我国的某些服装企业如海澜集团、红豆集团等已经逐步成长为中国民营百强企业，它们在开展企业网站建设和电子商务方面已有足够的经济保障。

（三）服装企业网站的管理可行性分析

服装企业网站的管理可行性主要是指管理人员对网站建设和电子商务的开展在态度和管理方面的条件是否具备。首先企业的主管领导是否支持，态度是否坚决。其次各级管理人员是否配合。还有企业的管理制度和原有业务流程是否规范、是否有过网站建设、运维和开展电子商务的经验、企业原有信息化水平、是否有专业的人员进行网站内容的及时更新等都是制约管理可行性的因素。目前，绝大多数服装企业都建立了各自的官方网站并开展了各种形式的电子商务销售模式，也积累了一定的电子商务运营经验和技术能力。

（四）服装企业网站的社会环境可行性分析

服装企业网站的社会环境可行性主要是指企业网站建设和开展电子商务所处的外部社会环境是否良好。比如针对当前国家的相关政策和法律制度的分析、社会信用与投资环境分析、外部市场的竞争环境的分析、网站和电子商务经营风险及对策分析、网站内容管理的风险及对策分析等。随着我国网民数量和网购用户的急剧增长，国家"互联网+"等一系列相关政策的推出，特别是服装鞋帽连续几年荣登用户网购商品品类第一的这一客观事实，服装企业网站建设和开展电子商务的社会环境是充分可行的。

服装网站还可以借助于管理和营销方面的相关理论模型进行可行性分析，如PEST（Political Economic Technological Social）分析法可以在宏观战略层面进行分析、4P理论（Product Price Place Promotion）可以在企业营销层面进行分析、SWPT（Strengths Weakness Opportunity Threats）理论可以在企业内外部生存环境层面进行分析、波特五力模型可以在行业和竞争者层面进行分析、用户行为理论可以在网络营销层面进行分析等。

服装企业网站规划阶段结束时，规划小组应撰写一份网站建设总体规划可行性分析报告提交给企业的决策层进行审批。规划可行性分析报告的内容一般包括系统概述、系统目标和需求分析、商务模型、总体技术解决方案、可行性分析和结论。可行性分析的结论可以是立即执行、方案修改后执行、等待条件具备再执行或方案不可行。总体规划可行性分析报告一旦获得审批通过，网站建设就可以进入到具体的分析、设计和实施阶段。

第三节　服装企业网站的设计与建设流程

正如本章第二节所述，服装企业网站的构建主要有自主开发、委托外包开发和借用第三方平台等模式，同时企业也越来越重视移动平台的建设。下面，我们重点介绍服装企业网站自主开发和借助第三方平台这两种基本模式的设计与建设流程。

一、服装企业网站自主开发模式下的设计与建设流程

服装企业网站在自主开发模式下，网站设计与建设的基本步骤可以归纳为：网站的需求分析、网站的设计与开发、网站的测试与发布、网站的维护与推广。具体如图4-13所示。

网站作为服装企业开展电子商务的平台，在企业占有举足轻重的地位。电子商务网站的开发也绝不是用几个静态页面就能实现，它是一项复杂的软件工程。所以，我们也可以利用结构化系统开发方法，把服装企业电子商务网站的开发严格按照软件工程的思路分为系统规划、系统分析、系统设计、系统实施、系统运行与维护等几个阶段。下面，我们按照软件工程结构化系统开发方法，同时结合图4-13的流程分析，对服装企业在自主开发模式下，网站的设计与建设流程进行逐项分析。

（一）前期调研与总体规划

服装企业网站的前期调研与总体规划是决定系统建设成败的关键环节之一，也是后续工作开展的基础。其主要内容参考本书上一节。

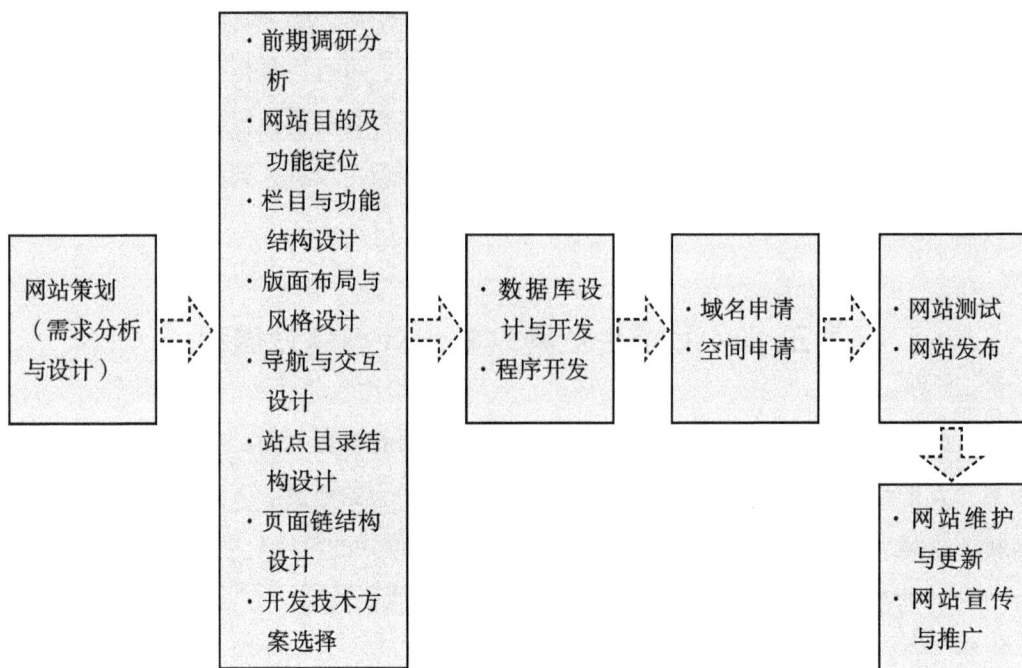

图 4-13　服装企业网站自主开发模式下的设计与建设流程

（二）服装企业网站的系统分析

服装企业网站的系统分析是回答将要"做什么"的问题。该阶段的核心任务是充分挖掘用户需求，明确系统功能，提出系统的逻辑模型。系统分析工作的好坏可以直接影响系统建设的成败。网站的系统分析工作主要包括：

1. 服装企业网站的用户需求分析

所谓需求分析，是指对要解决的问题进行详细的调查分析，弄清楚问题的要求。在软件工程当中的需求分析就是确定要计算机"做什么"，要达到什么样的效果。需求分析阶段的任务是确定软件系统功能，导出系统的逻辑模型。

需求分析是软件工程生命过程中最关键的一个部分，也是最困难的工作。需求分析是对用户的业务活动进行分析，明确在用户的业务活动中软件系统应该"做什么"。但在最初，开发人员和用户双方都不能准确地提出系统要"做什么"。因为软件开发人员不是用户问题领域的专家，不熟悉用户的业务活动和业务环境，又不可能在短期内搞清楚；而用户也不熟悉计算机应用的有关问题。由于双方互相不了解对方的工作，又缺乏共同语言，所以在交流时存在着隔阂。另外，需求也因最初的模糊不明确而造成后期开发过程中仍然面临改动和变化，这都增加了开发的难度。

网站开发的用户需求分析一般包括：

（1）业务需求：反映了企业用户对网站、电子商务系统的高层次的设计目标要求。

（2）用户需求：网站或电子商务系统必须完成的任务。

（3）功能需求：定义了开发人员必须实现的系统功能，使用户能完成他们的任务，从而满足用户的业务需求。

（4）非功能性需求：包括系统的技术性能需求、界面需求、人员团队建设、开发约束规范等内容。

用户需求分析一般按照如下步骤进行：首先调查组织的结构和管理功能，然后分析出各部门的业务流程。采取的方法可以是：①亲自参加业务实践；②召开调查会；③请专人介绍和访问；④发调查表；⑤查阅组织原始记录等。

一个典型的通过网站开展服装电子商务的 B2C 站点，其系统需求包括前台功能需求和后台功能需求两部分。前台功能需求一般包括：用户注册和信息管理功能、服装商品查询功能、购物车功能、用户订单管理功能、在线支付功能等；后台功能需求一般包括：用户管理和行为分析功能、信息发布功能、服装商品管理功能、订单处理功能、金融支付管理功能等。

网站非功能性要求中的技术性能需求一般包括：软件方面客户端要求如 IE6.0 以上版本，服务器端需要 Apache 2.0 以上版本，MySQL 5.0 以上版本等；性能技术要求如系统响应时间小于 0.5S，可并发人数 1000 人。

2. 服装企业业务流程分析与重组

业务流程是对企业组织中各部门、人员之间原有的业务关系、各环节的业务处理方式和过程、信息来源和流向、作业顺序等的描述。业务流程分析与重构的目的是在分析现有业务流程的基础上进行业务流程重组 BPR（Business Process Reengineering），以形成新的更加合理、科学的业务流程。业务流程分析工作可以由系统分析员和用户通过业务流程图为沟通工具展开。业务流程图 TFD（Transaction Flow Diagram）是一个以图形符号来反映企业实际业务处理过程的"流水账本"。

需要注意的是服装企业在网站建设和开展电子商务过程中，要摒弃传统商业模式下的业务流程，不仅涉及信息技术的利用，也涉及传统组织部门、人员等的优化重组甚至涉及企业文化理念的转变等，只有做到这些，我们才能为传统服装企业开展电子商务创造有利条件。当然，作为新创立的以网站为载体的纯服装电子商务型企业，不存在原有业务流程分析与重组的过程，但是也必须在网站建设和开展电子商务之初，依托信息技术手段提出一种高效的、以客户需求为导向的、以商业流程为中心、面向整个供应链的具有竞争力的商务流程模型，也即业务流程模式。

（三）服装企业网站的系统设计

网站的系统设计是回答"怎么做"的问题。该阶段的任务是在系统分析阶段提出的逻辑模型基础上，提出基于计算机可实施的物理模型，为系统实施提供设计蓝图，具体工作包括总体结构设计、功能和栏目设计、界面设计和数据库设计等。服装电子商务网站的设计还需要重点关注支付、认证等安全方面的需求和设计。

1.服装企业网站的总体开发技术方案设计

（1）服装企业电子商务系统总体结构设计。

服装企业电子商务系统必须依托一个良好的网络设计方案。企业电子商务系统主要由客户、服装企业网上商店、银行、认证中心和物流配送中心和企业内部系统六部分组成，其总体结构如图4-14所示。

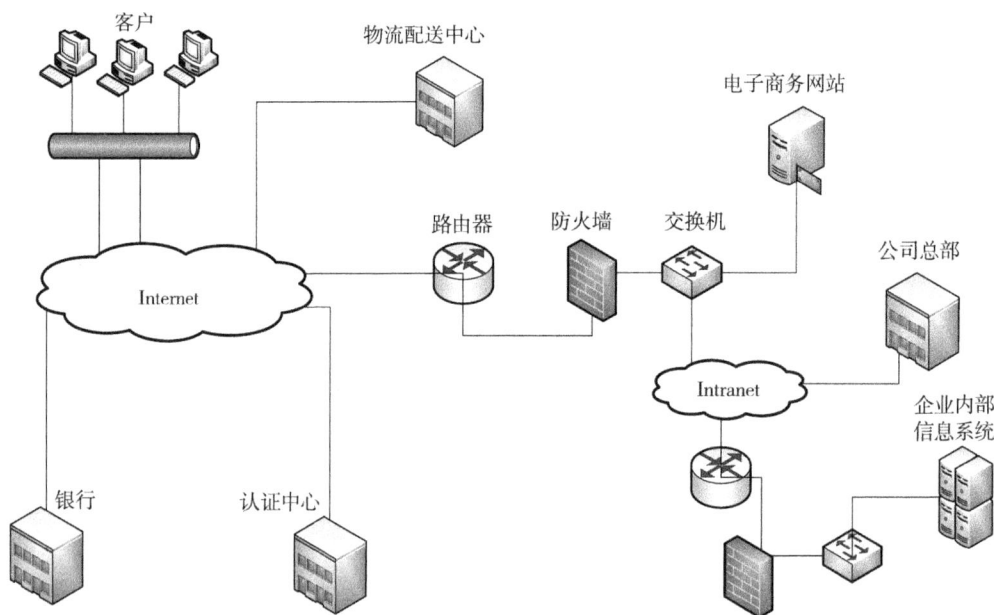

图4-14　电子商务总体结构示意图

（2）服装企业网站物理配置方案技术设计。

服装企业网站的物理配置方案包括物理平台配置设计、软件平台配置设计、网站技术架构设计、安全性设计与性能指标设计等。具体物理配置方案技术参考如表4-3所示。

表 4-3　服装电子商务系统平台的物理配置方案技术参考表

		主要技术要求和说明		
物理平台配置的设计	硬件平台配置的设计要求	服务器（如 Unix 系列服务器）的选型	存储设备（磁盘阵列、SAN）的选型	网络设备（交换机、路由器）的设计
	网络平台的设计要求	传统 Web 接入设计（接入带宽等）	移动客户端的接入设计	负载均衡设备、内容分发网络 CDN 的设计等
软件平台配置设计	操作系统选择	UNIX	Linux	Windows Server
	Web 服务器选择	Apache	Nginx	IIS
	数据库的选择	DB2	Oracle/MySQL	SQL Server
网站技术架构设计	LAMP（Linux+Apache+MySQL+PHP）与 WAMP（Windows + Apache + MySQL + PHP）三层开发架构			
	Windows Server + IIS + SQL Server + C#/ASP.NET 三层开发架构			
	Linux + Apache + Weblogic + Oracle + Java/JSP 四层开发架构			
	Unix + Apache + WebSphere + DB2 + Java/JSP 四层开发架构			
安全性设计要求	防火墙与入侵检测系统的设计	CA 与数字证书的设计	支付安全设计	加密技术及数字证书的设计
主要性能指标设计要求	网站响应时间	并发数	吞吐量	稳定性

2. 服装企业网站的栏目与功能结构设计

（1）网站的功能结构设计。

一个服装企业电子商务网站系统基本可分为前台和后台两个功能模块，前台主要实现会员的登陆与注册，服装商品的展示与搜索，服装商品的销售，帮助信息等功能，后台主要实现会员管理，服装商品的管理，订单的管理，信息管理，系统维护等功能。其前台功能如图 4-15 所示，其后台功能如图 4-16 所示。

图 4-15　服装企业电子商务网站前台功能结构图

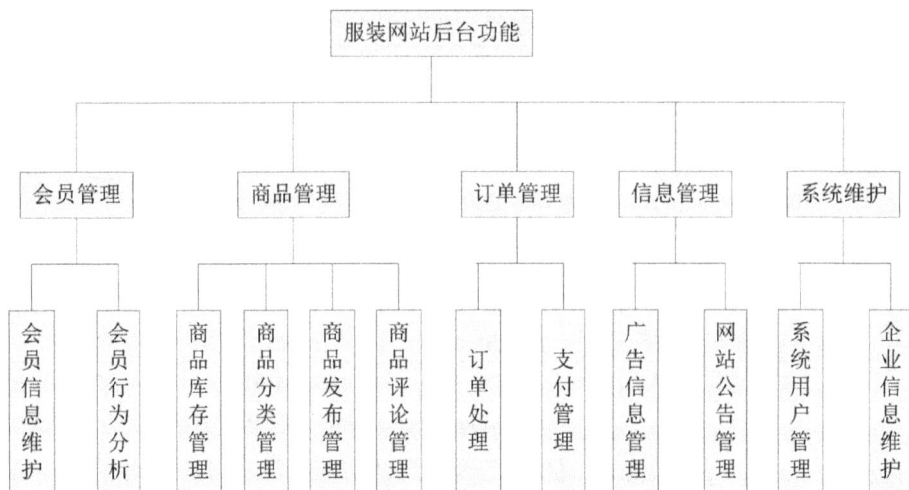

图 4-16 服装企业电子商务网站后台功能结构图

（2）网站的栏目设计。

某服装电子商务网站的栏目规划与设计如表 4-4 所示。

表 4-4 某服装电子商务网站栏目规划表

一级栏目	二级栏目	栏目描述
新闻中心	最新活动	企业近期促销信息等
	企业公告	企业新闻事件等
商品展示	男装	列出企业主要男装类型和品牌
	女装	列出企业主要女装类型和品牌
	童装	列出企业主要童装类型和品牌
	配件	列出企业主要服装配件如帽子、皮带等
网上商城	会员管理、服装商品展示、网上购物	提供网上服装商品的销售
会员中心	会员注册	新会员注册
	会员俱乐部	会员交流场所
帮助中心	联系我们	通信地址和联系方式
	客服中心	提供客户咨询服务
关于我们	企业简介	企业概况和荣誉资质等
	人才招聘	企业招聘信息

3. 服装企业网站的物理结构设计

网站的物理结构也叫站点目录结构，是指网站文件的物理存储结构，即网站文件在 Web 服务器上存储的方式。网站的物理结构体现为网站在 Web 服务器上的目录结构。

网站的基本物理结构可参考图 4-17 所示。作为一个复杂的电子商务网站，为了日后维护的方便，网站的物理结构应遵循如下原则：①不能将所有文件都放在根目录下，应只把首页 index 放在根目录下；②根据栏目和功能划分子目录，每个目录下都建立独立的 image 子目录；③数据库和程序文件单独建立目录；④目录层次最好不超过三层等。网站目录结构的层级对 SEO 的影响很大。目录结构越简单，搜索引擎访问就越容易，层级越深，搜索引擎爬虫就越不容易抓取。

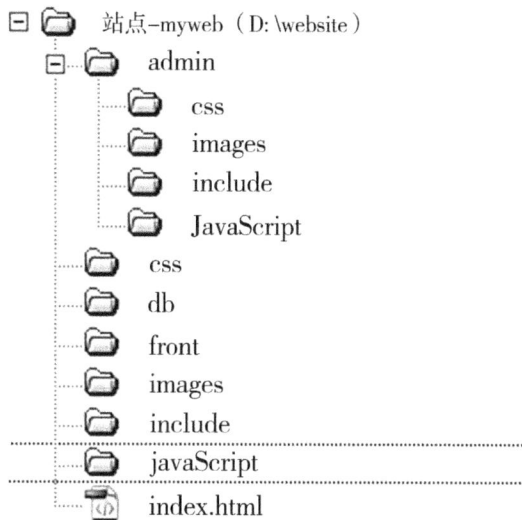

```
站点-myweb（D: \website）
    admin
        css
        images
        include
        JavaScript
    css
    db
    front
    images
    include
    javaScript
    index.html
```

图 4-17　网站的物理（目录）结构图

4. 服装企业网站的逻辑结构设计

网站的逻辑结构也叫链接结构，是指页面之间相互链接的拓扑结构。网页的基本链接结构可分为树状链接和星状链接。在设计网页之间的链接结构时，首页和一级页面之间可以采用星状链接，一级和二级页面之间采用树状链接。

5. 服装企业网站后台数据库设计

网站后台数据库作为存储和管理数据的数据中心，是服装企业开展电子商务，构建动态网站的重要组成部分。数据库设计包括数据库的结构设计与数据库的行为设计两方面的内容。数据库结构（数据）设计是设计数据库框架或数据库结构，它是应用程序共享的结构，是静态的、相对稳定的，包括数据库概念结构设计、逻辑结构设计和物理结构设计。数据库行为（处理）设计是确定数据库用户的行为和动作。在数据库系统中，用户的行为和动作是指用户对数据库的操作，它们是通过应用程序实现的，所有数据库行为设计就是应用程序设计、事务处理设计等。

（四）服装企业网站的系统实施

服装企业网站系统实施阶段主要是根据系统分析与设计阶段给出的规范文档，进行物理系统实施、系统开发环境的搭建、程序开发、网页实现等工作。

服装电子商务

网站的系统实施是指将系统设计阶段的各种分析和设计文档成果转化为在计算机等硬件系统上的物理实现，即将原来纸面上的技术设计方案转换成可执行的应用软件和实际系统的过程。这一阶段的主要内容包括：网站物理系统的实施、网站开发平台的选择与搭建、网站的程序开发、网站系统的集成与测试、网站系统的发布与推广等。

1. 服装企业网站物理系统的实施

网站物理系统的实施是按照系统规划分析和设计阶段的总体部署，结合企业自身的财力、技术储备和其他实际应用情况，对计算机系统、网络系统等硬件设备采取购买或租用的形式，以及网站运行机房的准备、相关设备的安装和调试等工作。

2. 服装企业网站开发平台的选择与搭建

服装企业若采取自主开发模式建设电子商务网站平台，则应根据网站总体结构设计中制定的网站技术架构方案，选择表 4-3 中一种适合企业自身条件的技术架构作为开发平台，如 LAMP（Linux+Apache+MySQL+PHP）技术架构，它的特点是完全免费，适合资金有限的中小企业和创业型公司采用。某机构的统计表明，若按网站的流量统计，70% 以上的访问流量是 LAMP 提供的。LAMP 技术架构是最强大的网站技术解决方案。一些知名网站如 Yahoo、Facebook、YouTube、Sina、Taobao 等都曾经部分或全部采用过此技术架构。

当然，作为中小型企业电子商务网站的建设，也可采用集成开发环境如 AppServ 等进行开发平台和环境的搭建。AppServ 集成开发环境包含的软件有 Apache、PHP、MySQL、phpMyAdmin 等，可以运行在 Windows 平台和 Linux 平台上。

3. 服装企业网站系统的集成与测试

服装企业构建电子商务网站，还需要经过系统集成与测试阶段。所谓系统集成，就是通过结构化的综合布线系统和计算机网络技术，将各个分离的设备、功能和信息等集成到相互关联、统一协调的系统之中，使资源达到充分共享，以实现集中、高效、便利的管理。系统集成主要分为设备系统集成和应用系统集成，这里重点介绍应用系统集成。一般企业在构筑电子商务网站时，财务系统、SCM 系统或完整的 ERP 等内部 Intranet 系统已经建成，将网站的构建和内部 Intranet 系统完美无缝地集成在一起，才能提升企业的整体运作效率。

电子商务网站在发布之前的另一项重要工作就是 Web 系统测试。测试的目的是发现程序和系统中可能存在的错误并予以纠正，从而使其完全符合系统的设计要求。Web 网站测试的内容主要有功能测试、性能测试、兼容性测试、安全性测试、可用性测试等。

4. 服装企业网站系统的发布

服装企业网站经过系统集成和测试之后，就可以对外发布和运行了。网站的发布主要包括网页的发布和数据库内容的加载与发布。

根据之前网站开发平台的选择与搭建方式，如 WAMP 架构体系进行服务器的安装调试。搭建完 Web 服务器，确定了网站空间后，就可以将网站的网页和数据库内容发布到相应的服务器空间。

服装企业网站若要真正对外提供访问服务，一般还需要一个便于记忆的网站域名和高速的网络接入服务。因此，网站系统的发布工作还涉及网站域名的申请和注册、高速网络接入服务的选择等工作。

（五）服装企业网站系统的运行与维护

服装企业网站系统维护与推广阶段主要是将系统经过测试后真正实现运转，并且对系统硬件、软件和数据等方面提供持续性技术保障。

通过以上五个阶段的设计与开发，服装企业的电子商务网站系统就可以正式运行了。

二、服装企业网站设计与建设的特点

服装企业网站和一般网站的最大不同点就在于，服装网站界面对可视化视觉元素的要求标准非常高，服装企业网站界面的视觉元素设计应有自身独特之处，以区别于其他的普通网站界面。服装企业网站界面的视觉元素——文字、图像、Logo、Banner、色彩等都应围绕网站的功能和整体风格而进行设计。除了文字、图像和色彩以外，还包括声音、视频和动画等新兴多媒体元素，综合运用这些元素，可以增强服装企业网站界面的生动性。网站可视化设计是服装企业开展电子商务，进行视觉营销的重要保障。如何结合网站界面的版面设计和整体风格设计将网站界面中的文字、图像、色彩等用视觉设计呈现出来，同时又受到用户的认可和喜爱，这是服装企业网站设计与建设的特色，也是困难所在。

当然，电子商务网站界面视觉设计还受本身因素的制约。比如网速的快慢、媒介屏幕等。下面重点介绍服装企业网站界面的页面风格设计、页面布局设计、页面色彩设计、页面文字设计、页面图形图像设计等视觉元素的设计特点。

（一）服装企业网站的页面风格设计

服装是紧跟时尚和潮流的特殊商品，每天都有新的元素加入其中，变换成不同的款式和风格，传统的服装实体销售与如今服装企业网站的虚拟网店给消费者带来的是不同的购物体验，在"互联网＋"和各种新型信息技术高速发展的今天，服装企业利用网站开展电子商务的优势也渐渐凸显，无论是服装企业自主建设的品牌服装购物网站还是借助第三方平台构建的网上商店，服装企业网站和网店如何区别于其他电子商务平台，创建具有品牌风格特色的购物网站是服装企业在网站设计与建设时面临的一个重要课题。

服装风格是指一个时代，一个民族，一个流派或一个人的服装在形式和内容方面所显示出来的价值取向、内在品格和艺术特色。服装风格和品牌风格形象类型可以归纳为前卫、民族、浪漫、优雅、知性、中性、运动、休闲等类型。网站的视觉风格是网站的整体形象给浏览者的综合感受，是通过网页上的视觉元素体现出来的。网站视觉风格的确立是以网站的内容为依据，在准确分析网站定位的基础上建立的。服务于不同对象的购物网站页面从色彩、布局、文字、图片等视觉元素的运用就可以看出其功能和风格。服装类购物网站由于服装品类广泛、风格众多而使其页面具有更多的变化性，且对商品展示的要求较高，特别是对于风格明显的服装品牌，必须强调页面风格的与众不同。服装企业网站和网店最终将品牌风格可以通过网站页面视觉形象展现给消费者。

服装品牌风格的定位可以决定服装企业自主建设的购物网站或第三方平台网店的设计风格，网站和网店页面的设计相当于品牌的虚拟店面，同样必须融入品牌的风格特色，从网站的 Logo 和 Banner，到页面的文字和色彩搭配，页面的布局以及服装商品的图片展示都是表现品牌风格的重要组成部分。服装品牌风格的定位应满足两个特性，即差异性和统一性。因此，特定服装企业购物网站或网店页面的视觉风格设计必须不同于其他网站或网店的页面视觉，而且必须将网站设计的组成元素统一于该品牌的风格之中，整体感强的风格形象较易给消费者留下深刻的视觉印象。对于服装品牌风格的表达，相较于服装品牌官方网站，服装品牌购物网站或网店虽然更加注重于服装产品的展示和销售，但对于品牌形象的宣传，则更具有时效性和变化性，因为品牌购物网站相对官网页面更新速度更快，更能跟上潮流和时尚，也更能持续吸引消费者的关注，获得更大的品牌影响力。与服装企业借助第三方平台构建的网店相比，服装企业自建购物网站以其独立性、品牌差异性和更专业的形象，更能吸引品牌目标消费者的注意力，且从长期性和服装品牌影响力来看，也便于对服装品牌目标消费者的喜好和习惯进行了解和跟踪分析，对服装企业品牌的发展和成长具有更大的帮助作用。

服装企业网站的风格可以归纳为男装的中国风格、商务休闲风格、运动时尚风格、休闲时尚风格等；女装的清新淑女风格、民族怀旧风格、优雅职业风格、前卫时尚风格等。图4-18~图4-20分别是休闲时尚风格、运动休闲风格和民族怀旧风格的几个服装企业网站或网店的代表。

图4-18　C&A官网首页（休闲时尚风格）

图4-19　Adidas官网首页（运动休闲风格）

图 4-20 "轻素女装"天猫网店首页（民族怀旧风格）

（二）服装企业网站的页面布局设计

服装企业网站和一般网站的最大不同点是大量图片的运用，图片相比于文字排版更难以驾驭，若选择不好版式和色彩的搭配，会让一个网站显得重点不突出，杂乱无章。而且服装企业网站在页面元素的安排上，更加注重用图片和色彩本身去吸引用户，而不是传统意义上的文字内容。

1. 服装企业网站页面布局的基本元素

服装企业网站页面布局的基本元素包括文字、图像、色彩等造型元素及 Logo、Banner、导航、主体内容、页脚等内容元素以及按钮、热区、超文本等具有交互功能的屏幕对话构件。服装企业网站一般具有自身品牌的风格特点，它可以通过企业网站 CI（Corporate Identity）的形象进行包装和传达。

服装企业网站的 Logo 作为企业整体形象和文化的标示具有无可替代的作用。用户看到 Logo 就会想到这是哪一个服装企业和它所代表的网站。国内外几家知名服装企业网站的 Logo 如图 4-21 所示。

图 4-21　服装企业网站的 Logo

2. 服装企业网站页面布局设计的方法和基本版式结构

服装企业网站页面布局设计的方法有手工纸面布局法和软件设计布局法两种。手工纸面布局法是在设计页面布局时，先在纸面上画出页面布局的草图，将头脑中的布局设想和创意展现在纸面上，然后经过反复修改，确定最终的布局方案；软件设计布局法是利用 Fireworks 和 Photoshop 等图形软件工具设计页面布局草图，软件工具可以更方便地设计网站页面布局和颜色搭配，并且可以利用"层"的功能设计出手工纸面布局无法实现的效果。

服装网站页面版式设计是艺术和技术的完美结合。在版式设计前期需要艺术创作人员通过手工或借助软件设计出 UI 界面的效果图，然后前端程序设计人员通过编程设置 Web 页面。常见的网站版式设计技术主要有 DIV+CSS 布局技术、表格布局技术和框架技术，当前主流的版面设计技术是 DIV+CSS 布局技术，因为它实现了页面的内容与表现形式的分离，表格布局技术的缺点是过多的表格嵌套会降低页面的响应速度，框架布局技术存在兼容性等问题。

一个最基本的网站页面版式框架主要包含头部、主体、底部三大部分，如图 4-22 所示。在头部部分主要包括网站的 Logo 和主导航菜单，主体部分即网站显示的主要内容，底部部分一般是企业联系方式和版权等信息。网站的主页面和各页面的版式可以从图 4-22 的基本结构衍生出更多种形式，在此不一一列举。下面提供李宁在线商城的主页面供大家参考，如图 4-23 所示。

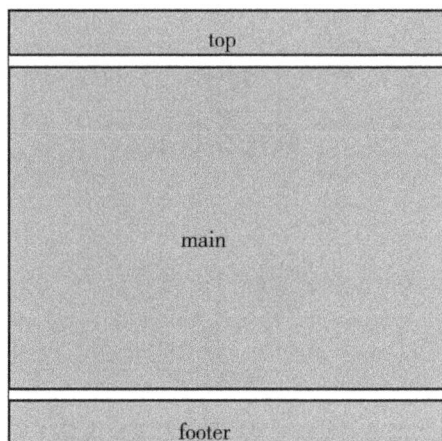

图 4-22 基本的网页版式结构图

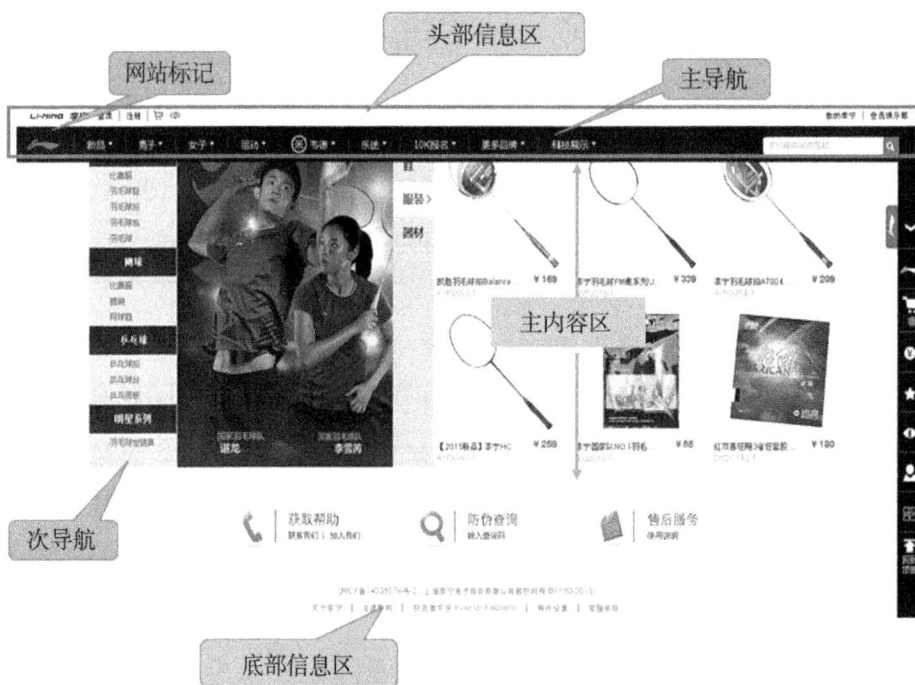

图 4-23 李宁在线商城主页

服装企业网站的界面展示除了应具备服装品牌风格特色和良好的版式布局基础外，还需借助页面文字、页面色彩、页面图形图像等元素吸引用户，特别是服装企业网站的界面，更应该充分重视页面图片和色彩的可视化设计。色彩作为其中传递品牌情感、理念的重要途径必须与网站的布局结构相配合，与文本图片等元素相协调，才能达到有效传递品牌服装网站形象与页面信息的效果，符合浏览的视觉舒适性、审美愉悦性要求，从而给人留下深刻印象。

（三）服装企业网站的页面色彩设计

1. 服装企业网站色彩设计基础

网站的色彩是网站呈现给用户的第一印象，它能够体现网站的风格、文化和品位。一个成熟的企业也应具有自己特有的企业标准色，企业网站的建设也应该遵循企业标准色，达到统一的视觉传达效果，突出企业识别和传达企业形象。

颜色是因为光的折射而产生的。颜色又可以分为发光物体（如显示器）三原色 RGB 和不发光物体（如报纸）的印刷四色 CMYK 两种色彩模式。

在发光物体中（如电视、电脑屏幕和任何类型的屏幕），"红（Red）、绿（Green）、蓝（Blue）"是这个发光物体色彩系统中光的三原色。其他色彩都可以用这三种色彩调和而成。网页的设计就建立在这个 RGB 色彩系统之上。在网页 HTML 语言中，根据 RGB 三种颜色数值分配的不同可以表示不同的颜色，例如：红色的十进制表示是 RGB（255，0，0）。我们在网页设计中通常采用十六进制的表示方法，例如红色的十六进制表示为 RGB（FF0000）。同理，白色可表示为 RGB（FFFFFF）16=RGB（255，255，255）10，在 HTML 的语法中为 <body bgcolor="#FFFFFF"> 就是指网页的背景色为白色。在不发光物体的印刷四色中，CMYK 分别代表"青色、洋红、黄色、黑色"，这些颜色是颜料的原色。CMYK 被运用于报纸、期刊和海报等的印刷。

网站页面色彩设计的最重要原则之一就是选择企业的标准色为主色调，尽量将页面颜色控制在三种色彩以内。当然，要掌握网站页面颜色的色彩搭配，还需了解颜色的三要素（色调、饱和度和亮度）、基本的配色方案、色彩心理学和计算机中颜色的表示等知识。下面着重介绍网页设计中与计算机相关的一个重要概念——Web 安全色，也就是说在计算机的浏览器中并不能显示所有的颜色，每个浏览器只能显示 216 种色彩。如果尝试 216 种安全色之外的颜色，浏览器就会通过抖动或者混合自身的颜色来尝试重新产生该颜色。而且，不同的计算机平台（Mac、PC 等）有不同的调色板，不同的浏览器也有自己的调色板。这意味着对于同一幅图像，显示在 Mac 上的 Web 浏览器中的图像，与它在 PC 上相同浏览器中显示的效果可能差别很大。所以，在网页设计时，应尽量使用这 216 种 Web 安全色。

2. 网页设计中的色彩心理与情感

在服装企业网站的设计中，网页设计师要充分了解色彩心理与情感的相关知识，不同的颜色会使浏览者产生不同的心理感受。下面是一些常见色彩的含义：

红色：能量，力量，活力，领导地位，勇气，激情，快乐，危险，邪恶，愤怒，血，高识别度；

橙色：开朗，热情，快乐，激情，魅力，创意，有趣，轻浮，华丽，粗鲁，低端；

黄色：乐观，清新，法律，教育，傲慢，怯懦，疾病，背叛，幼稚；

绿色：财富，金钱，平静，树木，野心，耐力，治愈，冷静，打赌，自然，完备，保护，羡慕，嫉妒，不成熟；

蓝色：安全，守信，稳定，忠诚，智慧，信任，友爱，保鲜，勇气，科学，悲伤，抑郁，冷漠，稳重；

紫色：神奇，神秘，灵性，潜意识，创造力，尊严，皇室，悲哀，残酷，自大，自负；

黑色：强大，神秘，高贵，精致，功能性，死亡，病态，瘟疫，孤傲。

下面是一些知名服装企业网站的配色和常见的第三方电商平台的配色，它们的网页配色设计可供我们学习和借鉴，如图 4-24~图 4-32 所示（见文前彩页部分）。

（四）服装企业网站的页面字体设计

一般网站的主体信息展示区域，主要是通过文字的形式传递信息。但是，在服装企业网站的设计中，文字信息更多地让位于图片和色彩的展示。不过不论何种情形，文字的表现在网页设计中占有不可忽视的地位。文字设计主要涉及字体、字号、文字的编码方式、文字的色彩、文字的排版方式以及特殊字体的设计等内容。

首先，网页中文字的设计要符合人的阅读习惯，如按照从左至右，从上至下的编排方式，选择常见和计算机支持的字体样式，如浏览器默认支持的文字一般为中文宋体，英文通常为 Times New Roman 或 Arial 字体样式。网页中文字的编码简体中文一般采用 GB2312-80 字符集、繁体中文一般采用 BIG-5 字符集，还有一种更通用的国际编码 UTF-8 字符集（同一页面可以同时显示中文简体、繁体及其他语言如英文、日文、韩文等）。

其次，网页中字体大小通常默认值为 12PT（12 磅，即小四号字），当然也可针对不同情况调整页面中字体大小。在排版方面要选择适当的字间距、行间距以及和图片的环绕方式等。文字的色彩除了黑色外也应与企业标准色尽量保持一致。

最后，如果在网页设计中需要一些特殊字体或者艺术字时（例如在网站主页面的 Logo，导航栏中的特殊字体以及主页面的 Banner 设计中），可以采用将文字转换成图像的方式放入页面中。

（五）服装企业网站中的页面图形图像设计

网站中图形图像与动画设计是除了文字之外现代网页不可或缺的元素，特别是在服装网站的设计中更显其重要性。网站中的 Logo 设计、Banner 设计、导航设计、超链接设计、背景设计以及服装网站中服装展示设计等，无一能离开图形图像的设计元素。有人曾开玩笑说"网上服装销售卖的主要不是服装本身，而是服装模特和图片"。

计算机中图形图像主要分为两种类型：位图图像和矢量图形。Web 页面中的标准图像格式如 GIF、JPEG 和 PNG 都是位图图像。矢量图形与位图图像最大的区别是，矢量图形不受分辨率的影响。

（1）位图是由像素（Pixel）组成的，像素是位图最小的信息单元，存储在图像栅格中。每个像素都具有特定的位置和颜色值。位图图像质量是由单位长度内像素的多少来决定的。单位长度内像素越多，分辨率越高，图像的效果越好。位图图像的优点是色彩和色调变化丰富，可以较逼真地反映自然界的景物，同时也容易在不同软件之间交换文件，但是，因为位图图像受到像素和分辨率的影响，造成位图图像在放大缩小或者旋转处理后失真，同时文件数据量巨大，对内存要求容量也较高。除了 Web 中的三种标准图像格式外，常见的图像格式还有 BMP、PSD、TIFF 等。位图图像常用的绘画工具主要包括 Adobe 公司的 Photoshop 和 Fireworks、Microsoft 公司的画图以及 Corel 公司的 Corel Painter 等。

（2）矢量图形，也称为面向对象的图像或绘图图像，在数学上定义为一系列由线连接的点。矢量文件中的图形元素称为对象。每个对象都是一个自成一体的实体，都具有颜色、形状、轮廓、大小和屏幕位置等属性。矢量图形是根据几何特性绘制的图形，只能靠软件生成。它的优点是文件占用空间小、图像元素对象可编辑、不受分辨率和输出设备影响，放大后矢量图形不会失真。它最大的缺点是难以表现色彩层次丰富的逼真图像效果。矢量图形适用于图形设计、文字设计和一些标志设计、版式设计等。常见的矢量图形格式有 SWF、SVG、AI、CDR 和 DWG 等。矢量图形常用的绘画工具主要包括 Adobe 公司的 Illustrator 和 Flash、Corel 公司的 CorelDraw 等。

根据某网站的统计显示，Web 页面中的图形图像格式所占百分比如图 4-33 所示，从中可以看出网站中大量采用了 JPEG 的图像格式，这种方式可以为服装企业网站的建设提供一些借鉴。

None	16.0%
JPEG	68.4%
PNG	60.3%
GIF	47.9%
BMP	0.4%
SVG	0.2%
ICO	0.2%

W3Techs.com, 15 April 2014

Percentages of websites using various image file formats
Note: a website may use more than one image file format

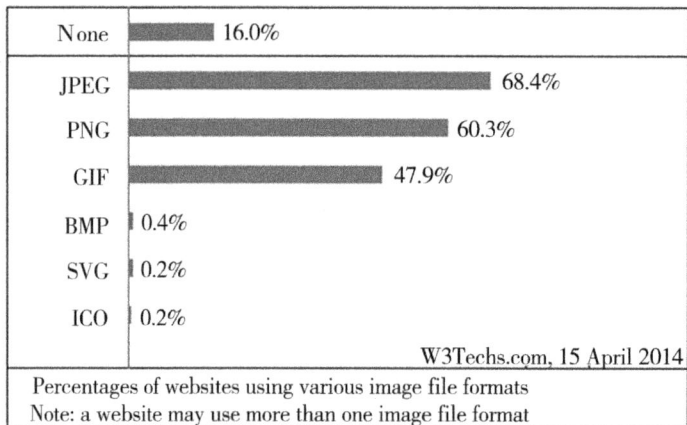

图4-33 网站中图形图像格式所占百分比

在网站的设计中除了文字和图形图像外，还包括动画、音频和视频等多媒体形式，鉴于服装企业网站在构建中图片已经占用了大量的空间和网络带宽，因此一般不应采用音频视频等需要更多插件和影响用户响应时间的多媒体形式。

（六）服装企业网站特色模块设计

服装企业网站为了介绍服装产品特性，往往会增加某些知识性特色模块，如面料说明模块、号型模块、测量模块和洗涤保养模块。面料模块可以图文并茂地说明面料的种类、纹路组织、服用性能等信息和不同面料的鉴别方法等；号型模块是服装号型设置原则和方法的模块，以便使顾客根据自己的尺寸更好地选择服装大小，也可以根据顾客的主要尺寸为顾客推荐合适的服装号型；测量模块通过人体部位各个方位的测量图和文字相结合，可以详细地介绍人体相关尺寸的测量方法，使消费者能够准确地测量出自己的主要尺寸，从而为选购服装提供依据；洗涤保养模块则阐明了日常服装上洗涤图案的含义，服装的洗涤和保养知识及其注意事项。通过提供常识性的知识，能增加网民访问网站的兴趣；服装搭配模块主要提供服装服饰的搭配方法，指导消费者根据体型、年龄、性格、爱好等选择合适的服装。

对于服装企业来说，通过网络销售服装，关键的一点便是服装展示。服装根据品类、风格属性、面料特性和季节流行等特征需用不同方式进行展示，其中对于单品的具体展示是消费者决定是否购买的重要一环，因此必须对服装商品的特性进行详细了解。服装是由面料、色彩、款式设计三元素组成，人们购买服装不仅需要从视觉上判断服装款式和色彩，也需要了解面料成分和洗涤保养等信息，即使是同一件服装，由不同的人穿效果也不尽相同，服装的尺寸大小也是购买者必须了解和选择的，由于网上购买服装无法试穿，此问题便成为服装网络销售的一个难点之一，因此，服装企业电子商务网站，必须通过全方位的服装展示让消费者了解服装商品信息。

目前，购物网站上服装展示的工具有三种——图片、文字描述和动态视频。其中，图片是最直观最主要的展示方式，消费者对网站上服装及相关商品的识别都由此产生。因此服装购物网站上占据面积最大的便是服装图片，服装图片所传达的服装信息能对购买者决策产生巨大影响。其次便是文字阐述，通过简短的文字将服装尺寸、价格、面料成分等信息标示出来，令消费者获知服装大小和面料是否满足自己的需要。最后便是三维动态展示方式，可展现人体着装后的立体效果，依靠视频技术可将动态效果以视频窗口的形式展现给消费者。在服装购物网站页面中以最恰当的方式展现出服装商品的特点以满足消费者的购买需要。三维动态展示方式要求网站页面设计师必须充分了解品牌风格特色和掌握服装商品特性，将品牌服装最完美地展现给消费者。

（七）服装企业网站的关键技术设计

一个服装企业电子商务网站要想获得良好的运转与为用户创造良好的用户体验条件，还需要充分利用一些新技术，如服务器方面的服务器集群技术、负载均衡技术、高速缓存技术等；网络建设方面的内容分为网络 CDN（Content Delivery Network）技术、存储区域网 SAN（Storage Area Network）技术、数据存储与分析方面的大数据技术、用户行为分析技术、物联网技术在服装电子商务中的应用等。特别是一些新兴技术形态如基于虚拟现实技术的虚拟试衣系统、三维虚拟商城等，也许将会给服装电子商务带来一场革命。另外一些新的基于移动互联网技术的社会化电子商务分享模式，如利用社交网络 SNS 的 App 对某类服装商品展开评论，从而引导潜在消费者进行消费的电商导购模式，"美丽说"等电商平台即采用此技术模式。手机客户端图片识别技术搜寻同款服装等新技术的引入，也会改变服装电子商务的消费生态形式，如天猫手机客户端的"拍立得"图片识别功能等。

三、服装企业借助第三方平台模式下的网站构建与运营

借助第三方平台模式下网站的构建与运营步骤相对自主开发简单，不需要专业的开发队伍和复杂的开发技术，企业所需要的建站成本也很低，甚至免费。前述章节已经介绍了服装企业自建网站的建设流程和电子商务的基本商务模式。下面将从服装企业借助第三方平台构建网站的角度，分别对 B2B、B2C 和 C2C 这三种主流商务模式网站的构建与运营进行概述。

（一）服装企业 B2B 商务模式网站的构建与运营

服装企业 B2B 商务模式网站的构建与运营可以借助阿里巴巴、慧聪网等第三方平台。阿里巴巴（www.1688.com）是目前 B2B 商务模式中领先的企业，它以批发和采购

业务为核心，主要服务于中小企业。服装企业在阿里巴巴第三方平台上构建与运营网站，其过程主要由以下四个步骤组成：

第一步：开店准备。

在浏览器地址栏输入 http：//www.1688.com，进入阿里巴巴平台首页，如图 4-34 所示。然后点击首页左上角的【免费注册】，进行企业账号注册。

图 4-34　阿里巴巴官方网站首页

服装企业在阿里巴巴第三方平台构建网站的开店准备工作还包括企业名称认证、绑定支付宝、千牛工作平台的安装等工作。本阶段的操作过程可以参考图 4-35 所示内容，进行相关信息的输入。图 4-36 展示的是企业名称认证的主要信息填写页面。

图 4-35　服装企业在阿里巴巴第三方平台构建网站的准备工作

企业名称认证是阿里巴巴中国站针对普通会员推出的免费认证服务，只要您是一家企业，并有银行对公账号，即可后，会在供应信息详细介绍页面展示真实企业名称和认证标识，帮助您更好地获得买家信赖。了解详情>>

图 4-36　企业名称认证

第二步：开通旺铺。

服装企业经过在阿里巴巴平台开店第一步的相关信息注册、提交和审核等准备工作后，进入开通旺铺阶段。在本阶段，服装企业还需要进行如经营模式、企业规模等公司相关信息的发布，以此来展示企业的实力，吸引潜在买家。本阶段的工作如图4-37 所示。图 4-38 展示的是服装企业公司介绍的主要信息填写页面。

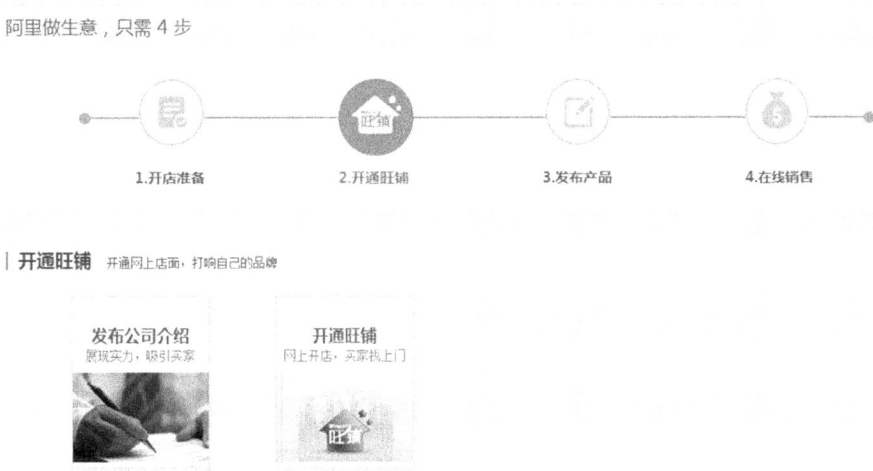

图 4-37　服装企业在阿里巴巴第三方平台构建网站的旺铺开通工作

图 4-38　公司介绍

第三步：发布产品。

服装企业网站建设经过开店准备和开通旺铺工作后，进入服装产品的发布阶段。在本阶段，服装企业要完成服装商品的网上发布和商品的管理工作。本阶段的工作如图 4-39 所示。图 4-40 展示的是服装企业产品发布的主要页面。

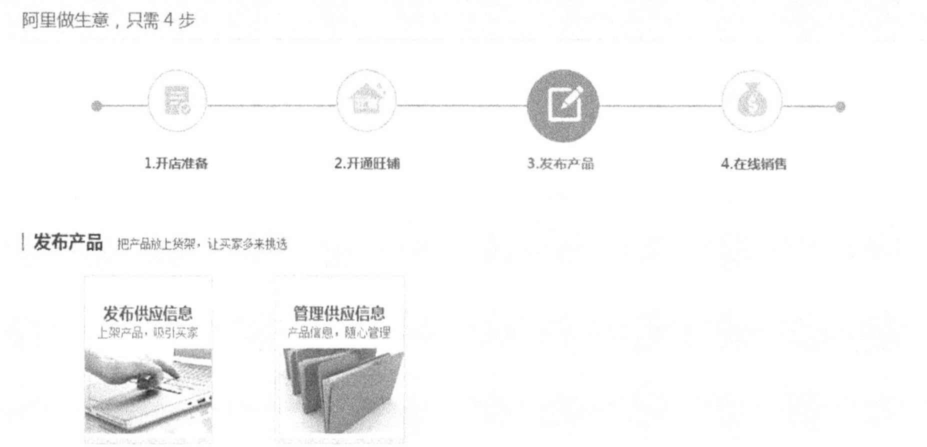

图 4-39　服装企业在阿里巴巴第三方平台构建网站的产品发布工作

图 4-40　企业产品发布

第四步：在线销售。

　　服装企业在阿里巴巴第三方平台构建网站的最终目的是实现服装商品的交易。在完成前三阶段一系列工作后，为实现本阶段服装商品的在线销售，服装企业还应完成的工作包括订单的查看、发货、评价和提现工作。本阶段的工作如图 4-41 所示。图 4-42 展示的是服装企业产品订单交易管理的主要页面。

图 4-41　服装企业在阿里巴巴第三方平台构建网站的产品销售工作

图4-42 订单交易管理

至此，一项完整的服装企业B2B商务模式借助阿里巴巴第三方平台的构建与运营的主要流程顺利完成。

（二）服装企业B2C商务模式网站的构建与运营

服装企业B2C商务模式网站的构建与运营可以借助京东、天猫等第三方平台。京东（www.jd.com）作为唯一入选2016年《财富》世界500强的互联网企业，主要是以B2C自营和第三方平台两种业务模式快速发展壮大。服装企业在京东第三方平台上构建与运营网站的基本流程如下所示。

在浏览器地址栏输入http://www.jd.com，进入京东平台首页，选择服装城，如图4-43所示。首先点击京东首页最下方的【商家入驻】按钮，进入商家帮助中心页面，在【入驻流程】内查看具体流程，并按照相应要求在线提交入驻申请。具体申请步骤是如下。

图4-43 京东服装城首页

第一步：注册。

点击京东服装城首页左上角的【免费注册】，选择企业用户注册，进行企业相关信息的填写工作，如图4-44所示。

图4-44 京东企业用户注册页面

第二步：填写/提交信息及资料。

注册京东企业用户账户后，进入【商家入驻】界面，点击【我要入驻】按钮，确认入驻协议，查看入驻须知，录入开店联系人信息。填写公司、店铺信息，提交资质，选择店铺名称及域名，确认在线服务协议。图4-45展示了企业信息提交的主要页面。

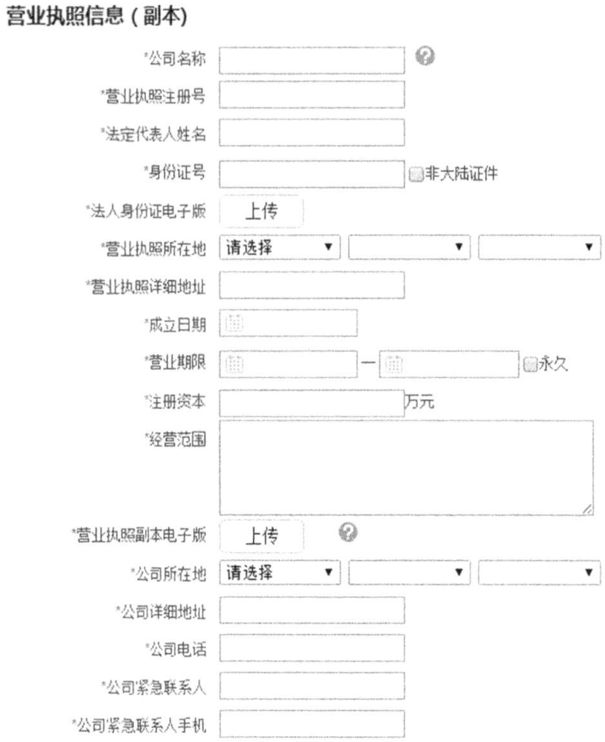

营业执照信息 (副本)

*公司名称

*营业执照注册号

*法定代表人姓名

*身份证号　　　　　　　　　☐非大陆证件

*法人身份证电子版　　上传

*营业执照所在地　　请选择 ▼　　　▼　　　▼

*营业执照详细地址

*成立日期

*营业期限　　　　　—　　　　☐永久

*注册资本　　　　　　万元

*经营范围

*营业执照副本电子版　　上传

*公司所在地　　请选择 ▼　　　▼　　　▼

*公司详细地址

*公司电话

*公司紧急联系人

*公司紧急联系人手机

图 4-45　企业信息提交页面

第三步：等待京东审批。

本阶段的工作主要是等待京东 7 个工作日内反馈审核结果，接受入驻进度邮件通知。主要工作界面如图 4-46 所示。

商家信息提交

＋入驻帮助

－经营信息提交

· 公司经营信息

· 入驻预经营信息

－资质信息提交

· 公司资质信息

· 财务税务信息

＋产品资质

＋审核结果反馈

✓ 已收到贵公司提交的在线入驻审核信息，等待我们分配审核人员！

请及时登陆系统查看入驻进度

图 4-46　京东资质审核

第四步：商家缴费，开店。

经过京东审核通过的企业用户，再履行合同签订手续并在线缴费后，企业网站店铺即可开通。商家可以登录京东网店后台进行相应的店铺管理、订单管理等网站店铺运营工作。服装企业网站店铺京东后台如图 4-47 所示。

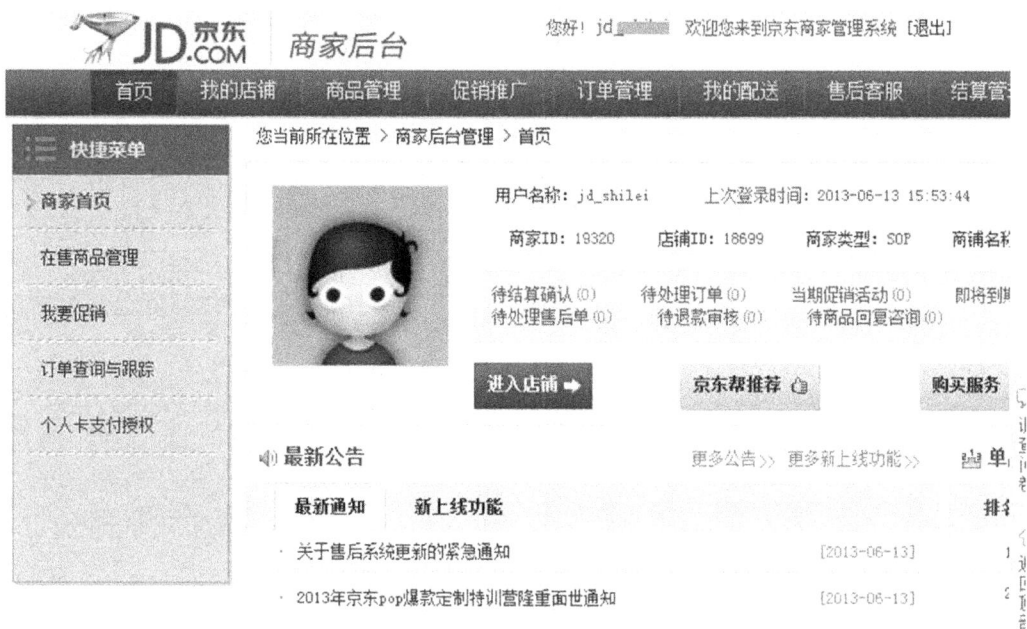

图 4-47　服装企业网站店铺京东后台界面

服装企业在京东第三方 POP（Platform Open Plan）开放平台构建网站开设店铺后，还可以借助京东强大的物流、配送、客服等系统直接服务于自己的网站店铺。服装企业和京东 POP 开放平台的合作模式主要有 FBP（Fulfillment By POP）、LBP（Logistics By POP）和 SOP（Sale On POP）三种，每种合作模式可使用的服务如表 4-5 所示。

表 4-5　京东 POP 开放平台的商家合作模式

模式	平台销售	交易系统	京东仓储	京东配送	自提中心	货到付款
FBP	√	√	√	√	√	√
LBP	√	√	×	√	√	√
SOP	√	√	可选	可选	×	可选

（三）服装企业 C2C 商务模式网站的构建与运营

服装企业 C2C 商务模式网站的构建，最常借用的第三方平台是淘宝网（www.taobao.com）。服装企业在淘宝网第三方平台上进行网站构建与运营的基本步骤如下所述。

第一步：注册淘宝账户并绑定企业支付宝账户。

在浏览器地址栏输入 http：//www.taobao.com，进入淘宝网平台首页，如下图所示。

图4-48 淘宝网首页

点击淘宝网首页左上角【免费注册】，根据页面提示输入相关信息，进行企业用户注册操作，如下图所示。

图4-49 淘宝企业用户注册

第二步：完成支付宝企业认证。

登录支付宝账户（www.alipay.com），点击【立即点此申请】，进入如下图4-50所示页面，然后根据网页提示，进行相关信息的填写，并提交企业相应材料，进行人工审核。

图4-50　支付宝企业实名认证

第三步：完成企业店铺责任人认证。

进入【卖家中心】—【免费开店】—【企业开店】进行企业店铺责任人认证，如下图所示。

图4-51　企业开店责任人认证

第四步：点击淘宝【免费开店】入口，填写工商注册信息。

本阶段进行网站店铺基本工商注册信息的填写，如公司名称、经营范围和营业执照注册号等。具体内容可参考图4-52所示。

图 4-52　企业工商注册信息填写

第五步：创建店铺成功。

完成以上步骤之后，企业经过淘宝网后台人工审核，若一切正常，服装企业在淘宝网平台 C2C 商务模式下的网站即构建成功。具体网站构建成功画面如图 4-53 所示。

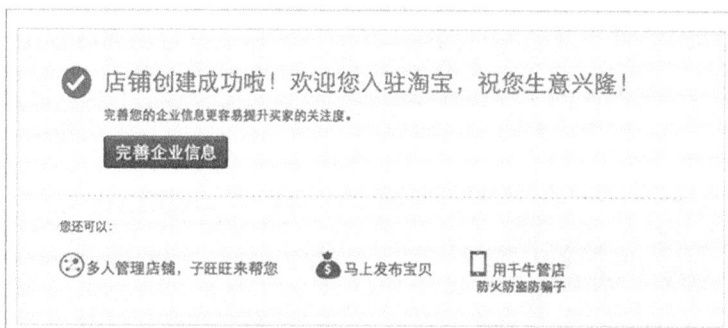

图 4-53　服装企业网站在淘宝平台注册成功示意图

服装企业网站经过以上四个主要步骤在淘宝网平台构建成功以后，还需要进行店铺的装修、服装商品的发布、服装宝贝的管理、交易管理、物流管理、客户服务等一系列工作，服装企业 C2C 商务模式网站才可以在淘宝网第三方平台上顺利运营。淘宝网店后台管理界面如图 4-54 所示。

图 4-54　服装企业网站在淘宝网平台的后台管理界面

第四节　服装企业网站的运营及推广

一、服装电子商务网站的维护

服装电子商务网站投入运行之后，开发工作即宣告结束，网站系统进入维护运营阶段。对于自己构建电子商务网站的服装企业或者经营服装电子商务网站平台的电商企业而言，更加艰巨的任务是如何确保电子商务网站的良好运转。据有关统计资料显示，系统维护的费用往往占整个系统总费用的 60% 以上。显然，电子商务系统的维护费用和工作量是很大的，然而很多企业却并未意识到这一问题。

服装企业电子商务网站的维护管理工作主要包括网站运行的日常管理与维护、网站运行情况的记录、人员管理及各种规章制度的建立等。

服装企业电子商务网站的系统维护工作主要包括：硬件和网络系统的维护、应用程序的维护、网站内容的维护、数据库的维护等。其中应用程序的维护又可分为：纠错性维护、适应性维护和功能扩充的完善性维护等。应用程序的维护是网站维护中的重要工作，因网站功能改进和扩充而进行的完善性维护工作占到系统总体维护工作量的 50% 以上。

二、服装电子商务网站的运营

服装企业的电子商务运营管理包括组织机构管理、网站的运营管理、客户关系管理和物流配送管理等几个方面。

服装电子商务网站的运营是指围绕提升网站服务于用户的效率，而进行的网站后期运作、经营有关的工作。网站运营的范畴通常包括网站内容更新维护、网站服务器维护、网站流程优化、数据挖掘分析、用户研究管理、网站营销策划、网站宣传推广等。其中最重要的就是网站的维护更新与推广。

网站运营是指网络营销体系中一切与网站的后期运作有关的工作。网站运营常用的指标包括：PV（Page View，页面浏览量）、IP、注册用户、在线用户、网站跳出率、转化率、付费用户、在线时长、购买频次、ARPU 值（Average Revenue Per User，每用户平均收入）等。

电子商务网站运营通过提升公司品牌和网站流量，以实现盈利并发展壮大的主要目标。为实现上述目标，网站的运营可以围绕以下几个方面开展工作：首先对网站定位以及赢利模式进行分析，其次对网站进行优化和完善，最后制定网站运营推广方案，并且在实施过程中不断对网站营销方案进行同步管理和修订。

电子商务网站运营的一项重要工作是网站的推广。网站的推广方法主要分为离线推广和网上推广两种。离线推广主要通过传统媒体、口碑宣传等方式进行。网上推广方式主要包括：搜索引擎推广、电子邮件推广、资源合作型推广、信息发布式推广、付费广告推广、病毒性营销推广和社交网络推广等。

网络营销是指为实现企业整体经营目标，通过互联网开展的为达到一定营销目的的营销活动。服装企业电子商务网站是企业进行网络营销的平台，代表了企业的网络品牌形象。电子商务网站运营管理水平直接反映了企业的管理水平，也体现了企业的文化。

三、服装电子商务网站的安全

狭义上讲，服装电子商务是消费者利用计算机、移动客户端（如手机）等设备，通过 Internet 和远程通信技术，向由网站平台构成的网上商城选购服装产品、进行网上支付和物流配送等一系列过程组成的商务活动。当前，制约电子商务发展的主要因素之一就是电子商务的安全问题。电子商务安全问题又涉及计算机和网络信息安全问题、信用安全问题、管理安全问题和社会法律保障安全问题等。以上安全问题可以通过技术和标准建设、社会信用体系建设、管理制度建设、法律法规建设以及人才的培养等措施来解决。

电子商务网站的安全主要包括系统实体安全、系统运行安全和系统信息安全三个方面。系统实体安全主要包括系统所处环境的安全，系统设备和物理线路的安全、媒体安全；系统运行安全主要包括系统运行的风险分析、审计跟踪、备份与恢复、应急计划与措施；系统信息安全主要包括操作系统安全、数据库安全、网络安全、病毒防护、访问控制、加密与鉴别。

服装企业通过网站平台开展电子商务时，应满足保密性、完整性、可控性、认证性、不可否认性等基本安全需求。同时，也要时刻防范 Web 网站信息的泄露、拒绝服务、系统崩溃、钓鱼网站或者"跳板"等常见安全威胁。

四、服装电子商务网站的评价

服装电子商务网站的评价是指借助一定的定量化和定性化指标对已建成的电子商务网站系统从技术性能、经济效益和社会效益等方面，进行系统、客观的分析，以此来总结和改善服装企业的电子商务网站系统。

某服装电子商务网站的评价可参考图 4-55 所示的评价指标体系结构。

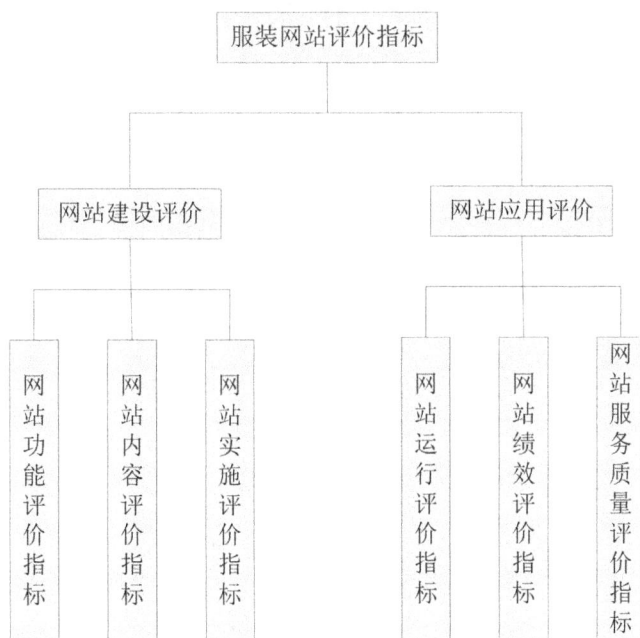

图 4-55　服装网站评价指标体系

服装网站的评价包括网站建设评价和网站应用评价两个一级指标，其中网站建设评价又包括网站功能、网站内容和网站实施三个二级评价指标；网站应用评价又包括网站运行、网站绩效和网站服务质量三个二级评价指标。

（一）网站建设评价指标

（1）网站功能评价指标进一步可分为：商务模式创新度、网站功能覆盖率、网站功能与网站建设目标符合度、网站技术性能指标四个子指标。

（2）网站内容评价指标进一步可分为：电子商务应用深度、网站内容信息质量评价、网站内容信息数量三个子指标。其中，电子商务的应用深度是指网上信息流、资金流和物流的集成化程度。根据集成化程度，可将企业开展电子商务的过程分为以下三个阶段。

①初级电子商务。此阶段的企业已建有电子商务网站平台，利用网络平台初步开展了发布信息，企业宣传和市场调研等电子商务活动，它们具有线下支付体系和线下物流体系。

②中级电子商务。此阶段的企业不仅建有电子商务网站平台、客户服务中心和物流中心，而且还可以开展网上交易和网上支付业务。

③高级电子商务。此阶段的企业电子商务网站平台，其功能已经较为完善，为网上信息流，物流和资金流的传递奠定了坚实的基础，促进了上下游企业应用的集成，并进一步促进了网络营销集成和协同电子商务的发展。

（3）网站实施评价指标进一步可分为：网站实施计划任务完成进度、网站建设计划管理与进度控制、财务管理与预算控制。

（二）网站应用评价指标

（1）网站运行状况评价指标进一步可分为：网站访问率、信息更新率、营销推广力度、采购率与销售率、电子商务交易率。

（2）网站绩效评价指标进一步可分为：网站社会效益评价、网站经济效益评价。

（3）网站服务质量评价指标进一步可分为：客户满意度、内部职工满意度、企业服务质量提升度。

通过建立以上网站评价指标体系，并给每一项指标赋予一定权值，就可对服装电子商务网站进行一定程度的定量评价。当然，电子商务网站的评价是一个复杂的过程，指标体系的构建和权值分配都具有不确定性，关于网站的评价理论研究和实践应用仍然在不断完善中。

第五节　服装网站构建的新技术与趋势展望

随着信息技术、移动计算技术、互联网技术，特别是当前虚拟现实技术、物联网技术、大数据技术等新兴技术的快速发展，服装网站的构建与运营也出现了许多新型商务模式与技术特征。下面简要介绍其中的几个典型代表。

（一）利用O2O线上线下交互的移动服装网站平台

当一个人在线下服装商店选购衣服时，可以随时通过智能手机等移动客户端登录移动服装企业网站平台，通过参考大数据技术给出的服装流行趋势与服装性价比以及对款式等的评价分析，帮助其做出最佳选择。下面的案例引入了 SNS 社交网络评价来选购衣服，也预示了移动服装网站平台的未来，如图 4-56 所示。

时尚品牌 C&A 在巴西引入了"赞时尚（Fashion Like）"，这一创新是将实时参与的社交媒体融入到店内的购物体验中，在衣架上增设了 LED 显示屏，用于展示 Facebook 上"赞"的数量，每分钟都会刷新。这种方式是为了帮助消费者在选择衣服的时候能够利用网络上的热门度评分。

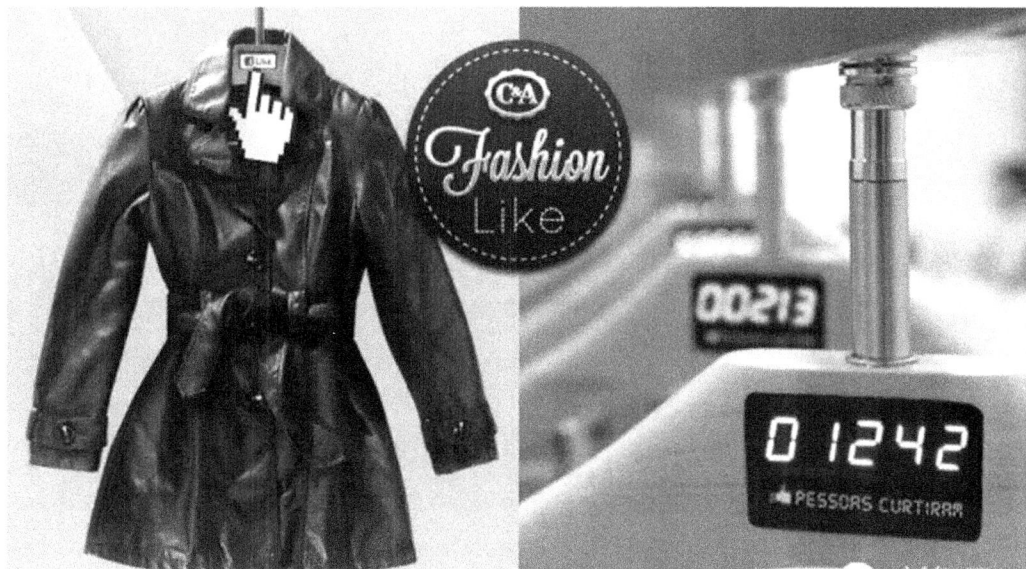

图 4-56　引入 SNS 社交网络评价的服装试衣架

（二）以虚拟现实为基础的网上虚拟商城（虚拟试衣系统）

随着虚拟现实技术的发展，在网上选购服装无法试穿这一大弊端已基本消除。淘宝推出了 VR 购物产品 Buy ＋，如图 4-57 所示。京东也推出了自己的虚拟试衣间系统，如图 4-58 所示。

图 4-57　淘宝的全新购物方式 Buy+

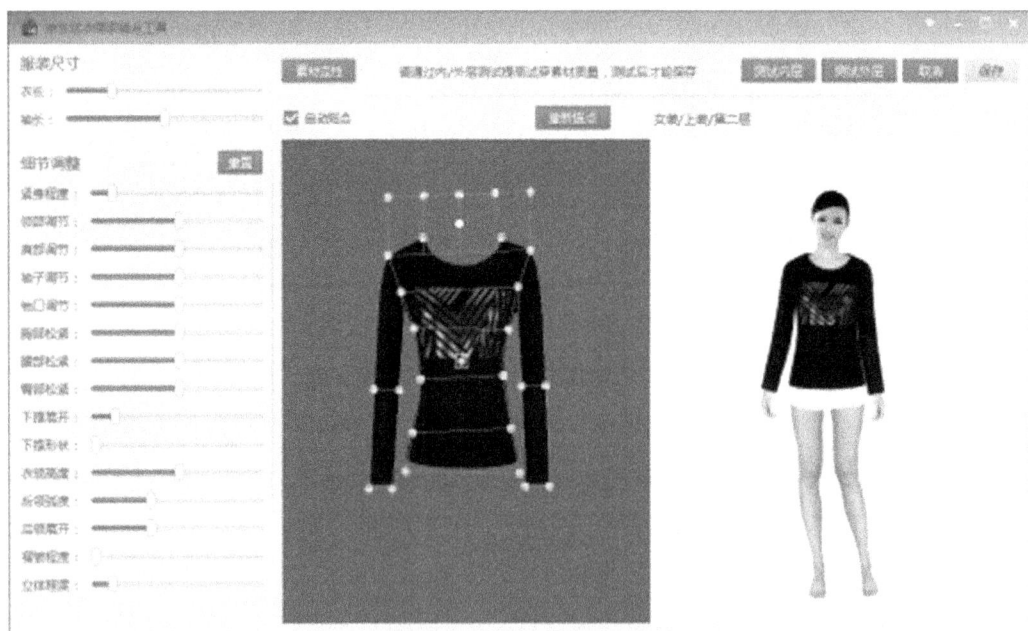

图 4-58　京东的虚拟试衣间

东京的一个零售设计团队重新定义了服装店内的模特。当一位顾客拿起一个衣架（和衣架上挂着的衣物）时，这些全新的高科技模特就会收到信号，随后显示出穿着衣架上这件衣服的样子。这种未来主义的零售科技已经被日本的 Vanquish 商店所采用，具体效果如图 4-59 所示。

图 4-59　日本东京的虚拟试衣模特

（三）移动 App、微信、微博等智能搜图服装网店

当你走在街上，看到服装商店的橱窗里有一件漂亮的衣服，或者发现某人穿了一件自己也喜欢的衣服，这个时候，具有智能图片搜索功能的服装网店 App 就大有用武之地了。你可以通过智能手机拍下相应的衣服，进行同款式匹配搜索，从而下订单购买。通过服装照片进行识别匹配的服装网店已经在淘宝和京东手机客户端 App 上得到应用。同时，淘宝 PC 机也可实现服装图片搜索购物的功能，图 4-60 是淘宝图片搜索的主页面，在宝贝搜索栏里点击照相机图标即可实现智能搜图功能。具体搜索结果如图 4-61 所示。

图 4-60　淘宝网的智能图片搜索功能——搜索首页

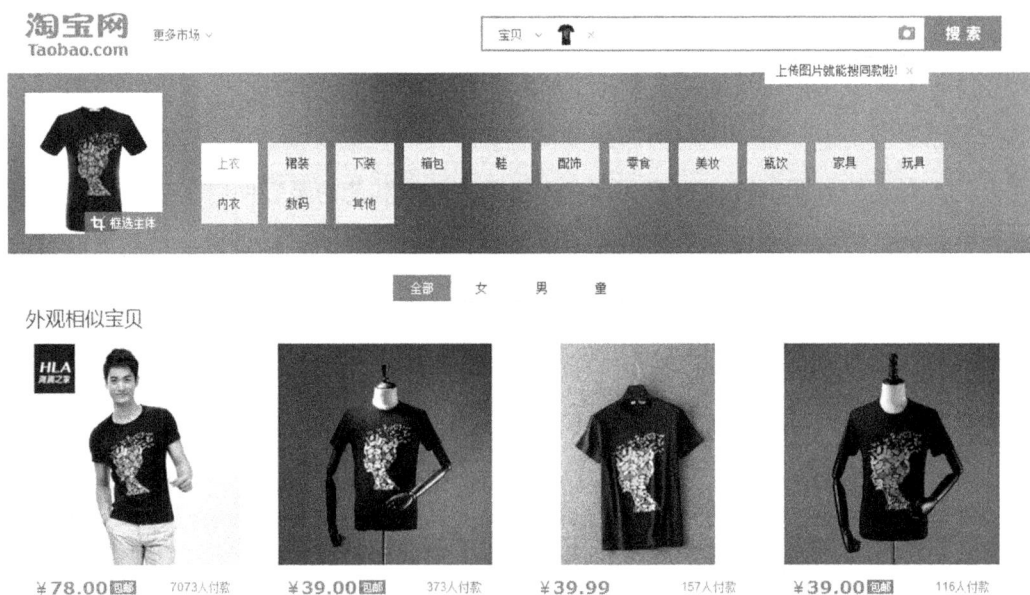

图 4-61　淘宝网的智能图片搜索功能——搜索结果

（四）基于 O2O 和 C2B 模式的服装云定制

深圳博克时代科技开发有限公司开发运营的云衣定制平台，开创了中国电子商务行业"服装定制云平台"的先河。该公司专注于私人定制领域，致力于打造一个设计师的个人创业平台、定制企业的大数据平台和消费者的服装顾问平台，充分满足消费者需求，为商家和消费者之间提供一站式解决方案，让消费充分享受全新的生活方式和个性化的购物体验。

云衣定制平台为适应服装消费市场从大众化消费往个性化小众消费的转变,以互联网＋服装 C2B 和工业 4.0 为目标,打通消费数据与生产数据,建立适应长尾消费的多品牌全品类的服装定制平台,创建了一个包含服装设计师、服装品牌商、服装工厂、面料商以及消费者的全新行业生态圈,不仅满足了消费者个性化与多样化的着装需求,而且促进了服装行业的转型升级。它是以 O2O 模式为主的专业服装定制平台,通过互联网,结合服装数字化技术以及大数据、云计算、物联网等,与平台上众多优质服装定制厂商实现数据互通和智能化制造,并进行规模化的服装定制。下图是云衣定制平台的首页面。

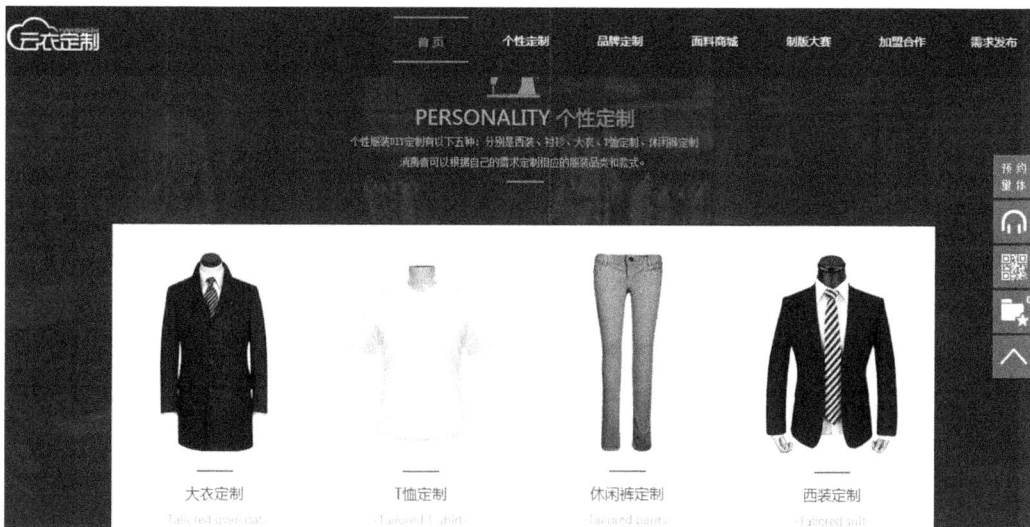

图 4-62　云衣定制网站首页

【思考题】

1. 什么是动态网站,目前有哪些动态网站开发技术?

2. 简述 C/S 和 B/S 体系结构的特点。

3. 服装电子商务网站的开发技术主要包括哪些内容?

4. 服装电子商务网站规划的基本步骤是什么?

5. 服装电子商务网站的开发分为哪几个阶段?

6. 网站系统分析阶段包括哪些主要工作?

7. 网站系统设计阶段包括哪些主要工作?

8. 网站的主要开发技术架构有哪几种?

9. 简述服装网站运营概念。

10. 如何构建服装电子商务的安全环境。

【案例】

Kappa：电子商务三步经

作为线下知名运动品牌，Kappa 是较早涉足电商的传统品牌之一。2009 年 9 月，Kappa 在淘宝商城开设首家旗舰店，正式进军电商。从最初的天猫旗舰店，到现在的全网分销渠道的完善建立，再到 2012 年推出自建的官方商城 iKappa 平台，Kappa 用三年时间，在电商领域开辟了自己的天地。

一、起步：淘宝试水

2009 年，中国的电商已经开足马力，奔驰在发展的高速路上，可那时大多都是在线上直接起家的品牌，线下知名品牌涉足电商的企业还不是很多，原因就是传统企业对于开展电子商务存在着诸多疑问和不确定性。当时 Kappa 就认为电商是大势所趋，早进入比晚进入要好。于是，2009 年 9 月，Kappa 首先在淘宝商城上开设了自己的旗舰店。

传统品牌涉足电商其实都会面临一个问题，那就是如何切入的问题，是自己先在淘宝上开个店，还是直接建立独立的电商平台，这些都是传统品牌不得不考虑的问题。为此 Kappa 当时内部也有过相似的讨论，基于当时 Kappa 对于互联网的整体环境、电商行业都没有清晰地认识与掌握，为了规避因自己不熟悉而造成的风险，最终 Kappa 选择了人气十足的淘宝商城。

最初在淘宝商城上成立旗舰店时，Kappa 采用的是经销买断制，即 Kappa 将这个品牌在网上的售卖权授权给经销商，经销商先从 Kappa 这里进货，然后再通过淘宝商城上的 Kappa 旗舰店卖给消费者；同时经销商也需要向 Kappa 即时汇报销量、库存等信息。这种模式大约持续了一年半的时间，然后才被现在通用的代运营制所取代。现在 Kappa 在天猫上的旗舰店由代理商负责运营，Kappa 品牌方只会在宏观上负责一些策略性的问题，而具体执行、效果反馈则是由代运营商来完成。

二、完善：全网覆盖

在淘宝试水阶段的末期，Kappa 就逐渐开始走向了全网覆盖，如京东商城、腾讯拍拍、好乐买、亚马逊、名鞋库等。在全网渠道方面 Kappa 共有两种合作模式：一种是自营代理制，如天猫（原淘宝商城）、京东商城等；一种是线下经销商制的大批发制，如好乐买、唯品会等。

Kappa 本来在线下就已经存在一个销售网络，如今在网络上又建立了一个新的网络。如何在这两个网络中解决价格与渠道冲突的问题呢？一般在新品方面，Kappa 在线下与线上的价格都会保持一致，甚至个别新款线上的价格还比线下要贵，因为有些人在线上购买不是为了便宜，而是为了方便；线上各个渠道 Kappa 的价格都是统一的，唯一不同也许就是电商平台做活动时自己对消费者的让利了。

"我们并不希望消费者单纯因为价格的因素而在线上购买我们的产品，我们更希望消费者是因为品牌而购买我们的产品。Kappa 线上的发展也是以提升品牌为主，而不是以提升销量为主"，这便是 Kappa 线上的发展思路。

现在不少人认为电商是个很浮躁的行业，一般电商都是为了冲击销量而努力，而很少估计品牌因素的提升，这点尤其是以在淘宝成长起来的品牌为主。而 Kappa 电商负责人认为，线上更容易传递 Kappa 品牌精神，进而提升 Kappa 的品牌形象。因为线下销售由于中间环节比较多，在经过经销商、店长、店员等层层传递后，本来具有很好品牌精神、故事的产品都会遇到信息流失的问题，而电商可以直接面向消费者，因此更能向消费者传递 Kappa 的品牌精神与内涵。

三、升级：iKappa 平台上线

与其他电商不同的是，Kappa 并没有急于建立独立的电商平台。为什么 Kappa 的独立电商平台会推出得比较晚？因为 Kappa 的电商发展之路在不断摸索，在没有想清楚独立平台应该在整个 Kappa 业务中承担怎样的角色之前，Kappa 不能轻易推出独立的电商平台。

Kappa 负责人介绍，iKappa 将会有以下三个重要的使命：首要任务是展现 Kappa 的新产品，从而为整个 Kappa 的品牌升级起到推动作用。Kappa 的产品会有很大的变化，自从 2004 年 Kappa 提出"运动、时尚、性感、品位"的八字产品箴言后，Kappa 产品在市场上迅速地得到了认可，可是有些概念会随着时间的发展而有所不同，比如"时尚"就是一个很难把握的概念，它的时间性比较强。自从 2009 年涉足电商后，Kappa 就一直在想怎么提升自己的品牌，从而让产品给人眼前一亮的感觉。其次，iKappa 着重讲究衣服的搭配理念。现在国内消费者对于购物都已经达到了一种比较成熟的阶段，不会因颜色、款式等一时冲动而买衣服，考虑更多的是如何与现有衣服进行搭配、如何体现自己的气质等。现在的时尚杂志一般都会有一些讲述衣服如何搭配的内容，只是这些杂志的获取不是很方便，而且有些也只是一些简单原则的罗列。iKappa 上线后会承担起向人们讲授穿衣搭配理念的任务。它会以 Kappa 产品为例形象地讲述一些衣服搭配的常识与理念，不只包括一般意义上的搭配，如什么上衣搭配什么裤子，而且

还更加追求多样化，如混搭、层叠搭配、颜色搭配、小饰物妆点等。另外，iKappa可以便于消费者购物。由于店面设计、灯光的美化、导购的存在等，线下店面可以很容易让消费者产生逛店的欲望与购物的冲动。可目前在线上，消费者选出一件喜欢的衣服所花费的时间成本非常高。比如，想买Polo衫，在淘宝上一搜，结果出来上千上万件衣服，接下来如何选？这是现在不少消费者在网上买衣服时最头疼的问题。iKappa的出现则试图解决这个问题。iKappa会以场景为主向消费者推荐适合自己的衣服。通过设计师，iKappa可以把产品以场景为主进行分类，每个场景下面都会对应不同的衣服种类，消费者通过选择场景就可以看到相关种类的衣服，从而直接减少了消费者选择衣服所花费的时间。

"传统企业涉足电商确实会面临一系列问题，但问题并不可怕，可怕的是传统企业不敢去尝试。电商是企业未来不可或缺的一个环节，传统企业一定要放开思维上的束缚，大胆地去尝试。只有亲身参与其中，传统企业才会直观地感受到电商的本质与规律，才能真正走出一条适合自己的电商之路。"最后Kappa电商负责人这样表示。

资料来源：摘编自"中国电子商务研究中心"

【案例讨论】

针对以上案例和本章所学的知识，对下面几个问题展开讨论：

1. 传统服装企业开展电子商务的渠道有哪些？

2. 传统服装企业利用第三方平台开展电子商务的形式是否会持续存在？

3. 在互联网＋时代，传统服装企业还可以利用哪些新的技术和商务模式增强企业竞争力？

4. 通过调查研究，给出当前服装企业网站建设和开展电子商务的最新进展状况，并结合典型应用展开讨论。

【本章小结】

本章首先介绍了服装企业网站开发的基础知识、服装电子商务网站的技术架构体系和开发技术。然后阐述了服装企业网站规划的基本概念、方法和步骤，并结合结构化系统开发方法，介绍了服装企业网站的设计与建设流程，主要围绕服装企业网站的系统分析、系统设计与系统实施的三个阶段，描述了各个阶段的主要任务、实施步骤与实现内容。同时，本章还介绍了服装企业网站设计与建设的特点以及服装企业借助第三方平台构建网站的过程。另外，本章还讨论了服装企业网站的维护、运营、安全和评价等方面的相关内容。最后，本章对服装网站构建的新技术与发展趋势进行了展望。

第五章　服装网络营销

【本章学习目标】

1.熟悉网络营销的含义与特点，了解基于互联网的网络营销与传统营销的联系与区别

2.了解网络营销的基本职能，掌握制定网络营销的方法

3.了解服装企业网络营销的主要实施策略，并能熟练运用具体策略进行网络营销策划

4.了解网络广告的现状，熟悉服装网络广告的作用

5.了解新技术在服装网络营销中的应用，重点了解大数据在服装网络营销中的应用现状

【引导案例】

骆驼 3.8 亿元领跑"双十一"背后的事情

作为 2012 年天猫双十一首个突破 1 亿元销售额的服饰品牌，2013 年双十一骆驼不负众望再次刷新业绩，实现单日 3.8 亿元销售额，骆驼称雄天猫的背后是传统品牌因对电商渠道的重视而获得回报的直观案例。

刷新销量

自 2011 年以来，骆驼连续三年保持天猫双十一男鞋类第一。其背后是在营销方面的积极探索。2012 年骆驼全年的销售额是 30 亿元，而双十一单日就超过了 2 亿元，占据了全年的 7%，双十一对骆驼的重要程度可见一斑。因此这几年骆驼每年都会提前为双十一做准备，营销支出上毫不吝啬，售后物流方面也积极调动人力物力予以加强。

营销公关

骆驼的营销公关分为两个方面，分别是活动前的营销和活动后的公关。

2012 年双十一活动期间，骆驼的推广手段包括通过前期活动吸引收藏店铺和发放优惠券等方式获取自然流量；在淘宝内外投放硬广、直通车、淘宝客、钻展等常规的流量采购，以及在门户网站投放广告等共计 600 万元广告费。从 6 月份开始准备，充分预估双十一当天的流量变化，最终取得高达 18% 的流量转化率。

骆驼最值得津津乐道的地方不是双十一期间的广告投放，而是事后的公关宣传。细心的人可能会发现，2012 年双十一骆驼的销售数据是最先被媒体报道的，尤其是率先突破 1 亿销售额的消息更是被大量媒体跟进报道，2013 年骆驼再次成为媒体关注焦点，这背后是骆驼在公关方面的积极应对。

在公关宣传上抢占先机，让骆驼获得大量的媒体曝光率。骆驼在双十一期间获得的舆论关注，足以使其成为最受行业关注的电商品牌之一。

售后准备

营销只是活动前的准备，双十一还包括非常重要的售后服务。

骆驼在 2011 年时遭遇双十一之后的售后突难。所以，2012 年为售后发货做了充足的准备。不仅提前 1 年修建大型仓库，双十一期间还外招 500 名在校大学生兼职加 400 名外聘人员，加之本身的全体员工，有效地保证了 10 万单 / 日的发货速度，从而避免因爆仓而带来的用户体验大幅下降的问题。

2013 年双十一，骆驼的售后配送除了沿用去年的售后发货套路外，还增加了营销活动。骆驼联合中国越野拉力赛赛组委、上海大众 333 车队，在北上广三地给消费者送货，大玩速度与激情。

骆驼双十一营销的成功，更是天猫的成功。这让传统品牌涉足电商市场有例可依，对天猫吸纳更多传统品牌入驻起到促进的作用。

资料来源：第一赢销网

第一节　网络营销概述

20 世纪 90 年代初，国际互联网（Internet）的飞速发展使网络技术得到了广泛应用，全球范围内掀起了互联网的应用热潮。世界范围内各大公司纷纷利用互联网提供各种服务，以拓展公司的业务范围，积极改组企业内部结构和发展新的营销管理方法。网络营销的出现为企业提供了适应全球网络技术发展与信息网络社会变革的新技术和新手段，是现代企业走入新世纪的营销策略。

一、网络营销的概念

（一）网络营销的概念

与许多学科一样，网络营销涉及多个学科知识，具有不同知识背景的人在研究方法和研究内容等方面有一定的差异。由于营销环境、信息技术、营销理论、营销模式的不同，不同时期的人从不同的角度对网络营销的定义也各有不同。所以，"网络营销"目前还没有一个公认的、完善的定义，比较典型的如下：

网络营销就是网络＋营销。即网络营销是利用互联网从事营销活动的革命性营销模式。

网络营销是企业整体营销战略的一个组成部分，是为实现企业总体经营目标所进行的、以互联网为基本手段营造网上经营环境的各种活动。所谓网上经营环境，是指企业内部和外部与开展网上经营活动相关的环境，包括网站本身、顾客、网络服务商、合作伙伴、供应商、销售商、相关行业的网络环境等。

网络营销是借助互联网完成一系列营销环节以达到营销目标的过程。

由此可知，从狭义来讲，网络营销是指以互联网为载体从事的营销活动，强调互联网在整合营销中的商业价值；从广义上来看，网络营销是市场营销的一种新的营销方式，它是企业整体营销战略的一个组成部分，是为实现企业总体经营目标所进行的、利用互联网为主要代表的信息通信技术手段为销售产品、服务等系统营销活动的总称。

（二）服装网络营销

所谓服装网络营销，就是将网络营销的理论和实践引入服装领域，是服装产业借助现代信息技术搭建的技术平台，将网络技术应用到服装产品的设计、采购、生产直到销售的全部经营过程中，以实现服装企业整体营销战略目标的一种营销手段。服装类产品近年来保持快速的发展趋势，根据艾瑞咨询电子商务市场报告，我国 2010 年服装网购市场规模为 1052.4 亿元，增速达 111.2%，2013 年服装网购市场规模达 4349.0亿元。预计到 2014 年我国服装网购市场整体规模将达到 6153.0 亿元（如图 5-1 所示）。在电子商务潮流不断发展的环境下，服装网络销售额逐年攀升，网络购物逐渐成为服装销售新渠道。

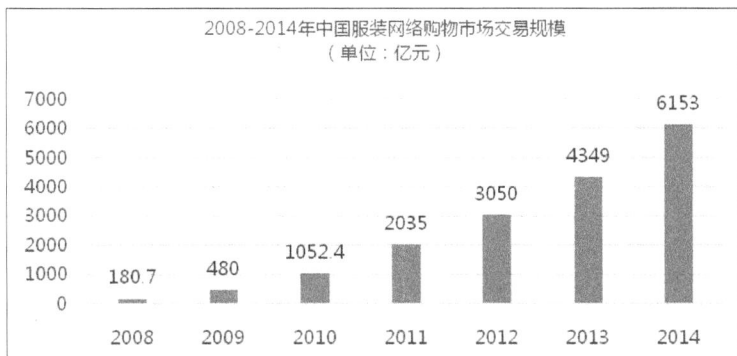

图 5-1　2008~2014 年中国服装网络购物市场交易规模

服装网络营销将现代网络技术应用于服装营销全过程，它不仅利用网络这一新媒体进行网上服装产品销售，还对企业现有营销体系作了有效补充和提升，是4C（整合营销）理论的延伸。

国际知名服装企业大多将实施网络营销作为企业面向国际市场一个崭新的窗口，作为联系消费者的纽带，企业利润的新增长点。国际上实施网络营销有许多成功的范例，一些知名的企业都建有自己的网站，这些网站以自己各具特色的站点结构和功能设置以及鲜明的主题立意和网页创意开展网络营销活动，网络营销给这些企业带来了巨大的财富。如阿迪达斯公司，其鲜明的品牌个性和巨额资金投入使阿迪在运动品牌中脱颖而出，图5-2为阿迪达斯中文网站主页，体育运动元素为页面的主体构成，以彰显其运动品牌个性。

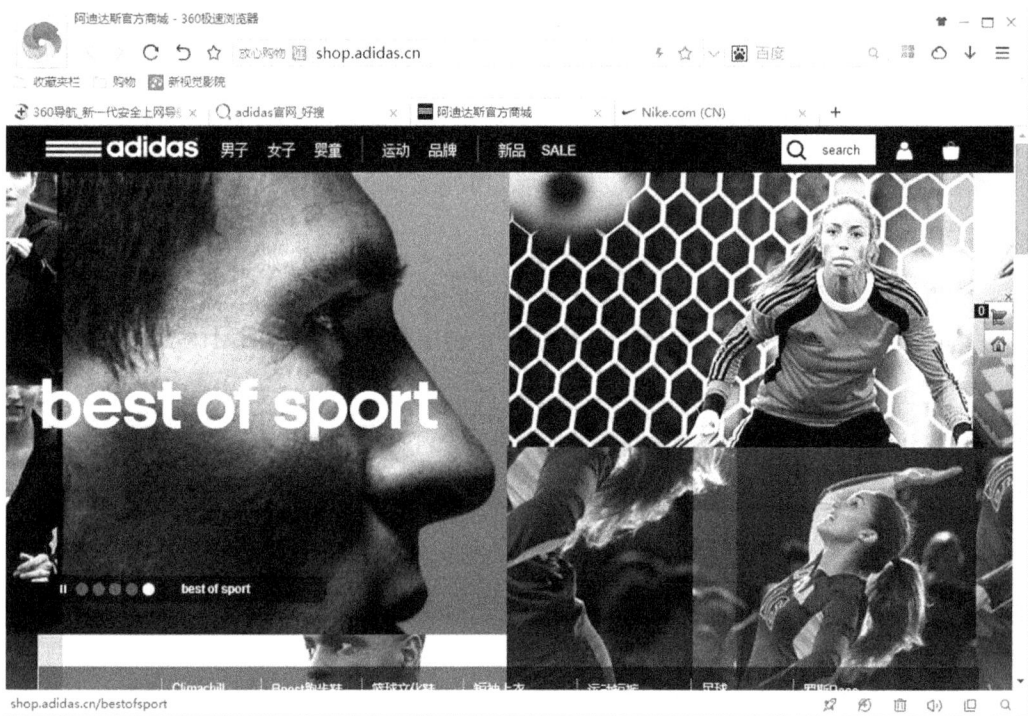

图5-2　阿迪达斯中文网站主页

二、网络营销的含义

关于网络营销的含义，我们可以从以下几方面加以理解。

1. 网络营销不是孤立存在的

网络营销是企业整体营销战略的一个组成部分，网络营销活动不可能脱离一般营销环境而独立存在，网络营销理论是传统营销理论在互联网环境中的应用和发展。对于不同的企业，网络营销所处的地位有所不同。网络营销与传统市场营销策略之间并没有冲突，但由于网络营销依赖互联网应用环境而具有自身的特点。在企业营销实践中，往往是传统营销和网络营销并存的。

2. 网络营销不等于网上销售

网络营销是为实现产品销售、提升品牌形象的目的而进行的活动。网上销售是网络营销发展到一定阶段产生的结果，但并不是唯一结果。因此网络营销本身并不等于网上销售。这可以从三个方面来说明。

（1）网络营销的目的并不仅仅是促进网上销售。很多情况下，网络营销活动不一定能实现网上直接销售，但是可能会促进网上销售的增加，增加顾客的忠诚度。

（2）网络营销的效果表现在多个方面，如提升企业的品牌价值、加强与客户之间的沟通、拓展对外信息发布的渠道、改善客户服务等。

（3）从网络营销的内容来看，网上销售只是其中的一部分，不是必须具备的内容，许多企业网站根本不具备网上销售产品的条件，网站主要是作为企业发布产品信息的渠道，通过一定的网站推广手段，实现产品宣传的目的。

3. 网络营销并不是"虚拟营销"

网络营销不是独立于现实世界的"虚拟营销"，它是传统营销的一种扩展，即向互联网方向的延伸，所有的网络营销手段都是实实在在的，而且比传统营销方法更容易跟踪了解消费者的行为，更容易评价营销活动的效果。

4. 网络营销不等于电子商务

网络营销和电子商务是一对紧密相关又具有明显区别的概念。首先，网络营销与电子商务研究的范围不同。电子商务涵盖的范围很广，其核心是电子化交易，电子商务强调的是交易方式和交易过程的各个环节，而网络营销则是企业整体营销战略的一个组成部分。其次，网络营销与电子商务关注的重点不同。网络营销的重点在交易前阶段的宣传和推广，电子商务的标志之一则是实现了电子化交易。网络营销本身并不是一个完整的商业交易过程，而是为促进交易提供支持，因此，网络营销是电子商务的一个重要环节，尤其在交易发生之前，网络营销发挥着信息传递作用。

5. 网络营销不等于网站推广

网站推广是网络营销的一项重要内容，但网站推广并不等于网络营销，它是网络营销的基础性工作之一，也是营造良好网络营销环境的重要举措之一。开展网络营销需要一定的网络营销环境，如网络服务环境、潜在用户等。开展网络营销的过程，就是与环境因素建立关系的过程。这些关系的处理是否得当，直接影响着网络营销成效的高低。由于网络营销环境由众多要素组成，所以营造良好网络营销环境的举措也多种多样，而不仅仅局限于网站推广，还有许多其他举措，如网站广告、E-mail 等。从这个意义上讲，网络营销是企业对网上经营环境的营造过程，也就是综合利用各种举措，更加有效地实现企业营销目标的过程。

三、网络营销的特点

随着互联网的发展和普及而产生的网络营销，由于引入了计算机、网络等先进技术，使网络营销产生了一些不同于传统营销的特点，表现出较强的互联网特色，即信息的及时性、沟通的方便性、成本的低廉性。网络营销的具体特点如下所述。

1. 跨时空

营销的最终目的是占有市场份额，由于互联网能够超越时间约束和空间限制进行信息交换，使营销脱离时空限制进行交易变成可能，企业有更多的时间和更大的空间进行营销，可以每周 7 天、每天 24 小时随时随地提供全球性营销服务。

2. 多媒体

互联网被设计成可以传输多种媒体信息的载体，如文字、声音、图像等信息，使达成交易进行的信息交换能以多种形式存在，可以充分发挥营销人员的创造性和能动性。

3. 交互式

互联网通过展示商品图像、提供商品信息查询等方式，来实现供需互动与双向沟通，还可以进行产品测试与消费者满意调查等活动。互联网为产品联合设计、商品信息发布以及各项技术服务提供了最佳的工具。

4. 个性化

互联网上的促销是一对一的、理性的、消费者主导的、非强迫性的、循序渐进式的，而且是一种低成本与人性化的促销，可以避免推销员强势推销的干扰，并通过信息提供与交互式交谈，与消费者建立长期良好的关系。

5. 成长性

互联网使用者数量快速成长并遍及全球，使用者多属年轻、中产阶级，由于这部分群体购买力强而且具有很强的市场影响力，因此极具开发潜力。

6. 整合性

互联网上的营销可从商品信息到收款、售后服务一气呵成，因此也是一种全程的营销渠道。另一方面，企业可以借助互联网将不同的传播活动进行统一设计规划和协调实施，以统一的传播手段向消费者传达信息，避免不同传播方式产生的消极影响。

7. 超前性

互联网是一种功能最强大的营销工具，它同时兼具渠道、促销、电子交易、互动、顾客服务以及市场信息分析与提供等多种功能。它所具备的一对一营销能力，正是企业营销的未来趋势。

8. 高效性

计算机可储存大量信息供消费者查询，可传送的信息数量与精确度远超过其他媒体，并能应市场需求，及时更新产品或调整价格，及时有效地了解并满足顾客的需求。

9. 经济性

通过互联网进行信息交换，代替以前的实物交换，一方面可以减少印刷与邮递成本，可以无店面销售，免交租金，节约水电与人工成本，另一方面可以减少由于多次交换带来的损耗。

10. 技术性

网络营销是建立在以高技术作为支撑的互联网基础上，企业实施网络营销必须有一定的技术投入与支持，改变传统的组织形态，提升信息管理部门的功能，引进懂营销与计算机技术的复合型人才，未来才能具备市场的竞争优势。

四、网络营销对传统营销的冲击

网络营销作为一种新兴的营销渠道，并非一定要取代传统的渠道，而是经由信息科技发展来创新与重组营销渠道。但不可否认的是，网络营销对传统营销造成了一定的冲击，它所具有的互动性、虚拟性、个性化、全球化、永恒性是传统营销无法比拟的，主要表现在以下三个方面。

（一）网络营销对营销渠道的冲击

网络营销渠道的建立过程十分方便、快捷，建立后容易改变，而且企业容易控制，这就对传统营销渠道的建立过程缓慢，建立后不易改变及企业难以控制等问题带来很大冲击，降低了中间商的影响作用。因为，网络营销使生产商可与最终用户直接联系，从而使中间商的重要性有所降低。

（二）网络营销对标准化产品的冲击

产品是传统营销组合中最重要的因素，任何企业的市场营销活动总是先确定向目标市场提供什么产品，然后才涉及定价、促销、分销等方面的内容。而网络营销则可以通过国际互联网进行网上调研，根据顾客反馈，为不同的顾客提供不同的产品。

（三）网络营销对传统营销方式的冲击

首先，网络营销的企业竞争是以顾客为焦点，争取顾客、留住顾客、扩大顾客群、建立亲密的顾客关系、分析顾客需求、创造顾客需求等，一切围绕客户成为最关键的营销方式；其次，竞争形态的转变，由于网络的交互式、对话式及自由开放式，使网络时代的竞争是透明的，人人都能掌握竞争对手的产品信息与营销方式。因此，胜负的关键在于如何适时获取、分析、运用这些来自网络的信息，并制定极具优势的竞争策略。

第二节　网络营销的基本职能

网络营销的基本职能表现在树立网络品牌、企业网站建设、网址推广、信息发布、网上销售、顾客服务、网上市场调研、消费者行为分析、网站流量统计分析等上。网络营销每一种职能的实现都有相应的策略和方法。这些策略和方法是为有效实现网络营销任务、发挥网络营销应有的职能，从而最终实现销售增加和持久竞争优势所制定的方针、计划以及实现这些计划需要采取的方法，各项基本职能具体如下：

1. 树立网络品牌

网络营销的重要任务之一就是在互联网上建立并推广企业的品牌，知名企业的线下品牌可以在网上得以延伸和拓展，一般企业可以通过互联网快速树立品牌形象，并提升企业整体形象。与网络品牌建设相关的内容相当丰富，以企业网站建设为基础，包括专业性的企业网站、域名、搜索引擎排名、网站广告、E-mail、会员社区等通过一系列的推广措施，达到顾客和公众对企业的认知和认可的目的。网络营销为企业利用互联网建立品牌形象提供了有利的条件，无论是大型企业还是中小型企业都可以用适合自己企业的方式展现品牌形象。网站品牌价值是网络营销效果的表现形式之一，通过网络品牌的价值转化保持持久的顾客关系和更多的直接收益。

2. 企业网站建设

企业网站建设是开展网络营销的基础，网站建设与网络营销方法和效果有直接关系，没有专业化的企业网站，效果将会受到很大的影响。因此企业网站建设应以网络营销策略为导向，采用托管或者自建的方式建立网站，从网站总体规划内容、服务和功能设计等方面为有效开展网络营销提供支持。

3. 网站推广

网站推广是网络营销最基本的职能之一。相对于其他功能来说，网站推广的地位显得更为重要，因为网站所有功能的发挥都要以一定的访问量为基础。获得必要的访问量是网络营销取得成效的基础，尤其是中小型企业，由于其经营资源的限制，发布新闻、投放广告、开展大规模促销活动等宣传机会比较少。因此，通过互联网手段进行网站推广的意义显得尤为重要，这也是中小型企业对于网络营销更为热衷的主要原因。即使对于大型企业，网站推广也是非常必要的。事实上许多大型企业有较高的知名度但网站访问量并不高，对于运动品牌阿迪达斯和耐克来说，百度搜索量相对较高，如图5-3所示。因此，网站推广是网络营销最基本的职能之一，是为了让更多的用户对企业网站产生兴趣并通过访问企业网站内容、使用网站的服务来达到提升品牌形象、促进销售、增进顾客关系、降低顾客服务成本等。

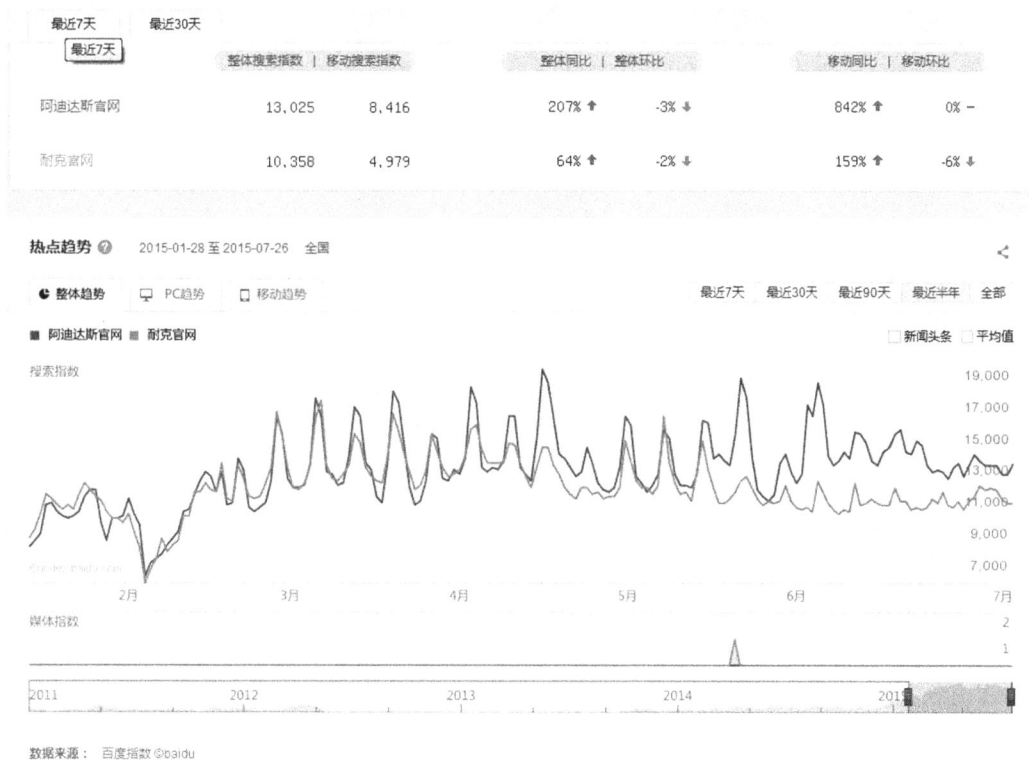

图5-3　阿迪和耐克官网搜索量比较示意图

4. 信息发布

网站是一种信息载体，通过网站发布信息是网络营销的主要方法之一。信息发布也是网络营销的基本职能之一。无论哪种网络营销方式，结果都是将一定的信息传递给目标人群，包括顾客/潜在顾客、媒体、合作伙伴、竞争者等。信息发布需要一定的信息渠道资源，这些资源可分为内部资源和外部资源。内部资源包括企业网站、注册用户电子邮箱等，外部资源则包括搜索引擎、供求信息发布平台、网络广告服务资源、合作伙伴的网络营销资源等。掌握尽可能多的网络营销资源并充分了解各种网络营销资源的特点，向潜在用户传递尽可能多的有价值的信息是网络营销取得良好效果的基础。

5. 网上销售

网上销售是企业销售渠道在网上的延伸。一个具备网上交易功能的企业网站本身就是一个网上交易场所，网上销售渠道建设并不限于企业网站本身，还包括建立在专业电子商务平台（如淘宝网等）上的网上商店以及与其他电子商务网站不同形式的合作等。因此，网上销售并不仅仅是大型企业才能开展的，任何企业都有可能拥有适合自己需要的在线销售渠道。

通过自己建立网上商店或者利用一些网站提供的网上商店平台，建立自己的网上商店，将网上商店作为企业在网上的窗口。当然营销的基本目的是为增加销售提供帮助，网络营销也不例外，大部分网络营销方法都与直接或间接促进销售有关，所以促进销售并不限于促进网上销售。事实上，网络营销在很多情况下对于促进线下销售十分有价值。

6. 顾客服务

互联网提供了更加方便的在线顾客服务手段，包括从形式最简单的常见问题解答，到 E-mail 以及在线论坛和各种即时信息服务等。顾客服务质量对于网络营销效果具有重要影响，而在线顾客服务具有成本低、效率高的优点，在提高顾客服务水平方面具有重要作用，同时也直接影响网络营销的效果，因此在线顾客服务成为网络营销的基本组成内容。

7. 网上市场调研

网上市场调研主要的实现方式包括通过企业网站设立的在线调查问卷、通过 E-mail 发送的调查问卷以及与大型网站（如问卷星）或专业市场研究机构合作开展专项调查，如图 5-4 所示。相对传统市场调研，网上市场调研具有调查周期短、高效率、低成本的特点。网上调研不仅为制定网络营销策略提供支持，也是整个市场研究活动的辅助手段之一，合理利用网上市场调研手段对市场营销策略具有重要价值。因此，市场调研也是网络营销的重要内容和基本职能，利用搜索引擎和一些专业网站的企业数据对市场调研是很有价值的。

8. 消费者行为分析

互联网用户作为一个特殊群体，具有与传统市场群体截然不同的特性，因此要开展有效的网络营销活动必须深入了解网上用户群体的需求特征、购买动机和购买行为模式。现在一些网站常利用购买量或搜索量来分析用户的需求，如百度指数利用用户的搜索量来分析用户的需求，如图 5-5 所示。互联网作为信息沟通工具，正成为许多兴趣、爱好趋同群体聚集交流的地方，并且形成一个特征鲜明的网上虚拟社区，了解这些虚拟社区的群体特征和偏好是网上消费者行为分析的关键。

图5-4　在线问卷调查

图 5-5　消费者需求变化

9. 网站流量统计分析

网站流量统计分析是对网络营销效果进行检验和控制的基本手段，对企业网站流量的跟踪分析，不仅有助于了解和评价网络营销效果，同时也为发现其中所存在的问题提供了依据。网站流量统计既可以通过网站本身安装统计软件来实现，也可以委托第三方专业流量统计机构来完成。

第三节　常见的网络营销方法

互联网技术的发展为企业的营销方式创新提供了前所未有的机遇与挑战。尤其是进入 21 世纪以来，各种网络营销方法层出不穷，让消费者目不暇接。可以说，网络营销已经成为主要的全球性媒介，是全球市场最重要的营销工具（Samiee，1998）。互联网的全球性及传播性使其成为国际互动营销最为理想的传播工具（Javenpaa & Tractinsky，1999）。总体而言，目前网络营销可分为 15 种主要形式：

1. 搜索引擎营销

搜索引擎营销是目前最主要的网站推广营销手段之一，尤其基于自然搜索结果的搜索引擎推广，因为免费，因此受到众多中小网站的重视。搜索引擎营销方法也成为网络营销方法体系的主要组成部分。如在百度中输入"七格格官方旗舰店"，会出现如图 5-6 所示的顺序。

图 5-6　搜索引擎下的品牌排序

　　搜索引擎营销的主要方法包括：竞价排名、分类目录登录、搜索引擎登录、付费搜索引擎广告、关键词广告、搜索引擎优化、地址栏搜索、网站链接策略等。

2. 即时通讯营销

　　即时通讯营销又叫 IM 营销，是企业通过即时工具 IM 帮助企业推广产品和品牌的一种手段，常用的主要有两种：第一种是网络在线交流。中小企业建立网店或者企业网站时一般会有即时通讯在线，这样潜在的客户如果对产品或者服务感兴趣自然会主动和在线的商家联系。服装企业在淘宝店开设官方旗舰店，一般会有在线客服，可在第一时间满足消费者对产品深入了解的需求，如图 5-7 所示。第二种是广告。中小企业可以通过 IM 营销通讯工具，发布一些产品信息、促销信息，或者可以通过图片发布一些网友喜闻乐见的表情，同时加上企业需要宣传的标志。

图 5-7 优衣库的在线客服及热线电话

3. 病毒式营销

病毒式营销是一种常见的网络营销方法，常用于网站推广、品牌推广等。病毒式营销利用的是用户口碑传播的原理，在互联网上，这种"口碑传播"更为方便，可以像病毒一样迅速蔓延，因此病毒式营销成为一种高效的信息传播方式。由于这种传播是在用户之间自发进行的，几乎是不需要费用的网络营销手段。病毒式营销的巨大威力就像一颗小小的石子投入平静的湖面，似乎只是激起了小小的波纹，稍后你会看到波纹层层叠叠延展，短短几分钟，整个湖面都起了震荡，这就是病毒式营销的魅力。

4. BBS 营销

BBS 营销又称论坛营销，就是利用论坛这种网络交流平台，通过文字、图片、视频等方式传播企业品牌、产品和服务的信息，从而让目标客户更加深刻地了解企业的产品和服务，最终达到宣传企业品牌、产品和服务的效果，是一种加深市场认知度的网络营销活动。

BBS 营销就是利用论坛的人气，通过专业的论坛帖子策划、撰写、发放、检测、汇报流程，在论坛空间提供高效传播。包括各种置顶帖、普通帖、连环帖、论战帖、多图帖、视频帖等，再利用论坛强大的聚众能力，调动网友与品牌之间的互动，从而达到企业品牌传播和产品销售的目的。

5. 博客营销

博客营销是通过博客网站或博客论坛接触博客作者和浏览者，利用博客作者个人的知识、兴趣和生活体验等传播商品信息的营销活动。博客营销本质在于通过原创专业化内容进行知识分享争夺话语权，建立起个人品牌，树立自己"意见领袖"的形象，进而影响读者和消费者的思维和购买行为。

6. 聊天群组营销

聊天群组营销是即时通讯工具的延伸，是利用各种即时聊天软件中的群功能展开的营销，目前的群有 QQ 群、MSN 群、旺旺群等。

聊天群组营销时借用即时通讯工具具有成本低、即时效果和互动效果强的特点，因此广为企业采用。它是通过发布一些文字、图片等方式传播企业品牌、产品和服务信息，从而让目标客户更加深刻地了解企业的产品和服务，最终达到宣传企业品牌、产品和服务的效果，加深市场认知度的网络营销活动。如图 5-8 所示。

图 5-8　QQ 聊天对话框广告推送

7. 网络知识性营销

网络知识性营销是利用百度的"知道""百科"或企业网站自建的疑问解答板块等平台，通过与用户之间提问与解答的方式来传播企业品牌、产品和服务信息。

8. 网络事件营销

网络事件营销是企业、组织主要以网络为传播平台，通过精心策划、实施可以让公众直接参与并享受乐趣的事件，并通过这样的事件达到吸引或转移公众注意力，改善、增进与公众的关系，塑造企业、组织良好形象的目的，以谋求更大效果的营销传播活动。海澜之家携手腾讯、新浪微博、网易、凤凰等十几家媒体，通过热门 App 开机大图 & 信息流的形式，提醒大家 6.21 记得祝老爸父亲节快乐，如图 5-9 所示。

图 5-9　海澜之家事件营销

9. 网络口碑营销

网络口碑营销是把传统的口碑营销与网络技术有机结合起来的新的营销方式，利用互联网的互动性和便利性。通过消费者或企业销售人员以文字、图片、视频等口碑信息与目标客户之间进行的互动沟通，两者对企业的品牌、产品、服务等相关信息进行讨论，从而加深目标客户的印象，最终达到网络营销的目的。

网络口碑营销是 Web2.0 时代网络中最有效的传播模式。网络口碑营销在国际上盛行已久，美国有专门的协会对此领域进行专门的探讨。

10. 网络直复性营销

网络直复性营销是指生产厂家通过网络，直接发展分销渠道或者直接面对终端消费者销售产品的营销方式。譬如 B2C、B2B 等。网络直复性营销是通过把传统的直销行为和网络有机结合，从而演变成一种全新的、颠覆性的营销模式。很多中小企业因为分销成本过大和自身实力太小等原因，纷纷采用网络直复性营销方式，想通过其成本小、收入大等特点，达到以小博大的目的。

11. 网络视频营销

网络视频营销指的是企业将各种视频短片以各种形式放到互联网上，达到宣传企业品牌、产品以及服务信息的目的的营销手段。网络视频广告的形式类似于电视视频短片，它具有电视短片的各种特征，例如感染力强、形式内容多样等，又具有互联网营销的优势，例如互动性、主动传播性、传播速度快、成本低廉等。可以说，网络视频营销已将电视广告与互联网营销两者优势集于一身。

12. 网络图片营销

网络图片营销就是企业把设计好的有创意的图片，在各大论坛、空间、博客和即时聊天等工具上进行传播或通过搜索引擎的自动抓取，最终实现传播企业品牌、产品、服务等信息的目标。

13. 网络软文营销

网络软文营销，又叫网络新闻营销，通过网络上的门户网站、地方网站或行业网站等平台传播一些具有阐述性、新闻性或宣传性的文章，包括一些网络新闻通稿、深度报道、案例分析等，把企业、品牌、人物、产品、服务、活动项目等相关信息以新闻报道的方式，及时、全面、有效地向社会公众广泛传播的新型营销方式。

14. RSS 营销

RSS 营销，又称网络电子订阅杂志营销，是指利用 RSS 这一互联网工具传递营销信息的网络营销模式。RSS 营销的特点决定了其比其他邮件列表营销具有更多的优势，是对邮件列表的替代和补充。使用 RSS 的以行业内人士居多，比如研发人员、财经人员、企业管理人员，他们会在一些专业性很强的科技型、财经型、管理型等专业性的网站，用邮件形式订阅杂志和日志信息，从而达到了解行业新信息的目的。

15. SNS 营销

SNS 全称 Social Networking Services，即社会性网络服务，譬如人人网、腾讯网等都是 SNS 型网站。这些网站旨在帮助人们建立社会性网络的互联网应用服务。SNS 营销是随着网络社区化而兴起的营销方式。SNS 社区在中国快速发展的时间并不长，但是 SNS 现在已经成为备受广大用户欢迎的一种网络交际模式方式。SNS 营销就是利用 SNS 网站的分享和共享功能，在六维理论的基础上实现的一种营销。通过病毒式传播的手段，让企业的产品、品牌、服务等信息被更多的人知道。

第四节　服装网络营销策略

网络营销策略是企业为了适应迅速变化的竞争环境，寻找长期稳定增长的网络营销途径，并且为了实现这一途径而优化企业组织、资源，制订的总体性和长期性网络营销谋划和策略。作为信息技术的产物，网络具有很强的竞争优势。并不是每个企业都能顺利地开展网络营销，企业实施网络营销必须考虑公司的目标市场、顾客关系、企业业务需求和技术支持等各个方面。企业必须确立正确合适的营销战略，提供高效、有价值的产品和服务，扩大营销规模，提升营销层次，才能实现企业的经营目标。

一、服装行业概况

服装纺织行业是我国传统优势产业，在我国国民经济发展中一直占有重要地位，是我国的支柱产业之一。随着居民收入水平的提升，我国已成为全球最重要的服装消费市场之一。

（一）我国服装行业的发展历程

OEM 阶段：自 20 世纪 80 年代起的全球纺织服务产业第三次转移中，中国成为全球纺织服务产业的制造中心，OEM 成为中国纺织服装企业主要的经营模式。

ODM 阶段：20 世纪 90 年代，中国纺织服装企业的加工制造技术日臻成熟，经营模式由 OEM 向更高层次的接单加工模式 ODM 转变。

品牌经营阶段：2000 年以后，国内消费者对服装产品的质量和品位的要求不断提高，我国服装行业开始进入个性化、多元化和时尚化的消费时代，市场竞争逐渐从价格、数量转向品牌，使品牌服装的发展进入快速成长期。众多品牌服装企业在一线城市、省会和重点城市开设了专卖店、商场，占据了稳定的市场。

2000 年以后，我国服装行业以品牌运营、研发设计、渠道建设为重点的商业模式的兴起，为自主品牌服装企业的发展奠定了坚实的基础。我国服装行业发展历程如图 5-10 所示。

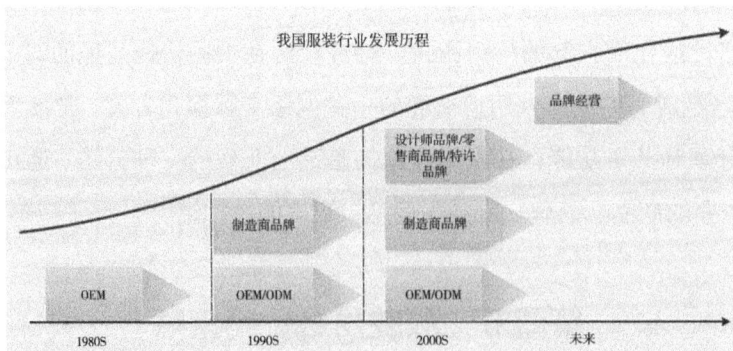

图 5-10 我国服装行业发展历程

（二）我国服装行业的发展趋势

服装是生活必需品，随着城市化的发展和人均可支配收入的提高，我国服装行业销售额相应地快速增长。国家统计局数据显示，2004 年至 2012 年，我国限额以上服装零售总额从 1020 亿元增加至 7022 亿元，增长率均值为 26.6%，比同期 GDP 增长率均值高约 16 个百分点，服装零售额与 GDP 增速比较如图 5-11 所示。

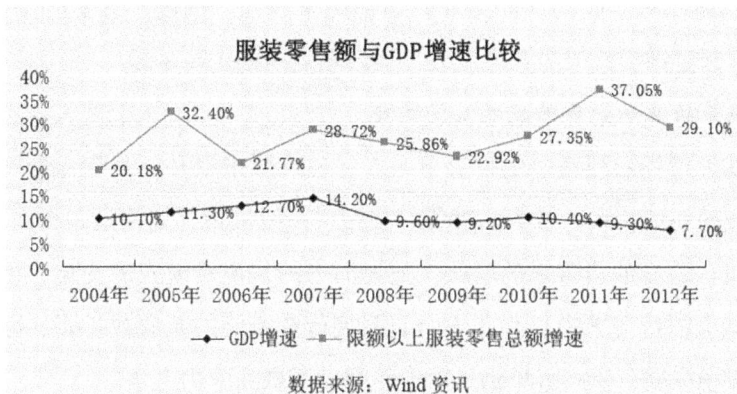

图 5-11　服装零售额与 GDP 增速比较

二、服装行业竞争环境

（一）市场细化，竞争加剧

我国服装行业经过多年的发展，市场已向纵深发展，在产品品类、功能、档次、营销模式、目标客户、服务区域分割等方面经历了不断细分的过程。市场的精细划分促进了各产业集群和各品牌的差异化竞争，促使各品牌在设计研发、品牌理念、营销策略上更加明确风格定位、突出自身的品牌内涵，力求在深度细分市场取得差异化竞争优势。

随着新兴产业的发展、受教育程度的提高、多元文化的发展，年轻人在经济上的实力不断增加，人们的消费观念也在不断变化，品牌意识更加强烈。为适应多种不同需求的消费群体，服装品牌的细分也会不断增加，品牌效应将会更加明显。

（二）竞争日趋国际化

中国是服装消费和制造大国，随着近年来中国经济的增长，外国服装企业纷纷看好中国市场，加快在中国的企业布局，外国的品牌也越来越多地进入中国市场。与此同时，中国服装市场越来越国际化。中国的服装企业在国家出口政策的带动下，也加快了国际市场上的开拓步伐。因此，未来服装行业国际化的竞争趋势日趋明显。

（三）竞争手段多样化

随着服装企业的不断增多和消费者需求层次的不断提高，企业要想在服装行业立于不败之地，仅仅通过价格竞争是远远不够的，非价格竞争在市场竞争中越来越受到企业的重视。从产品、设计、品牌的竞争到服务、形象的竞争，服装行业的竞争手段日趋多样化。消费者也不再是饱尝需求饥渴的公众，他们在购买活动中对商家的服务需求也越来越高，对企业的认同感和归属感越来越强。因此，形象营销、服务营销、创新营销、管理营销应该成为今后服装行业市场竞争的主要手段。

（四）服装行业的竞争转战二三线城市

在一线城市市场激烈竞争的形势下，二、三线城市以及更为深入延展的农村市场成为服装行业的新增长点。各大品牌纷纷在二、三线城市开始圈地，扩大自营店建设，抢占市场先机。随着消费需求的增长，随之而来的是消费模式的变化，可喜的是新一轮二、三线城市消费需求的兴起并未引起服装行业产能的粗放式扩张，而是强化了各服装品牌的市场深度，新兴市场仍是以大品牌、区域品牌为主角。

（五）电商竞争更加激烈

随着居民消费习惯的改变，越来越多的网民更青睐网上购物，许多服装企业均已开通了电子商务平台。然而发展至今，电子商务的流量红利开始消失，运营成本则不断上升，打折促销也使竞争更加剧烈。

导致服装行业内部竞争加剧的原因，一是行业增长缓慢，对市场份额争夺激烈；二是竞争者数量较多，竞争力量大抵相当；三是竞争对手提供的产品或服务大致相同，或体现不出明显的差异；四是某些企业为了规模经济的利益，扩大生产规模，市场均势被打破，产品大量过剩，企业开始诉诸削价竞销。

通过了解服装行业市场竞争情况，有助于服装企业认识行业的竞争激烈程度，并掌握自身在服装行业内的竞争地位以及竞争对手情况，为制订有效的服装行业市场竞争策略提供依据。

三、网络营销产品策略

（一）产品精准化

精准化，就是找准自己的客户群，并满足这部分群体特定的需求。服装作为体现人个性化的重要手段之一，它们的生产企业，更需要将这种精准化定位发挥到极致。目前，国内的服装市场大致可以分为高端和中低端两个领域。在中低端领域，消费者追求的是时尚多变的款式和适中的价位；而在高端领域，消费者对品牌和精致考究的做工更为关注。

"快时尚"和"个性定制"，正是应用在中低端和高端市场的两个最佳模式。它们都可以根据消费者的不同需求，通过在设计、生产、物流、销售等一系列环节的设置和布局，极大地满足消费者的需求。中低端市场，快时尚是一个非常流行的概念。国内的品牌中，海澜之家、阿仕顿等都是这个模式。在这两个品牌中，一件衬衣的平均价格仅在 100 元左右，一件羽绒服也不过 400~500 元，但拥有多种时尚的款式和颜色。所售商品从夏装到冬装、从皮包到鞋、从腰带到袜子等应有尽有，消费者完全以超市自选的方式，选购适合自己的款型。而所谓的高端市场，不仅仅代表着价格的高昂，还因为消费者在品牌内涵和心理情感上都有着更高的诉求，而个性化定制正好可以满足消费者的此类需求。例如国内最早开创互联网定制的红领集团，其凭借数字化工业3D 打印模式，将 3D 打印逻辑思维创造性地运用到工厂的生产中，成功地解决了个性化与工业化大生产的矛盾，实现了消费者 99% 的个性化定制需求。其销售数据也证明了这一模式的成功，红领集团 2013 年生产服装 700 万套件，实现销售收入 16.76 亿元；2014 年产值约 20 亿元，MTM（Made to Measure）产量每天约 2600 到 2800 套件。

（二）产品品牌化

面对琳琅满目的产品，企业如何能在众多的产品中脱颖而出，这就需要创建自身的产品品牌。当消费者产生购买欲望时，品牌可以第一时间出现在消费者的脑海中。

创立产品品牌的主要作用有两个，一是企业的产品品牌等于企业注册了一个规范的电子商标，可以有效地保护企业的公众形象和无形资产，防止法律纠纷。二是企业利用自己创立的网上品牌能够让消费者在一个变化莫测的网络世界中把一项产品与企业联系起来，让该品牌深入人心，从而使消费者在选择商品时对该产品产生一种偏好。一旦品牌创立成功，企业出售的不仅仅是实际的产品，还有公司的品牌和信誉。

国际著名的服装品牌香奈儿（http：//www.chanel.com）非常善于利用网络展示企业文化，树立企业形象，提高企业及其品牌的知名度。香奈儿通过在网上发布时尚资讯，使它的品牌更加深入人心，同时网络也是该公司新的品牌形象的主要宣传方式，各大电影节及时装秀使香奈儿的设计传递到世界各地。如图 5-12 所示。

2015年06月15日 *Chanel News*

ALMA JODOROWSKY
卡布尔电影节

6月12日，卡布尔电影节在法国隆重召开，法国影星Alma Jodorowsky担任短片类评审，身着香奈儿2015春夏高级成衣系列外套及衬衫优雅亮相。

摄影：Chanel/Getty Images

图 5-12　Alma Jodorowsky 亮相卡布尔电影节

（三）产品生命周期缩短

传统的营销理论认为产品生命周期一般经过产品引入期、成长期、成熟期和衰退期四个阶段。由于快时尚的流行和网络的发展，服装产品的生命周期已大大缩短。企业可以利用网络电视电话等工具与其他公司协作共同开发新产品，减少企业本身开发新产品的复杂性和创新风险，以降低企业的研发费用和成本，提高企业的竞争力和灵活性。企业还可以通过因特网迅速建立和更改产品项目，并应用网络对产品项目进行虚拟推广，从而以高速度、低成本实现对产品项目及营销方案的调研和改进，并使企业的产品设计、生产、销售和服务等各个营销环节能共享信息、互相交流，促使产品开发从各方面满足消费者需要，最大限度地满足消费者需求。企业通过互联网还可实现全球技术研究人员的合作，大大加快产品研究开发的速度，缩短产品生命周期。ZARA 在全球店铺均保持一周两次的上新频率，而捕捉 T 台上最新的流行趋势并于 Arteixo 的总部进行设计再到搬进服装店，只需要 3 周的时间。正是依靠这种惊人的反应和二次设计能力，让 ZARA 及其母公司 Inditex 集团成为全球最大的服装零售业公司。如图 5-13 所示为 ZARA 供应链流程图。

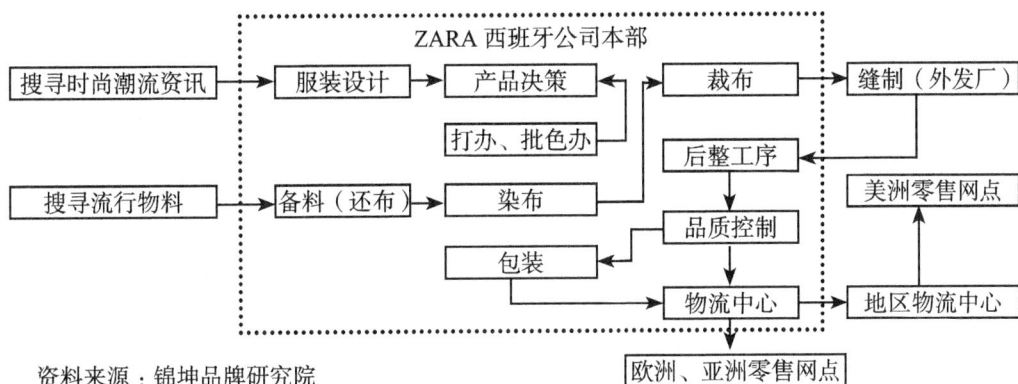

资料来源：锦坤品牌研究院

图 5-13　ZARA 供应链流程图

（四）服装实物产品策略

服装流行的特点具有明显的周期性，一般包括酝酿期、发展期、高潮期和衰退期。服装网络营销须根据服装流行不同时期的特点，制订相应的营销策略，以使企业获得最大的营销收益，见表 5-1。

表 5-1　不同阶段的服装产品策略

服装产品流行阶段	服装产品策略
酝酿期策略	加强全方位广告、展销促销活动 选择适当的网络销售渠道 完善工艺方案，加强服装产品的稳定性
发展期策略	通过网上交互等形式扩大市场渗透，争取更多消费者 宣传广告目标由介绍产品转向增加和提高消费者对产品的偏好 建立网上服务站，重视售后服务
高潮期策略	加强产品改革 科学配置生产组织管理，结合网络营销渠道方案，进行合理储存和运输 设计开发新款服装
衰退期策略	适当降低价格，联合网络营销渠道，为迎接下一个利润高峰做准备 生产新款服装，并积极推向市场

四、网络营销价格策略

价格是服装营销中最为敏感的话题，而网络营销使服装的价格不仅展现在消费者面前，同时也暴露在竞争对手面前。服装品牌的价格是一个体系化的过程，定价至少包括全国统一零售定价、渠道政策定价、促销定价、库存减值定价等四大方面。

（1）全国统一零售价又称吊牌价。它的定价基础来源于成本价，包括材料成本、内部加工费与外部加工费、行业同类参考价、往季品类销售占比关系、最高与最低定价原则、品类核心指导价等多个制约因素。仅仅关注一个因素或者几个因素都不能完全体现品牌的定价机制。

（2）渠道政策定价包括自营零售的品牌折扣、批发代理折扣、加盟店铺折扣、买断性质指定价格等，这是品牌的渠道销售政策决定的，不是临时性标签修改。

（3）促销定价包括品牌促销与渠道商场促销的临时性定价。这是一个阶段性、短期的价格，一般在区域范围内影响较小，可以灵活多变适应个体店铺的促销，也是营销人员可以掌控的。

（4）库存减值定价是一个营销价格策略，跟企业的财务关联。库存减值可以提前消化库存压力，帮助品牌更加精确的计算成本。

服装商品定价最基本的参考因素是市场定位。通过外部环境与行业态势，在一系列的市场调研以及企业内部资源整合中，确定最终的品牌方向，也就是目标消费群体，其中目标消费群、消费能力指数与市场竞争状态可作为基本参考依据。

目前，服装商品定价基本公式是倍率方式，即成本 × 价格倍数 = 基础零售价格。国内专卖品牌基本倍数在 5~6 倍。有的甚至达到 8~10 倍（50 元成本商品定价约 300 元）。商品定价倍数只作为定价坐标，还要考虑商品企划中系列、类别、面料、款式特点、款式搭配等因素，进行价格调整。

根据营销促销策略与商品企划将同类别商品分级定位：形象款、主推款、促销款。形象款代表品牌风格特点以及未来流行趋势等，在商品定价时可略高于基本倍数；主推款（本季商品面料、设计卖点符合大众目标消费群的需求）为专卖店商品实现销售主力军，以基本倍数定价；促销款是吸引人流或以推销为重的商品，可略低于基本倍数定价，甚至可以直接定为特价款。分级定价是为实现销售推广而做的价格策略，在基本倍数定价的基础上更加细化，并且通过分级定价来实现平衡价值体系的正常运作。

五、网络营销渠道策略

随着国外服装巨头纷纷进入我国市场，服装行业竞争日趋激烈。面对严峻的形势，服装企业开始探索新型的服装营销渠道模式，以便能高效、互动、实时地满足消费者需求，获得消费者忠诚，进而提升企业的竞争优势。网络技术对服装营销渠道地快速渗入，以及由此展现出的巨大优势，引起了我国服装企业的广泛关注，很多企业开始实施网络营销渠道建设。

（一）网络营销渠道的概念

网络营销渠道指企业在以信息技术为特征的网络化条件下，对各个营销渠道模式的选择、优化、重组，从而建立一个适应网络经济时代要求，高效、开放、互动、超时空的新型营销渠道体系和模式。

（二）网络营销渠道的结构

网络营销渠道的结构可以划分为网络直接营销渠道和网络间接营销渠道两大类，如图 5-14 所示。

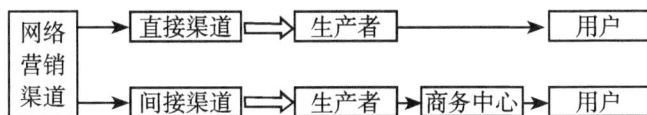

图 5-14　网络营销渠道结构

（1）网络直接营销渠道。

网络直接营销渠道简称网络直销，指通过互联网实现从生产者到消费者的直接营销渠道。在此过程中，通过 ISP（Internet Service Provider，互联网服务提供商）和电子商务服务商提供产品信息发布和网站建设、在线选购、网络支付方式、物流配送服务等，从而完成整个网络直销流程。网上直接渠道使生产者和终端消费者实现了直接接洽和沟通，其最大特点是交易环节较少，速度较快，费用较低。网络直接营销渠道的交易过程如图 5-15 所示。

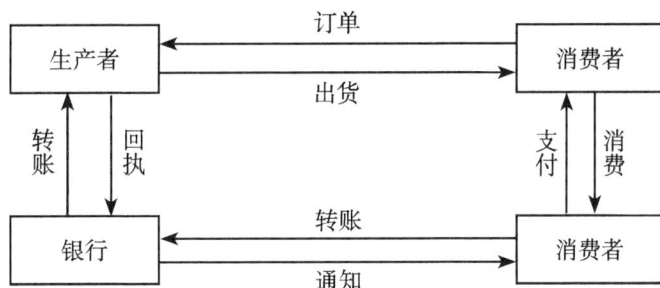

图 5-15　网络直销的交易流程

（2）网络间接营销渠道。

网络间接营销渠道是指生产者通过互联网中间商把产品或服务销售给消费者的营销渠道。它的基本特征是渠道中加入已掌握互联网技术的中间商，并借助他们的网络空间，拥有一个提供商务交易的中心平台，从而使消费者可以轻易地借助这个商务平台获得所需的产品和服务。网络间接营销渠道一般适用于小批量商品和生活资料产品的销售。

网络间接营销渠道中的网络商品交易，中间商成为网络时代连接买卖双方的枢纽，这些专业的网络中间商知名度高、信誉好，降低了在虚拟网络买卖双方的风险，确保双方的利益，得到了广泛的认可。再者，网络中间商汇集了大量的产品信息，消费者只要进入网站就可以获得各种商家同类产品的信息，方便消费者的比较和筛选。网络中间商大大简化了交易流程，加快了交易速度，为生产者和消费者都提供了方便。如阿里巴巴网站、唯品会等。

（3）网络营销渠道的双道法。

双道法指企业同时采用网络直接营销渠道和网络间接营销渠道，以期达到销售业绩的最大化。企业在实施网络营销渠道的过程中，双道法是常常采用的渠道策略。在买方市场的现实情况下，通过两条渠道销售商品比通过单一渠道更容易开拓市场。进入中国 8 年之久的 H&M 首度将所有产品类别搬上了自己的电商平台；未在中国设有实体店的英国快时尚品牌 TOP SHOP 在尚品网的官方旗舰店上线迂回进入中国市场；而在 2014 年 10 月 13 日，已经开设自己网上商店的 ZARA 又在天猫开设了官方旗舰店，快时尚巨头对电商的热度空前升温。如图 5-16 所示。

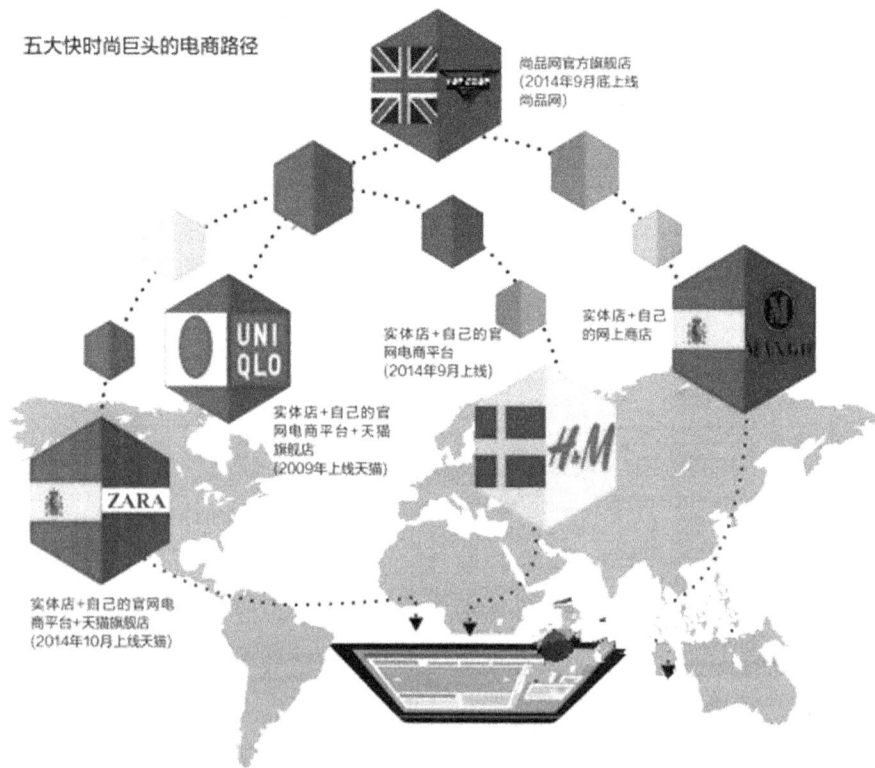

图 5-16　五大快时尚巨头的电商路径

（三）O2O 模式

O2O，即 Online To Offline（在线离线 / 线上到线下），是指将线下的商务机会与互联网结合，让互联网成为线下交易的前台（如服装品牌索妃雅O2O闭环，参见图5-17）。移动终端购物是新的潮流，不仅为电商企业也为线下服装品牌发展电商提供了新的思路和渠道。移动终端所带来的消费者流量和线上体验，以及其独特的对消费者生活购物模式的改变都为服装品牌带来新的增长点。

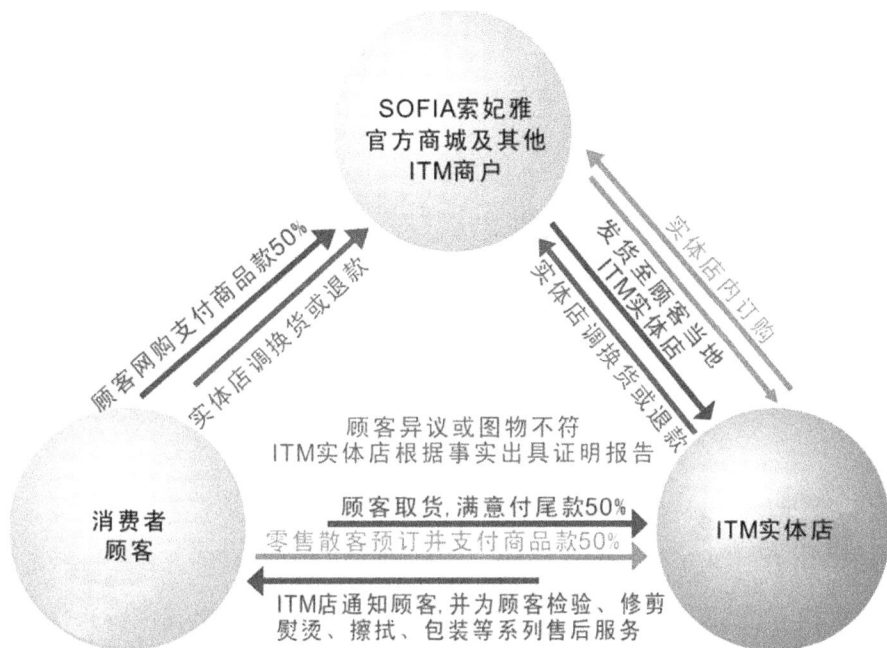

图5-17 索妃雅O2O闭环

发展服装行业O2O，一是要有足够的消费者接触点。传统服装品牌拥有众多线下店铺，便于消费者随时随地获取商品信息。二是要有足够成熟的供应链管理体系，包括库存管理、物流管理、员工管理以及信息系统管理，保证消费者完美的购物体验。

六、网络促销策略

网络促销的核心问题是如何吸引消费者，为其提供具有价值诱因的商品信息。针对网上商店的特点，网店内部的促销策略应着重考虑促进销售和信用管理两种方式。

（一）促进销售

网店内部促进销售的手段以免邮费、打折、赠品为主，其余方式为辅。

（1）免邮费。网络购物的邮费问题一直是买家关注的焦点之一，已影响到买家对于网购价格的评价，如图5-18所示。当前的商品邮寄主要分为：邮局（包裹平邮）、物流快递、特快专递等。平邮的价格较低，但周期较长；物流快递价格适中、送货周期3~5天；特快专递虽周期较短，但价格昂贵。因此快递公司是最容易被买家接受的。店主可以根据买家所购买商品的数量来相应地减免邮费，让消费者从心理上觉得像在家门口买东西，不用附加任何其他费用。

图5-18 买家所购商品包邮和不包邮展示图

（2）打折。由于打折促销能直接让利于消费者，让客户直接感受到实惠，所以是目前最常用的一种阶段性促销方式。折扣主要采取以下两种方式：一是不定期折扣。在重要的节日，如春节、情人节、母亲节、圣诞节等，进行 8 ~ 9 折优惠，在节日期间消费者往往更具购买动机和购买冲动，店主应选择价格调节空间较大的商品打折销售。这种方式的优点是，符合节日消费者购物的心理需求，可以吸引更多的消费者前来购买，虽然折扣销售利润下降，但销售量提高，总的销售收入不会减少，同时又增加了店内的人气，拥有更多的顾客，对以后的销售也会起到促进作用。天猫 6·25 年中大促销，裂帛服饰天猫旗舰店取得了当天单品牌销售额 1740 万元 +，前 8 小时稳居女装品类第一、当天总成绩品类第二的辉煌战绩，如图 5-19 所示。二是变相折扣。如"捆绑式"销售，以礼盒方式在节假日销售。这种方式符合节日气氛，更加人性化。

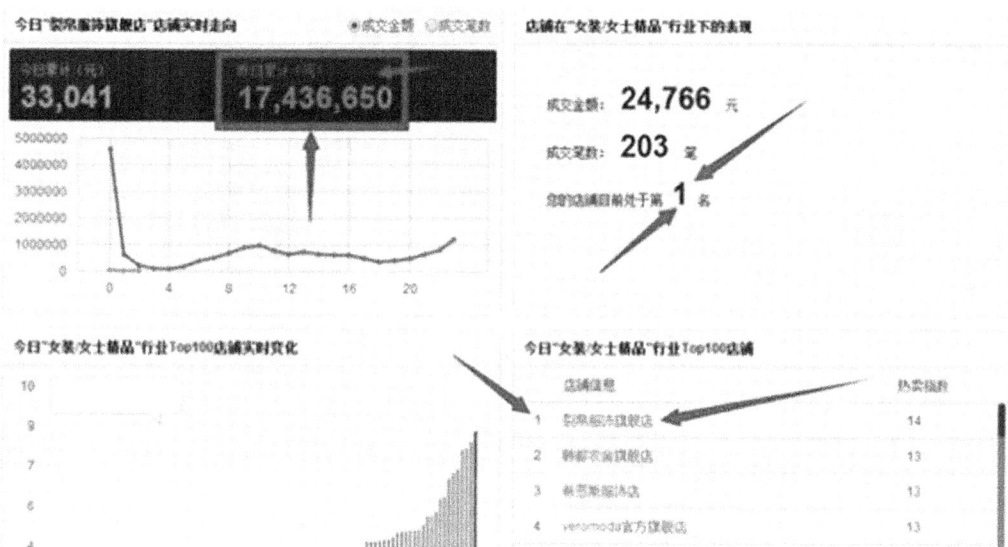

图 5-19　裂帛销售情况及排名

（3）赠品。赠品促销的关键在于赠品的选择上，一款恰当的赠品，能对商品销售起到积极的促进作用，而赠品选择不当只能造成成本上升，利润减少的后果，达不到商家预期。一般情况下，服装进行促销的时候会选择买一赠一或买二赠一的折扣方式。如图 5-20 所示。选择合适的赠品应注意：第一，不要选择次品、劣质品。这样做只会适得其反，影响店铺的信用度。第二，选择适当的能够吸引买家的产品或服务。可以赠送试用装或小样，也可以赠送无形的东西——服务。第三，应注意赠品的预算，赠品要在能接受的预算内，不可过度赠送赠品而造成成本加大。

图 5-20　服装赠品展示

（4）会员积分。凡在网店购买过商品的顾客，可以成为网店会员。会员不仅可享受购物优惠，如图 5-21 所示，同时还可以累计积分，用积分免费兑换商品。此方式的优点是，可吸引买家再次来店购买，以及介绍新买家来店购买，不仅可以巩固老顾客，使其得到更多的优惠，还可以拓展发掘潜在买家。

图 5-21　会员折扣价

（5）红包。红包是网店专用的一种促销工具，商家可以根据自身店铺的情况灵活制定红包的赠送规则和使用规则，如图 5-22 所示。通过此种手段可增强店内的人气，由于红包有使用时限，因此可促进客户在短期内再次购买，有效提升网店的销量。

图 5-22　红包使用规则

（6）促销活动。网站不定期会在不同板块组织不同的活动，参与活动的商家会得到更多的推荐机会，这也是提升店铺人气和促进销售的一个好方法。要想让更多的人关注网店，店主就要经常关注网站首页、支付宝页面、公告栏等网站举办的活动，并积极参与。

（二）信用管理

信用评价是会员在第三方平台交易成功后，在评价有效期内（成交后 3 ~ 45 天），就该笔交易互相做评价的一种行为。信用评价不可修改。评价分为"好评""中评""差评"三类，每种评价对应一个信用积分，具体为："好评"加一分，"中评"不加分，"差评"扣一分。如图 5-23 所示。

店铺半年内动态评分

宝贝与描述相符
★★★★★
暂时无人打分

卖家的服务态度
★★★★★
暂时无人打分

卖家发货的速度
★★★★★
暂时无人打分

	1分 非常不满	2分 不满意	3分 一般	4分 满意	5分 非常满意

买家累积信用：28 　　　好评率：100.00%

	最近1周	最近1个月	最近6个月	6个月前	总计
好评	3	4	18	10	28
中评	0	0	0	0	0
差评	0	0	0	0	0
总计	3	4	18	10	28

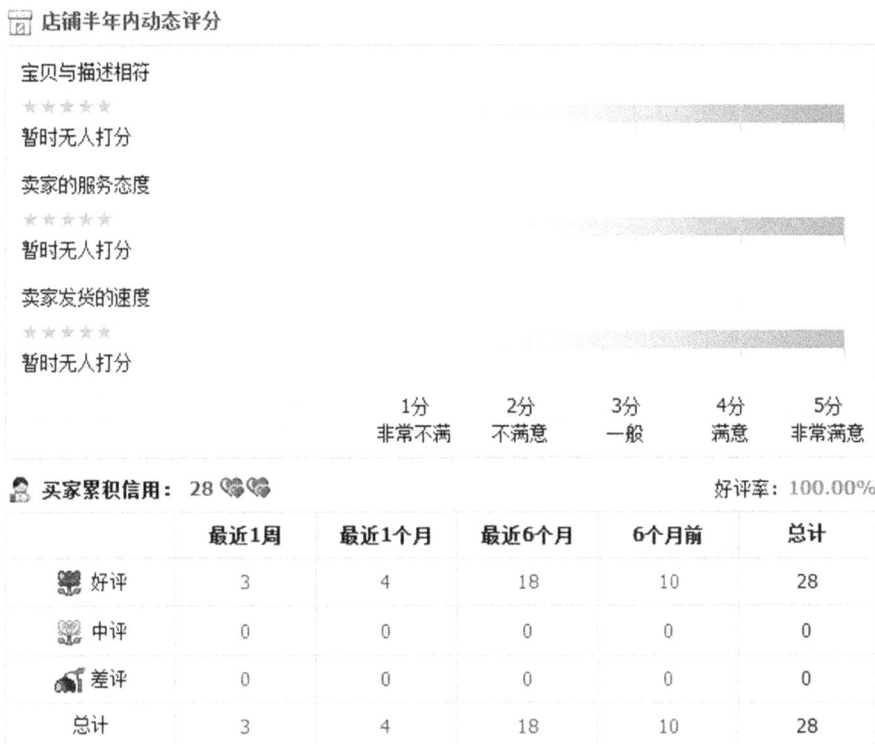

图5-23　消费者购买评价

一方面，网店的信用级别会对消费者的购买决策产生影响，可以吸引顾客在交易后关注卖家所给的信用评判。由此看来，店主一方面要诚信经营，提升自己的信用度和信用级别；另一方面要把握好这个宣传机会，每次交易后，不仅要对买家作三级别评判，还要在评判留言栏留下相关的店铺信息。如"我们将在下周进行全场商品九折活动，欢迎再次光临"。这样一来，评判留言栏就成了一个促销信息的发布专区，合理地利用了网络资源。

服装产品是一种非功能性价值含量高的产品（如社会价值、文化价值、美学价值、象征价值等），其感知主要靠视觉、触觉，而且流行周期短，款式变化快，市场定位较为严格和细致。这些特点决定了服装促销的特点，具体表现为：

（1）促销偏重于树立形象或理念定位。

服装的穿着意义，不仅表现在保暖、遮体等功能性方面，而且还是一种象征，表达了自我价值、理想和追求。这需要用色彩、款式和面料等要素来表达，需要准确的诠释以确立形象，表达设计师的理念定位，并将其传递给目标顾客。

（2）提高品牌知名度和顾客忠诚度是服装促销的目标。

服装品牌需要长期的促销活动，才能取得成效，形成忠诚的顾客群，进而扩大销售额。

（3）促销规划常以季节为周期和主题。

促销活动总体规划应以季节为主题制订。一年的时装季节通常为 2～4 季，服装设计师和服装生产商应针对零售商促销常在季节前进行的特点，如夏季时装发布安排在 1 月或 2 月，春季时装发布则在上一年的 10 月或 11 月，设计款式安排生产。

（4）视觉传播媒介是主要促销媒介。

服装的美学意义主要表现在视觉方面，要表达这种流动的艺术，采用视觉传播媒介如出版物、电视、广告牌等是很理想的；其中杂志彩印画页、电视和时装表演最能表现服装风格和渲染服装感染力；服装摄影也因此成为商业摄影业中的一个重要分支。

第五节　服装网络广告

服装企业做广告的目的是树立企业形象、销售企业的产品。伴随着电子商务的产生和发展，服装网络广告也迅速崛起并得到极大的发展。

（一）服装网络广告的现状

网络广告是 Internet 问世以来广告业务在计算机领域中新的拓展，也是 Internet 作为营销媒体最先被开发的营销技术。网络广告是利用网站上的广告横幅、文本链接、多媒体等方法，在互联网上刊登或发布广告，通过网络传递给互联网用户的一种高科技广告运作方式。与传统的四大传播媒体（报纸、杂志、电视、广播）广告及近来备受垂青的户外广告相比，网络广告具有得天独厚的优势。网络广告作为新一代的营销模式，具有运作成本低、信息互动性强、传播面广、形象生动和较强的互动性等特点，广告效果的可评估衡量被众多业内人士所关注。iResearch 艾瑞咨询根据网络广告监测系统 iAdTracker 的最新数据研究发现，2015 年 3 月，服饰品牌网络广告总投放费用达5484 万元。其中，阿迪达斯投放费用达 1013 万元，位居第一；彪马投放费用达 348 万元，位居第二；耐克投放费用 324 万元，位居第三，见表 5–2。其中，门户网站和视频网站是服饰类品牌网络广告首选的投放媒体。门户网站投放费用达 2317 万元，占总投放费用的 43.2%；视频网站投放费用 1473 万元，占总投放费用的 26.9%，两者合计占总投放费用的 69.2%，见表 5–3。

表 5-2　iAdTracker-2015 年 3 月服饰品牌网络广告预估费用排行

排名	行业	投放预估费用	排名变化
		万元	
1	阿迪达斯	1013	
2	彪马	348	
3	耐克	324	
4	千纸鹤服饰	308	
5	PLAYBOY	206	
6	博柏利（burberry）	158	
7	匡威	156	
8	VF Corporation	153	
9	爱慕内衣	133	
10	海澜之家	127	
Source：iAdTracker，2015.3，基于对中国 200 多家主流网络媒体品牌图形广告投放的日监测数据统计，不含文字链及部分定向类广告，费用为预估值。			

表 5-3　iAdTracker-2015 年 3 月服饰品牌网络广告投放媒体类别排行

排名	行业	投放预估费用	排名变化
		万元	
1	门户网站	2317	
2	视频网站	1473	
3	时尚网站	462	
4	社区网站	396	
5	微博媒体	273	
6	财经网站	113	
7	新闻网站	89	
8	地方网站	67	
9	客户端	133	
10	房产网站	127	
Source：iAdTracker，2015.3，基于对中国 200 多家主流网络媒体品牌图形广告投放的日监测数据统计，不含文字链及部分定向类广告，费用为预估值。			

（二）网络广告的本质特征

对网络广告现状进行分析研究，并对目前广泛传播的网络广告的一般特点重新归纳总结，可以看出网络广告所具备的四个本质特征。

1. 网络广告需要依附于有价值的信息和服务载体

用户为了获取对自己有价值的信息会浏览网页、阅读电子邮件，或者使用其他有价值的网络服务如搜索引擎、即时信息等，网络广告只有依附这些有价值的信息和服务才能存在。用户获取信息的行为特点要求网络广告必须具有针对性，否则网络广告便失去了存在的价值。网络广告这一基本特征表明，网络广告的效果并不单纯取决于网络广告自身，还与其所在的环境和依附的载体有密切关系。

2. 网络广告的目的在于引起用户关注和点击

由于网络广告承载信息有限的缺点，因此难以承担直接销售产品的职责，网络广告的直接效果主要表现在点击和浏览，因此网络广告策略的目的在于引起用户关注。网络广告本身所传递的信息不是营销信息的全部，而是为吸引用户关注而专门创造并放置于容易被发现之处的信息导引。这些可以测量的指标与最终的收益之间有相关关系，但并不是一一对应的关系，这也为网络广告效果的准确测量带来了难度，而且某些网络广告形式如纯文本的电子邮件广告等本身也难以准确测量其效果。网络广告这个特征也决定了其效果在品牌推广和产品推广方面更具优势，而其表现形式以新、大、奇等更能引起注意，这也说明为了解决网络广告点击率不断下降的困境，网络广告形式不断革新的必然性。

3. 网络广告具有强制性和用户主导性的双重属性

网络广告的表现手段很丰富，是否对用户具有强制性关键取决于广告经营者而不是网络广告本身。随着广告商对用户注意力要求的扩张，网络广告逐渐产生了强制性和用户主导性的双重属性。虽然从理论上讲用户是否浏览和点击广告具有自主性，但越来越多的广告商采用强制性的手段迫使用户不得不浏览和点击，如弹出广告、全屏广告、插播式广告、漂浮广告等，虽然这些广告引起用户的强烈不满，但从客观效果上达到了增加浏览和点击的目的，因此为许多单纯追求短期可监测效果的广告客户所青睐，这也使得网络广告与传统广告一样具有强制性，而且表现手段越来越多，强制性越来越严重。目前对于网络广告所存在的强制性并没有形成统一的行业规范，更没有具有普遍约束性的法律法规，因此这种矛盾仍将继续存在下去。

4. 网络广告应体现用户、广告客户和网络媒体三者之间的互动关系

网络广告具有交互性，因此有时也称为交互式广告。网络广告交互性的真正意义在于体现了用户、广告客户和网络媒体三者之间的互动关系。也就是说，网络媒体提供高效的网络广告环境和资源，广告客户则可以自主地进行广告投放、更换、效果监测和管理，而用户可以根据自己的需要选择自己感兴趣的广告信息及其表现形式。只有建立了三者之间良好的互动关系，才能实现网络广告最和谐的环境，才可以让网络广告真正成为大多数企业可以采用的营销策略，网络广告的价值才能最大限度地发挥。

这种互动关系具有一定的理想特征，但离现实并不遥远。目前在搜索引擎营销中常用的关键词广告、竞价排名等形式中已经初步显示了其价值。

（三）服装网络广告的形式

1. 网幅广告（包含 Banner、Button、通栏、竖边、巨幅等）

网幅广告是以 GIF、JPG、Flash 等格式建立的图像文件，定位在网页中大多用来表现广告内容，如图 5-24 所示，同时还可使用 Java 等语言使其产生交互性，用 Shockwave 等插件工具增强表现力。

图 5-24 腾讯网页中的服装广告

2. 文本链接广告

文本链接广告是以一排文字作为一则广告，点击可以进入相应的广告页面。这是一种对浏览者干扰最少，但却较有效果的网络广告形式。有时候，最简单的广告形式效果却最好。

3. 电子邮件广告

电子邮件广告具有针对性强（除非你肆意滥发）、费用低廉的特点，且广告内容不受限制。特别是针对性强的特点，它可以针对具体某一个人发送特定的广告，为其他网上广告方式所不及。

4. 赞助

赞助式广告多种多样，比传统的网络广告为广告主提供了更多的选择。2015 年 7 月，苏宁易购携手裂帛、茵曼、AMII、初语、潮流前线、天使之城等各大服装品牌组成各自项目小组，并与好声音节目导演组进行实时沟通，根据学员形象及个性为其定制服装造型。同时，苏宁易购与好声音的合作还为粉丝带来了全新的惊喜。一方面，各大品牌原创设计师为好声音学员量身打造的服装造型方案将通过苏宁易购独家发售，并给资深铁粉带来专属优惠。另一方面，苏宁易购还将携手各大品牌充分考虑好声音学院粉丝团的需求，为其定制粉丝团服装等周边商品，以满足粉丝的应援需求。

5.插播式广告（弹出式广告）

访客在请求登录网页时强制插入一个广告页面或弹出广告窗口。这种方式类似电视广告，都是打断正常节目的播放，强迫观看。插播式广告有各种尺寸，有全屏的也有小窗口的，而且互动的程度也不同，从静态到动态的都有。浏览者可以通过关闭窗口不看广告（电视广告是无法做到的），但是它们的出现没有任何征兆，而且肯定会被浏览者看到。

（四）服装广告的作用

1.连接服装企业与市场的桥梁

对企业而言，服装广告是连接企业与市场的桥梁，是展现品牌文化的窗口。品牌文化是一个抽象的概念，要让市场与消费者理解、感知这一概念，必须通过适当的形式表现出来。服装广告正是能够把抽象理念转化为具体表现形式的工具。优秀的服装广告不仅能够传播品牌文化，还有助于企业品牌形象的提升。除了传统的广告投放渠道，人们还可借助品牌排行榜、社会公益活动、限量销售等动态的广告形式，为服装品牌或产品创造良好的口碑。

对于许多服装企业而言，它们直接面对的客户并不是最终的消费者，而是经销商。多数经销商判断一个品牌的生命力和后续力，以及企业实力规模的标准之一就是看企业是否将广告投放于中央电视台，有没有"人气"形象代言人。虽然这样的判断标准过于片面，但无数成功的服装广告案例确实证明广告投放与销售增长之间的必然联系。

2.消费者对产品的认知途径

对消费者而言，服装广告首先是消费者认知服装企业品牌文化的途径。消费者通过服装广告认识品牌，了解流行趋势与每季新品。消费群体对于品牌或产品认知的多少，标志着广告所创产品形象水平的高低。从某种程度上讲，广告决定了产品最终的市场反应。消费群的心理认知可通过多种渠道获得，服装广告就是其中最有效的渠道之一。

观赏服装广告对于消费者而言是一次"心灵之旅"。许多服装广告所展现的画面正是消费者心中梦想的天堂，那些触及心灵的广告很容易与消费者产生共鸣。优秀的服装广告对于消费者而言，是一种归属感。因为真正的服装品牌会给消费者提供一种"归属感"。著名学者马斯诺在他的"需求层次理论"中阐述了这样的观点：一个人在起码的温饱和安全问题得到解决后，会产生更高层次的追求，希望在人际交往中得到归属感，得到别人的尊重与承认，进而实现个人的自我价值。服装广告正是让消费者真实感知这种归属感的途径。

3. 反映社会文化的发展与变革

从社会发展的角度看，服装广告反映着社会文化的发展与变革，展现着人类的所思、所想、所需。服装广告常以社会最关注的焦点作为表现元素。例如，耐克在"9·11"之后，立即推出耐克"9·11"主题广告。近些年来，随着人类越来越关注自然、和谐、环保，许多服装品牌也纷纷以此作为广告主题。此外，服装广告也是国际间交流的工具，已成为人类生活中不可缺少的重要组成部分。

第六节 大数据技术在服装网络营销中的应用

一、大数据技术简介

在传统的商务运营管理中，由于商务数据是零碎和分散的，原来的商务模式已经难以适应复杂的营销数据环境。在大数据时代，通过对大数据进行分析，可以采集真正有价值的数据，并充分应用这些数据，借助于大数据分析技术和策略对这些数据进行高效深入的分析，获得高价值的客户信息，进行精准高效的客户定位，实现营销价值，还可以节省交易成本。引入大数据分析将会有效解决难以精确营销的问题。

（一）大数据的概念

大数据（big data），指无法在可承受的时间范围内用常规软件工具采集、管理和处理的数据集合。麦肯锡全球研究所给出的定义是：一种规模大到在获取、存储、管理、分析方面大大超出了传统数据库软件工具能力范围的数据集合，具有海量的数据规模、快速的数据流转、多样的数据类型和价值密度低四大特征，如图 5-25 所示。

图 5-25 大数据的特征

（二）大数据——全数据模式

在信息处理能力受限的时代，世界需要数据分析，却缺少用来分析所收集数据的工具，因此随机采样应运而生，它也可以被视为那个时代的产物。如今，计算和制表不再像过去一样困难。感应器、手机应用、网站点击被动地收集了大量数据，而计算机可以轻易地对这些数据进行处理。

采样的目的就是用最少的数据得到最多的信息。大数据时代，研究者可以轻易获得海量数据，采样就没有什么意义了，此时"样本＝总体"，大数据不用随机分析法这样的捷径，而采用所有数据的方法。谷歌流感趋势预测并不是依赖于对随机样本的分析，而是分析了整个美国几十亿条互联网检索记录。分析整个数据库，而不是对一个小样本进行分析，能够提高微观层面分析的准确性，甚至能够推测出某个特定城市的流感状况，而不是一个州或是整个国家的情况。

有人把数据比喻为蕴藏能量的煤矿。煤炭按照性质有焦煤、无烟煤、肥煤、贫煤等种类，而露天煤矿、深山煤矿的挖掘成本又不一样。与此类似，大数据并不在"大"，而在于"有用"。价值含量、挖掘成本比数量更为重要。

（三）大数据的现实贡献

大数据在当下已有很多杰出表现：帮助政府实现市场经济调控、公共卫生安全防范、灾难预警、社会舆论监督；帮助城市预防犯罪，实现智慧交通，提升紧急应急能力；帮助医疗机构建立患者的疾病风险跟踪机制，帮助医药企业提升药品的临床使用效果，帮助艾滋病研究机构为患者提供定制的药物；帮助电商公司向用户推荐商品和服务，帮助旅游网站为旅游者提供心仪的旅游路线，帮助二手市场的买卖双方找到最合适的交易目标，帮助用户找到最合适的商品购买时期、商家和最优惠价格；帮助企业提升营销的针对性，降低物流和库存的成本，减少投资的风险，以及帮助企业提升广告投放精准度；帮助社交网站提供更准确的好友推荐，为用户提供更精准的企业招聘信息，向用户推荐可能喜欢的游戏以及适合购买的商品。

二、大数据在服装网络营销中的应用

大数据营销又称数据驱动型营销，主要是以驱动客户高效参与，实现一对一的时效精确营销为目标，通过搜集、分析、执行从大数据处理所得到的结果，并以此描述客户参与，优化营销和评估内部责任的过程。

快时尚巨头 ZARA 的成功以"快"出名，灵敏的供应链系统、多品种少量制售一体的效率化经营，使众多服装企业难以望其项背。除了台面上的设计能力，台面下的资讯／数据大战，更是重要的隐形战场。ZARA 推行的海量资料整合，通过线下实体店和线上网店的信息收集分析，最终各方信息被分类处理，成为设计、生产、销售的指南。

大数据技术在服装网络营销中的应用主要体现在如下几个方面：

1. 挖掘用户行为，洞悉消费者喜好

只要积累足够的用户数据，就能分析出用户的喜好与购买习惯，甚至做到"比用户更了解用户自己"，这一点是许多大数据营销的前提与出发点。无论如何，过去那些将"一切以客户为中心"作为口号的企业应该反思，过去真的能及时全面地了解客户的需求与所想吗？或许只有大数据时代这个问题的答案才更明确。

大数据应用非常重要的一个特点，就是大数据可以帮助商家对市场活动中的用户行为习惯进行分析。用户行为分析是市场中常用的一种策略。市场活动以用户为中心，以效益为导向，活动的筹备、布置、服务都围绕此而展开，如果缺乏大数据指导，极可能导致活动实效的大缩水。大型服装品牌的数据收集依赖系统化管理来完成，而将要为营销提供决策依据的用户行为分析则还需要对收集的数据做点"加法"，从而实现这些数据价值的深度挖掘。那么，需要做"加法"的数据对象包括哪些呢？一般说来，完整的用户行为数据应包含用户的习惯、来源、服务体验度等，具体而言主要是顾客购买服装的渠道来源，支付方式，人群职位分布与行业来源，人员的群体习性与特征，对不同款式服装的关注度，现场服务的体验度，不同区域的人流密集度，等等。

采用"加法"处理所收集的数据，仍然离不开系统化管理，将数据完整、准确地记录下来，并依据一定的算法逻辑进行分析。例如，在顾客购买服装的渠道来源分析中，大数据处理方式会精确地分析出该名顾客获知活动信息的推广渠道、地域来源，不同渠道分布比例、各渠道营销成本与收益对比，以及购买服装款式的比例、购买方式的行为等。除了对数据挖掘的深度，这种方法还同时具备了数据的精确性、实时性等，真正把数据的附加价值发掘出来。

在营销观念发生了翻天覆地变化的今天，基于数据分析的用户行为研究不仅可以提供营销决策的依据，而且还将在后续营销机会跟进、服务体验改进、现场资源优化配置等方面给企业以实际的帮助。

在服装网络营销过程中，收集用户的行为数据，利用大数据分析处理技术，可对用户的"收藏""加入购物车""购买""提交订单"退换货评价等操作深入挖掘。通过聚类分析的方法对不同用户进行分类，充分了解消费者的喜好，针对不同的消费者制定差异化的网络营销策略，可使营销效率更高，目标用户的转化率也更高。同时，根据市场销量反馈，可迅速对自己的服装设计进行改进。

以 ZARA 为例，其传统的营销策略，是将商品推荐给客户，同时通过客户在市场中的表现收集客户的相关信息。但是今天，客户更加多变，客户群也变得很不一样了。现在社交媒体越来越多，它给了客户新的思考方式和思考方向，所以说商家必须改变他们的营销方式和营销策略。客户希望通过社交媒体与商家加强互动，进行购物方面的体验交流。

为适应市场变化 ZARA 开始在各种渠道增加与客户的接触点，不管是实际的店面还是互联网平台，希望通过各个不同的客户接触点与客户进行无缝对接，给客户提供无缝的享受和体验。许多商家现在很害怕自己在线上以及线下的竞争中不能超越其他商家从中脱颖而出。所以这种与顾客的多接触点布局以及互联网平台的应用，可使商家获得更多数据，然后通过对大数据的研究，寻找客户购买服装的行为特征，据此为顾客提供个性化的服务。

比如，一位顾客在浏览网络的时候，一开始只是想在 ZARA 买一条连衣裙，于是就在 ZARA 的官网上搜索连衣裙，因为顾客已经登录了账户，所以说前端的系统就会识别到该位顾客的独特数据信息，包括这位顾客之前的购买历史以及浏览记录。商家将该顾客之前的购买历史和现在他们所提供的相似的商品进行连接，就可以在网页的右端给顾客提示现在有什么相似的商品、商家正在进行什么样的促销活动，于是看到了这些商品就会更加促进顾客想要买的欲望，使顾客能够更容易地挑选到适合自己的连衣裙，并且商家还会为特定的顾客提供特定的优惠。商家就是通过这样定位每一个客户的购物历史以及现在相似的商品进行匹配来促销自己的商品，同时又能够为顾客提供更好的个性化服务。

2. 提升渠道推广度

在大数据分析的过程中，需要对数据进行不断的分析，不同的时段、不同的地域，对用户的转化中要实施什么样的营销策略，这个在各个渠道都是不一样的，在网络营销过程中，分析各个渠道带来的用户的不同行为特征，推广各个渠道中的营销效果，会无形中提升企业的投资回报率。在网络营销过程中，渠道的扩展是一个难题，传统渠道的竞争，新客户获取的难度等，如何提高渠道的推广程度，也是服装企业进行网络营销中的一个难点，大数据分析可以让渠道营销更简单。过去，精准营销总在被许多公司提及，但是真正做到的少之又少，反而是垃圾信息泛滥。究其原因，主要就是过去名义上的精准营销并不怎么精准，因为其缺少用户特征数据支撑及详细准确的分析。相对而言，现在的广告等应用则向我们展示了比以前更好的精准性，而其背后靠的即是大数据支撑。

就传统的顾客服装购买体验而言，顾客会觉得他们首先是想要买一双新鞋，第二点就是他们会对这个鞋子进行调查研究，看他们要买哪一个品牌的鞋子，以及该鞋子的质量怎么样，然后再决定到底买不买这个鞋子，或者是买哪一个品牌的鞋子。但是在大数据背景下，商家可以对客户购买的每一个过程都进行控制，比如说，可以通过社交媒介发布一些照片，或者是发布一些名人穿着自己品牌衣物鞋子等的照片，通过这种照片的推广，引导顾客更加了解和喜欢自己的品牌。

商家通过对品牌广告投放、点击率等数据的分析，可以了解顾客的消费习惯，从而在不同的渠道提升品牌的推广度。现在顾客会在无意识中运用各种渠道，去了解知晓该品牌。比如说，一些顾客一开始是想在这个店的官网上购买商品，但是他们又想去第三方的网站上看一下会不会有什么打折，比如说淘宝、京东等。然后，可能很多顾客在淘宝上搜一搜，发现同样的商品同样的质量正品，他们有打折，那么顾客就不会在官网上买，而是会选择到第三方的购物网站上去买。但是第三方购物网站的货物来源也是来自于这个品牌，比如说 H&M、ZARA，只是他们购买的渠道是通过第三方网站。所以说，客户会在无意识中运用各种各样的渠道来完成自己的购物的过程。而且，顾客还会把这个品牌推荐给周围的人，从而达到了品牌的推广。

3. 品牌宣传与评估

企业在进行市场宣传和广告投放的时候，可以利用数据可视化的分析结果，对于宣传活动形成报告，进而建立更加精准的广告投放体系，以便对整个营销以及宣传过程进行精细化的管理。

网络空间犹如一个虚拟的世界，数量庞大的网络分散在各个"角落"，提供着即时聊天、网络游戏、网络新闻、BBS 以及社交网络之类的应用服务。依靠传统营销手段和营销技术，服装品牌很难实现对分散化、碎片化目标受众的聚合，但通过整合营销传播活动，以实现对目标受众尽可能广泛的覆盖，又是服装企业必须要完成的工作。基于此，我们应当加强大数据在广告整合传播活动中的应用，包括发现目标受众的位置、整理目标受众的信息特征、制订针对目标受众的信息传播策略以及实施具体的广告传播活动等，推动广告活动在网络空间中的整合传播，由此实现对分散化、碎片化的目标受众最大程度的聚合。

【思考题】

1.你对服装网络营销学习有什么期望？你认为网络营销内容体系中哪些是学习的难点？请为自己制订一个网络营销学习方案。

2. 在常用的网络营销方法中，你认为大型企业和中小型企业（或者网站）在选择网络营销方法时有哪些差异，哪些网络营销方法更适合中小企业运用？除了本章列出的方法，你还能列举更多适合中小企业运用的网络营销方法吗？

3. 选择一家你感兴趣的服装企业，了解其竞争环境，并对其网络营销策略进行分析。

4. 任选一家门户网站，分析其主要广告业务模式。如果你是小企业主，在该网站应投放哪些类型的网络广告？

【案例】

凡客诚品时尚服装的网络营销案例分析

VANCL凡客诚品是国内这段时间比较突出的时尚服装品牌，它在中国市场出现的时间相比其他品牌要晚很多，而对于时尚服装营销而言，想在一个新市场当中抢得一席之地，即使大量的营销投入，也未必完全可以实现目标。相比VANCL凡客诚品的营销策略，应该说他们很懂市场，他们所做的事情，完全符合市场切入的需要与开展营销的必要元素。关注VANCL凡客诚品体验营销和整合营销的这些环节。可以对VANCL凡客诚品所作的策略进行深入的洞察。

一、网络病毒营销

互联网是消费者学习的最重要渠道，在新品牌和新产品方面，互联网的重要性第一次排在电视广告前面。VANCL凡客诚品采用广告联盟的方式，将广告遍布大大小小的网站，并采用试用的策略，所以广告的点击率也比较高，因为采用了大面积的网络营销，其综合营销成本也相对降低，并且营销效果和规模要远胜于传统媒体。

二、体验营销

一次良好的品牌体验（或一次糟糕的品牌体验）比正面或负面的品牌形象要强有力的多。VANCL凡客诚品采用"VANCL试用啦啦队"，免费获新品BRA——魅力BRA试穿写体验活动的策略，用户只需要填写真实信息和邮寄地址，就可以拿到试用装。当消费者试用过VANCL凡客诚品产品后，那么就会对此评价，并且和其他潜在消费者交流，一般情况交流都是正面的（试用装很差估计牌子就砸掉了）。

三、口碑营销

消费者对潜在消费者的推荐或建议，往往能够促成潜在消费者的购买决策。铺天盖地的广告攻势，媒体逐渐有失公正的公关，已经让消费者对传统媒体广告信任度下降，因此口碑传播已成为消费最有力的营销策略。

四、会员制体系

类似于贝塔斯曼书友会的模式，订购 VANCL 凡客诚品商品的同时自动就成为 VANCL 凡客诚品会员，无需缴纳任何入会费与年会费。VANCL 凡客诚品会员还可获赠 DM 杂志，成为 VANCL 凡客诚品与会员之间传递信息、双向沟通的纽带。采用会员制大大提高了 VANCL 凡客诚品消费者的归属感，拉近了 VANCL 凡客诚品与消费者之间的距离。

【案例讨论】

针对以上案例，结合本章所学的知识，就下面几个问题展开讨论：

1. 互联网对 VANCL 凡客诚品最大的促进作用表现在什么地方？

2. 结合 VANCL 凡客诚品当前现状，谈一下服装企业在发展电子商务过程中应该吸取哪些经验教训。

【本章小结】

本章首先介绍了网络营销基本概念、基本职能以及常见的网络营销方法等网络营销的基础知识。其次，介绍了针对服装行业竞争日趋激烈的电子商务环境，服装企业应如何根据自身特点，制定相应的网络营销产品策略、价格策略、营销渠道策略和网络促销策略。同时，还详细介绍了服装网络广告的现状、网络广告的本质特征、服装网络广告的形式以及作用。最后介绍了借助于大数据分析技术和策略如何获得高价值的客户信息，进行精准高效的客户定位，实现营销价值。

第六章　服装电子商务的物流管理

【本章学习目标】

1. 了解物流的基本概念

2. 了解服装电子商务的主要职能

3. 掌握服装电子商务物流规划的过程

【引导案例】

美特斯·邦威的电商供应链

美特斯·邦威服饰建立了自己的电子商务平台——"邦购"。作为全新的电子商务 B2C 交易平台，邦购的定位是主要销售公司品牌服饰 MB、MC 及网络自有品牌 AMPM 的产品。美特斯邦威有 3000 多家实体专卖店。新的电子商务平台的目标是与传统渠道形成互补：既有线下的传统模式体验，也有线上 24 小时快捷便利的体验模式。

传统服装企业的整体供应链是由"品牌商—生产商—批发商—零售商—终端客户"组成；而服装电商企业的整体供应链则是由"电商企业—OEM 厂商（或众多品牌商）—电商仓库—终端客户"来组成的。

传统服装供应链的终点是要落实到门店，而门店的核心理念是位置。对于服装电商而言，物流配送就是他们的渠道，站点就是他们的门店，只有配送渠道顺畅才能使销售流程顺畅，配送员就是他们的营业员。

对服装电商企业而言，如何依托自身的 IT 实力，构建独立又灵活的物流管理系统，通过对物流资源整合与管理，提供专业的供应链管理服务，成为服装企业强有力的后勤保障系统，成为其开展电子商务的新的挑战。

资料来源：百度文库

第一节　物流管理与供应链管理概述

一、物流管理

（一）物流管理的概念

物流（Logistics）原意是后勤保障。具体指在商品流通过程中运输、储存、配送、装卸、包装、保管、物流信息管理等各项活动。

美国物流管理学会 1998 年对物流（Logistics）的定义是：物流是供应链过程的一部分，是以满足客户需求为目的，以高效和经济手段来组织产品、服务以及相关信息，从供应到消费的运动和存储的计划、执行和控制的过程。物流运作流程如图 6-1 所示。

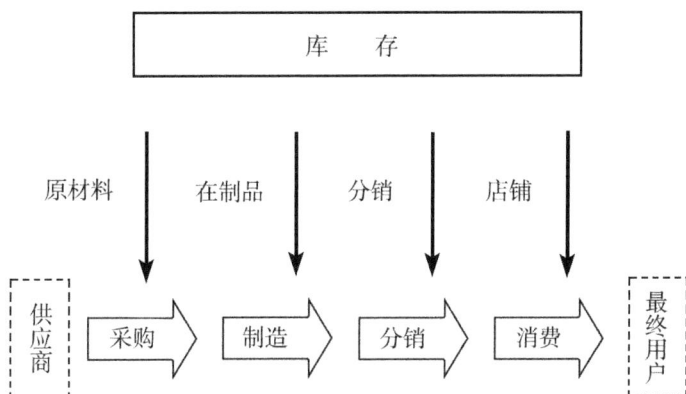

图 6-1　物流运作流程示意图

中国《物流术语》国家标准将物流定义为：物品从供应地向接收地的实体流动过程，根据实际需要，将运输储存、装卸、搬运、包装、加工、配送、信息处理等功能实施有机结合。

电子商务物流是指电商企业在销售过程中，将产品的实体转移给用户的物流活动，是产品从生产地到用户的时间和空间的转移，是销售订单管理、库存管理、运输管理、配送管理等各环节的统一。

物流的职能有：运输功能、存储功能、装卸功能、包装功能、配送功能、信息处理功能、流通加工功能。

物流管理是为了满足客户的需求，对商品、服务和相关信息，从产出点到消费点的合理、有效的流动和储存进行规划、实施与控制的过程。物流运作中的商品流动和信息流动如图 6-2 所示。

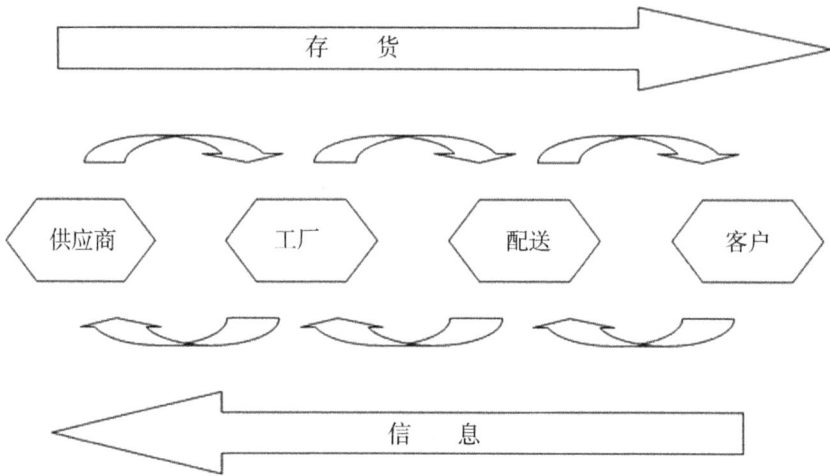

图 6-2　物流中的商品流和信息流

物流管理的内容包括对物流活动诸要素的管理，即对其中人、财、物、设备、方法和信息等六大要素的管理；对物流活动中的物流计划、质量、技术、经济等职能的管理。

物流管理的任务是以尽可能低的成本为顾客提供最好的服务。可以概括成 7R：

Right Cost

Right Time

Right Place

Right Condition

Right Quality

Right Product

Right Customer

即以适当的成本，在恰当的时间、恰当的地点、恰当的条件，将良好的质量、合适的产品送到适合的顾客手中。

（二）物流管理的职能

服装企业的物流可分为采购物流、厂内物流、销售物流、退货物流、废弃物回收物流。

（1）采购物流。将采购的原材料，零部件由供应商处运入厂内的物流过程。

（2）厂内物流。将所采购的原材料和零部件入库、保管、出库。

（3）销售物流。将商品从工厂、物流中心或外单位的仓库送到批发商、零售商或消费者手中的运输、配送称为销售物流。销售物流还包括将商品送到外单位仓库的运输和配送过程。

（4）退货物流。与已售出商品的退货有关的运输、验收和保管。

（5）废弃物回收物流。有关废弃的包装容器、包装材料等废弃物的运输、验收、保管和出库。

（三）服装销售物流管理的目标

物流管理在服装企业营销过程中发挥着重要的作用，是企业销售渠道中重要的内容之一。市场营销不仅要发掘、刺激消费者或用户的需求和欲望，而且还要适时、适地、适量地提供产品给消费者或用户，以满足他们的需求。物流是通过有效地安排商品的仓储、管理和转移，使商品在需要的时间到达需要地点的经营活动。为此，需要商品仓储和运输，即物流管理。制订正确的物流策略，对于降低成本、增强竞争力、提供优质服务、促进和便利顾客购买、提高效益，均具有重要意义。

物流的职能是将产品由生产地转移到消费地，从而创造地点效用和时间效用。服装商品由于花色繁多，款式型号复杂，流行性和季节性明显，从市场营销的角度看，在产品销售过程中，合理安排包装、装卸搬运、仓储、运输等工作，既能保护好商品，并降低花费，使服装产品的最终零售价格保持在一个合理的水平，又能实现商品的快速流通，进而提升产品的销售量，提高产品的竞争力。因此，有效的物流管理是服装营销管理的重要环节。

销售物流是服装企业物流系统的最后一个环节，是企业物流与社会物流的一个衔接点。它与企业销售系统相辅相成，最终共同完成产成品的销售任务。

销售物流作为服装电商企业市场营销活动的一部分，不仅包括产品运输、保管、装卸、包装，而且还包括这些活动过程中所伴随的信息传播。它以企业销售预测为开端，并以此为基础规划生产进度和存货水平。从市场营销观点来看，物流规划应以市场为起点，并将所获信息反馈到产品来源地。

服装企业首先应考虑目标消费者的位置以及他们对产品便利性的要求。还须了解竞争者提供的服务水平，以设法赶上并超过竞争者。之后制订一个综合策略，设计包括店铺、仓库的位置选择、存货水平、运送方式等策略组合，进而向目标顾客提供服务，不断提升客户体验水平。

服装电商物流的起点，一般情况下是生产企业的产成品仓库，经过分销物流，完成长距离、干线的物流活动，再经过配送完成市内和区域范围的物流活动，到达零售企业和最终消费者。销售物流是一个逐渐发散的物流过程，其内容包括对运输、仓储、存货控制、搬运装卸、保护性包装、订单处理等物流活动的管理，以形成有效的"物流策略组合"。

物流的基本工作是向顾客提供使其满意的服务。基本内容包括：

（1）产品的可得性。

（2）订货及送货速度，包括普通订货速度和紧急订货速度。

（3）存货或缺货的比率。

（4）送货频率。

（5）送货可靠性，包括小心照护、轻拿轻放以及损坏补偿等。

（6）运输工具及运输方式的选择。

服装销售物流管理的目标是以最低的成本为消费者提供最好的服务，通过对物流过程的控制与计划管理，实现以最经济合理的方式，最低的费用，满足消费者的需要，把产品在准确的时间运送到准确的地点。

物流管理的目标，并不是轻易可以达到的。要为消费者提供最好的服务，往往会导致成本上升。物流管理直接影响企业的成本，无效的物流管理能在无形之中增高企业管理成本。让消费者满意是企业市场营销的核心，也是销售物流工作的重要内容。有效的物流越来越成为赢得消费者的关键。如果企业物流不通畅，将会失去消费者。

由于服装产品种类日益繁多，要使每一个消费者在一定的时间，一定的地点购买到所需产品，经营者就得保持一定的库存。库存量小，经营者可以节省库存费用，但一旦出现缺货，消费者在确定的时间、确定的地点没有购买到所需的产品，就会对经营者产生不信任感，经营者的商誉就要受到损害，经营者就会失去顾客，导致以后的销售量下降，利润减少；库存量多，消费者随时可以买到所需的产品，但是经营者的库存费用必定增加。有时经营者为了保持合理的库存量，避免出现缺货，就不得不放弃低成本但速度慢的物流方式，而选择速度快的方式，就会增高成本，使销售成本和销售价格上升。

服装企业要为消费者提供最好的服务，就必须做好以下物流工作：

（1）订单处理。准确并迅速地把订单分送到负责仓储、运输、结算等工作的有关部门，选择符合顾客需要的运输工具和运输方式，使货物顺利运到消费者手中。

（2）发货管理。能按消费者要求的时间、频率，及时并安全可靠地送货上门。

（3）库存管理。保持合理库存，使消费者随时可以买到货物。

二、供应链管理

（一）供应链管理的概念

早期的观点认为，供应链是企业生产过程中的一个内部环节，它是指企业将从外部采购的原材料和零部件，通过生产转换和销售等活动，再传递给零售商和用户的过程。其逻辑过程如图 6-3 所示。

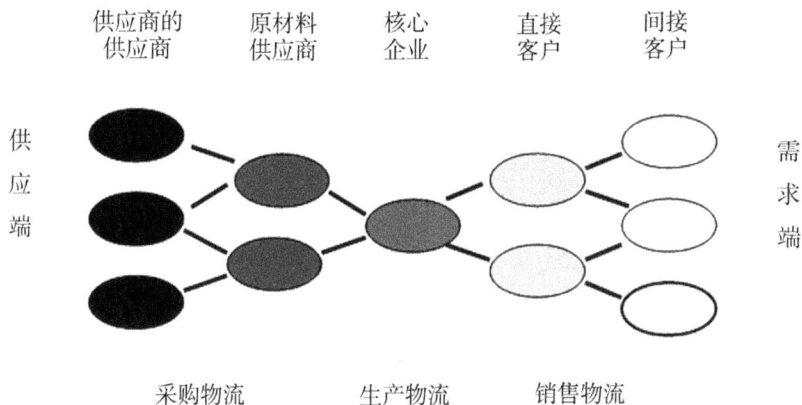

图 6-3　供应链结构逻辑图

传统的供应链概念局限于企业内部操作层次，注重企业自身的资源利用。但这种关系也仅仅局限于企业与供应商之间，而且供应链中的各企业独立运作，忽略了与外部供应链成员企业的联系，往往造成企业间的目标冲突。

随着企业经营发展和学术研究的深入，供应链的概念中增加了与其他企业的联系，注意了供应链的外部环境，认为它应是"通过连接不同企业的制造、组装、分销、零售等过程将原材料转换成产品，再到最终用户的转换过程"，是"由直接或间接地满足顾客需求的各种因素组成，不仅包括制造商和供应商，还包括运输商、仓储商、零售商，甚至包括顾客本身。在每一条供应链中，这些功能包括但并不限于以下功能：新产品开发、市场营销、生产运作、分销、财务和客户服务。"例如制造企业中，供应链包括接受并满足顾客需求的全部功能。这是更大范围、更为系统的概念。

《中华人民共和国国家标准物流术语》（GB/T 18354-2006）对供应链的定义：供应链是生产及流通过程中，涉及将产品或服务提供给最终用户所形成的网链结构。

供应链是一个网链结构，它由围绕核心企业的供应商、供应商的供应商和用户、用户的用户组成。一个企业是一个节点，节点企业和节点企业之间是一种需求与供应关系。供应链的层级关系如图 6-4 所示。

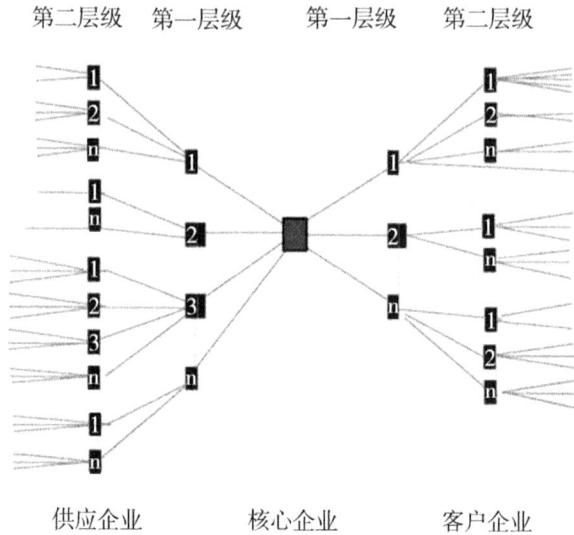

第二层级　　第一层级　　　第一层级　　第二层级

供应企业　　　　　　核心企业　　　　　客户企业

图 6-4　供应链的结构层次

供应链的概念和传统的销售链是不同的，它已跨越了企业界限，从建立合作制造或战略伙伴关系的新思维出发，从产品生命线的"源"头开始，到产品消费市场的"汇"，从全局和整体的角度考虑产品的竞争力，使供应链从一种运作性的竞争工具上升为一种管理性的方法体系，这就是供应链管理提出的实际背景。供应链系统的关系如图 6-5 所示。

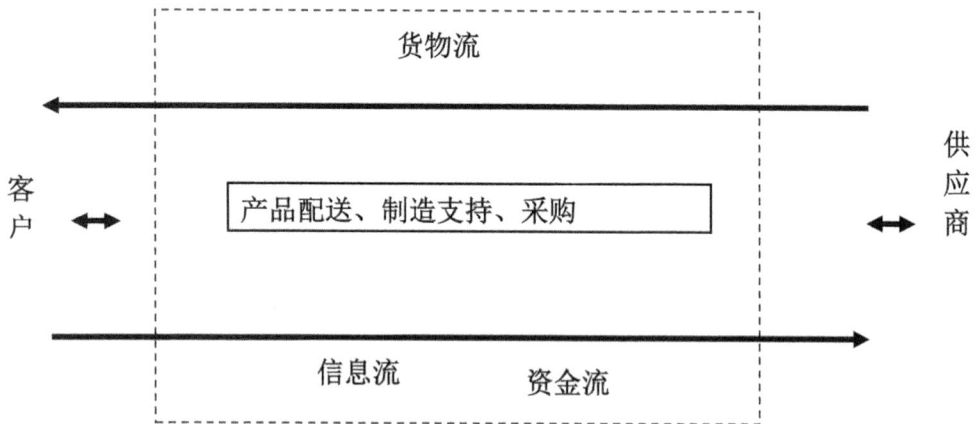

图 6-5　供应链的"3 流"

（二）供应链管理的理念

供应链管理是指企业在认识和掌握了供应链各环节内在规律和相互联系基础上，利用管理的计划、组织、指挥、协调、控制和激励职能，对产品生产和流通过程中各个环节所涉及的物流、信息流、资金流、价值流以及业务流进行合理调控，以期达到最佳组合，发挥最大的效率，迅速以最小的成本为客户提供最大的附加值。供应链管理是在现代科技条件下，产品极其丰富后发展起来的管理理念，它涉及各种企业及企业管理的方方面面，是一种跨行业的管理，并且企业之间作为贸易伙伴，为追求共同经济利益的最大化应共同努力。供应链企业合作关系如图6-6所示。

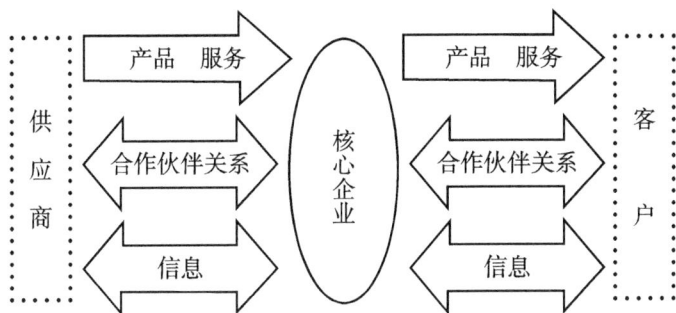

图6-6 供应链上下游企业的关系

供应链管理是一种集成的管理思想和方法，它具有供应链中从供应商到最终用户的物流计划和控制等职能。

了解供应链管理，应把握以下几个方面：

（1）供应链管理把对成本有影响和在产品满足顾客需求的过程中起作用的每一个因素都考虑在内，包括从供应商和制造商经过储运商到批发商、零售商以及商店。

（2）供应链管理的目的在于追求效率和整个系统的费用有效性，使系统总成本达到最小，这个成本包括运输成本、配送成本和库存成本。因此，供应链管理的重点不在于简单地运输成本达到最小或减少路径，而在于用系统的方法来进行供应管理。

（3）因为供应链管理应把供应商、制造商、分销商（批发商和零售商）有效率地结合成一体，因此它包括公司许多层次上的活动，从战略层到战术层一直到作业层次。

（三）供应链管理的原则

根据市场需求的扩大，提供完整的产品组合；根据市场需求的多样化，缩短从生产到消费的周期；根据市场需求的不确定性，缩短供给市场及需求市场的距离；根据物流在整个供应链体系中的重要性，企业要克服各种损益，从而降低整个物流成本及物流费用水平，使物、货在整个供应链中的库存下降，并且通过供应链中的各项资源（人力、市场、仓储、生产设备等）运作效率的提升，赋予经营者更大的能力来适应市场的变化并做出及时反应，从而做到物尽其用、货畅其流。如图6-7所示。

物　流

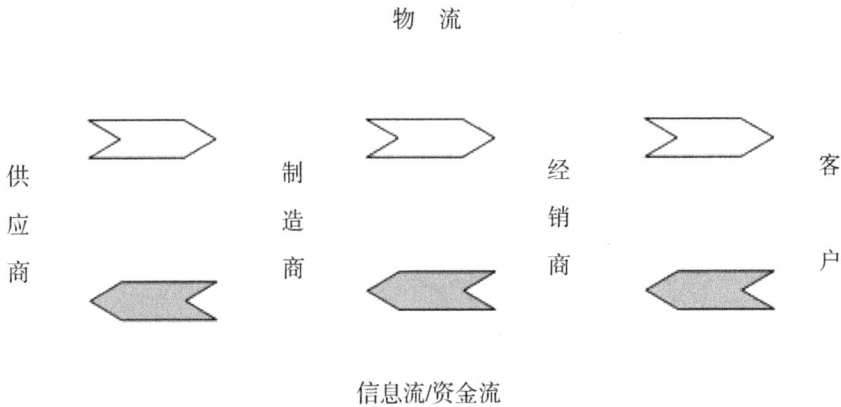

供　应　商　　制　造　商　　经　销　商　　客　户

信息流/资金流

图 6-7　供应链中的物流、资金流与信息流

供应链管理的具体实施原则如下所述。

1. 以客户需求为中心

顾客化的需求是当今市场竞争的新特点，供应链管理的任务在于通过有效的链上企业之间的合作，快速响应顾客化的需求。供应链管理从战略上采取客户服务的思想，企业根据不同细分市场要求的客户服务水平，提供多样化的产品和服务，以满足客户多样化的需求。针对复杂、成熟的客户提供高层次的服务，对简单不成熟的客户提供较低层次的服务。不管供应链是长还是短，也不论链上企业有多少类型，供应链都受客户需求驱动。只有顾客满意，供应链才能延续和发展。供应链管理必须以最终客户为需求中心，把客户服务作为管理的出发点，并贯穿供应链的全过程。将改善客户服务质量、实现客户满意作为创造竞争优势的根本手段。

2. 相关企业间共享利益、共担风险

供应链管理不同于传统的企业管理，它强调供应链整体的集成和协调，要求链上的企业围绕物流、商流、资金流、信息流信息共享与经营协调，实现稳定高效的供应链关系。成功的供应链能够创造更多的利润，这些利润在链上各成员之间进行分割，若因互相扯皮，互设障碍而导致整个供应链效率低下，造成风险和损失，也会分摊给每个成员。

3. 应用信息技术实现管理目标

物流信息化是现代物流的基本要求，也是实现管理目标的手段。物流信息化表现为物流信息收集的数据化和代码化，物流信息处理的计算机化和电子化，物流信息传递的标准化和实时化。高效率供应链管理的实现，需要快速的物流、资金流，更需要快速、准确的信息流，而网络技术和电子商务的应用和发展，为信息快速、准确的传递提供了保证。快速、准确的信息流可以使整个供应链对市场需求做出快速反应，从而给供应链带来极大的效益。

4. 信息共享

供应链管理的关键是信息共享。供应链管理需要来自链上各成员提供的及时、准确的信息，为了实现信息共享，供应链的各成员应做到建立统一的系统功能和结构标准；统一定义、设计信息系统，实施连续的试验、检测方法；运用恰当的技术提高运行速度以及降低成本，力求业务信息需求与关键业务指标一致。

三、物流管理的发展趋势

物流是研究有关物的流动中所发生的一切活动，属于操作层面上的概念。供应链流程不仅涵盖物流，同时涉及企业间的信息沟通、运作协调、资金流控制等方面，因而供应链是战略层面上的概念。

随着科技进步和经济的不断发展，经济全球化进程加快，企业面临的竞争环境发生了很大的变化，企业间的竞争主要体现在如何以最快的速度响应市场需求，满足顾客瞬息万变的个性化、多样化需求。供应链管理是实现上述目标的主要手段，成为服装企业的核心竞争力。物流管理是供应链管理核心能力的主要构成部分，供应链管理环境下的物流管理主要呈现出以下发展趋势。

（一）与客户服务的紧密度提高

供应链管理模式形成之前，物流管理大多看中企业内部作业效率，对下游顾客以服务品质为重点，评价物流管理绩效的指标一般都定义为订单周期响应速度和缺货率等。供应量管理模式强调跨企业间的长期合作，这使客户关系的维护与管理变得越来越重要。物流管理与客户的紧密度不断地提高，已经从简单的货物处理提升到货物的增值方案管理，为客户量身定做物流服务。物流企业和客户要以各种方式增强合作力度。

（二）物流企业和客户的联盟协作

企业为了在供应链中获得更大竞争力，必然通过供应链与物流企业建立长期的战略合作伙伴关系，进行物流能力的功能整合，通过联合策划与协作，形成高度整合的供应链体系，提升供应链整体绩效。

（三）物流资源需求由上游预测转为终端提供

传统的物流模式通过由上游预测下游物流环节所需的物流资源来进行各项物流作业活动，由于市场瞬息万变，这种预测往往不准确，会造成很大的浪费。供应链管理环境下的物流管理趋势是强调供应链成员企业间的联盟合作，物流资源的需求直接从终端需求向上传递，从而减少需求的扭曲。

（四）物流由垂直整合转向横向的虚拟整合

传统物流模式中，一些大型企业依靠自身的物流资源进行物流过程（相当于销售渠道）的垂直整合，以加强对物流过程的控制力度，但这分散了企业有限的资源，削弱了企业的核心竞争力。供应链管理模式下，横向一体化思想得到广泛应用，企业经营的趋势是集中精力于核心业务，物流往往被外包给第三方物流商，形成虚拟企业整合体系，使主题企业提供更好的产品和服务。在虚拟整合趋势下，供应链体系得以发展，物流产业也得到很大支持，不断开发出新的增值服务项目，形成更专业的第三方物流。

总之，现代物流发展的关键，就是要构建一个完美的供应链体系。供应链管理作为一种新的管理模式，已经得到了很多企业的认可。那些具有丰富物流管理经验和先进物流管理水平的企业已经将企业物流能力的关注和研究扩展到供应链管理层面上。

第二节　电子商务与现代物流的关系

一、物流是电子商务的重要组成部分

无论是传统的贸易环境还是在电子商务的环境下，生产都是商品流通的开始，而商品生产的顺利进行需要各类物流活动支持，整个生产过程实际上就是一系列的物流活动：商流的结果由物流完成

电子商务作为网络时代的一种全新的交易模式，必须有现代化的物流技术支持，才能体现出其所具有的无可比拟的先进性和优越性，在最大程度上使交易双方得到便利，获得效益。因此，只有大力发展作为电子商务重要组成部分的现代化物流，电子商务才能得到更好的发展

二、现代物流是电子商务健康发展的保证

物流管理是保证企业生产经营持续进行的必要条件，企业的生产经营活动，表现为物质资料的流入、转化、流出过程，一旦某一环节不能及时获取所需物资，企业正常的经营活动秩序将被打乱。其次，物流管理决定着企业的销售业绩与市场份额，企业能以何种价格提供多少品种和数量的物质产品，决定了企业满足消费者需要的能力，这一能力正是决定企业销售数量和市场占有率的关键。在电子商务交易中，所要求的不仅是局限在内部的物流管理分配上，对外部的协同配合有更高的要求，从而形成了整体价值链的优化。

电子商务的兴起对于传统商务方式和传统企业管理提出了挑战。与传统商务活动相同，电子商务这种电子化的商务形式在交易过程中也包含着信息流、商流、资金流和物流。这"四流"相互协调整合，有效地确保了交易的实现。物流作为商务过程中的重要环节，担负着原材料提供商与产品生产商之间以及商家与顾客之间的实物配送服务，高效的物流体系是使电子商务优势得以充分发挥的保证。

与之相适应，物流管理也需由刚性化过渡到柔性化。在物流配送的商品种类上，应突破传统的经营方式，适当拓展原先有限的业务范围，根据客户的具体定制要求进行配送，使物流品种灵活多样。在配送时间上，以高效的信息网和方便快捷的配送网为基础，做到快速反应、敏捷配送，并能根据实际情况为用户提供适宜的物流解决方案。

三、电子商务对服装供应链管理的影响

电子商务对供应链管理的影响随着电子商务的不断发展越来越重大。供应链管理作为进行统一组织、规划、协调和控制的一种现代企业管理战略，需要充分的相关企业和市场信息。但是，要获得供应链较为完全的信息，依靠人工环境其成本是非常昂贵的。电子商务模式的出现可以为企业实施供应链管理提供有力的信息技术支持和广阔的活动舞台。特别是 B2B 电子商务不仅使供应链上各结点企业之间的信息容易共享、联系更加紧密，而且供应链的整体运作也更为高效。

电子商务的出现为供应链管理提供了更高级的信息技术支持，改变了供应链中诸多环节的运作方式，促进了供应链管理理念的变革，强化了虚拟供应链的作用，使供应链管理能够进行更高效的整体化运作。

（一）减少供应链中诸环节的冗余，提高了生产效率

采购、生产、销售是供应链涉及的三大主要环节，由于电子商务的介入，各环节均发生了巨大的改变。采购方面，企业通过电子商务平台可以便捷、准确、及时地进行产品采购和供应商管理，压缩了原来的采购人员数量，提高了工作效率；生产方面，通过对供应、销售信息的及时获取，减少了不必要的中间环节，压缩了库存的占用，出现了很多新型的管理手段和方法；销售方面，通过实施客户关系管理，增强客户的忠诚度，真正实现了个性化营销。

通过电子商务系统，不仅可以提升单一环节的效率，而且可以实现整体成本最小化。如采购和生产部门能够共同进行原材料的采购决策，从而实现产品总体生产成本的最小化；客户服务、分销和物流部门也可以通过进行订单履行的共同决策，实现客户服务成本的最小化。

（二）广泛采用现代信息技术，推进了供应链管理理念的变革

最初，人们认为供应链是某种产品从原料到最终产品的整个生产过程，是企业内部的物流活动，其研究集中在如何减少冗余环节以提高效率方面，局限在企业内部管理方面。随着电子商务的兴起，内联网技术日益成熟，信息处理成本的降低，加快了企业内部业务处理的速度，供应链的延伸管理成为一项切实可行的选择。供应链计划、供应链执行决策逐渐向跨职能部门、跨核心企业内部的一体化方向发展，成为涵盖由原材料供应商、生产商、分销商、运输商等一系列企业组成的价值增值链。

各种信息技术的出现，如互联网的普及，物联网的兴起，移动终端的突破等，促使企业界对供应链的认识从线性的"单链"转向由众多"单链"纵横交错成的"网链"，即核心企业与供应商、供应商的供应商的一切向前关系，与用户、用户的用户及一切后向关系，成为一个包含所有加盟节点企业连接供应商与用户的物料链、信息链、资金链和增值链。电子商务通过为供应链提供技术支持而极大地推进核心理论的创新。

（三）突出信息在供应链中的增值作用，强化了虚拟供应链的功能

电子商务使信息和知识成为独立的生产要素并发挥着越来越重要的作用，企业经营过程中对实体供应链每一活动环节的信息收集、组织、挑选、合成和分配活动组成了虚拟供应链的诸环节，虚拟供应链与实体供应链平行且一一对应，实现了实体供应链在市场空间的延伸和提高。尤其是随着互联网的发展，电子商务技术的广泛应用，虚拟供应链中的信息不仅能够帮助实体供应链实现信息的快速传递和沟通，而且通过信息的搜集、整理、组织、加工、挖掘还能创造出相应的价值，如信息的合理分配可以降低库存成本、发现新的商机、提高潜在客户的发现概率等。随着社会经济的发展，虚拟供应链的功能将日趋重要。

（四）降低了供应链的稳定性，增大了供应链管理风险

供应链管理是多层次、多目标的集成化管理，随着电子商务技术的广泛使用，对供应链管理的反应速度、流程的重新调整、网络的安全性能、企业间的履约能力等都提出了更高的要求，供应链的稳定性大大降低。尤其是电子商务环境下企业虚拟供应链的作用越来越强，原本仅存在于实体供应链诸环节的风险与危机开始与虚拟链的危机相生共存，互相推动，使供应链管理的管理容量和复杂程度都大大增加。

第三节　服装电子商务物流管理的主要职能

一、库存管理

（一）库存的含义

库存指为了使企业经营正常而不间断地进行或为了及时满足客户的订货需求，必须在各个环节之间设置的必要的物品储备。

对于服装企业而言，为了保证生产和流通能及时满足客户的订货需求，就必须经常保持一定数量的商品库存。如果企业的存货不足，会造成供货不及时，供应链断裂、丧失交易机会或市场占有率。

然而，商品库存需要一定的维持费用，同时会存在由于商品积压和损坏而产生的库存风险。因此，在库存管理中既要保持合理的库存数量，防止缺货，又要避免库存过量，发生不必要的库存费用。换言之，就是通过适量的库存，用最低的库存成本，实现最佳或经济合理的供应，这就是现代库存管理的任务。

（二）库存的功能

在现实经济生活中，商品的流通并不是始终处于运动状态的，作为储存的表现形态的库存是商品流通的暂时停滞。库存在商品流通过程中有其内在的功能。

1. 调节供需时差

不同产品的生产和消费情况是不同的。有些品类的服装产品生产时间相对集中，但消费则常年相对均衡，也就是说其消费在一年之中均能保持均衡；有些品类的服装产品生产均衡，但消费则是不均衡的，其消费有明显的季节性。为了维护正常的生产秩序和消费秩序，尽可能地消除供求之间、生产与消费之间这种时间上的不协调性，就需库存发挥调节作用，平衡供求关系、生产与消费关系，缓解供需矛盾。

2. 创造商品的时间效用

时间效用，就是同一种商品在不同的时间销售或消费，可以获得不同的经济效果或支出。如为了避免商品价格上涨造成损失或为了从商品价格上涨中获利而建立的投机库存，就是利用了库存的这一功能。

3. 降低经营成本

对于生产企业而言，保持合理的原料和产品库存，可以消耗或避免因上游供应商原材料供应不及时而需要进行紧急订货而增加的物流成本，也可以消除或避免下游销售商由于销售波动进行临时订货而增加的物流成本。当然，通过库存管理来降低物流成本，必须从整条供应链出发，综合考虑运输成本、缺货损失和库存成本，使物流总成本最低。

（三）库存分类

按照企业库存管理的目的不同，库存可以分为以下几种类型：

1. 周转库存

周转库存又称经常库存，是指为了满足日常需求而建立的库存。这种库存是不断变化的，当物品入库时达到最高库存量，随着生产消耗或销售，库存量逐渐减少，直到下一批物品入库前降到最小。周转库存通常有三个来源：购买、生产和运输。这三个方面通常都存在规模经济，因而会导致暂不使用或售出的存货的累积。

不同购买数量的价格差异，往往会促使企业一次性大量采购，从而产生周转库存。企业在购买原材料或物资时，特别是在经济全球化的背景下，购买的数量越多，在价格的优惠方面获得越多。只要因大量购买而获得的货款上的优惠大于因此而增加的存货持有成本，在市场需求量有保证的条件下，企业便会增加购买，这就意味着将保持很长一段时间才能用尽或售出的周转存货。

大规模运输的价格优惠，会降低企业的采购运输成本，也会促使企业一次性大量采购，从而产生周转库存。运输的数量越大，运输公司越能节省理货或相关的集货成本，往往给运输大规模数量的货物提供运费方面的价格折扣。因此只要在运费支出方面的节约或运费与货款两项支出方面的节约大于由此而增加的存货持有成本，在市场需求量有保证的条件下，企业也会增加购买，这也意味着将保持很长一段时间才能用尽或售出的周转存货。

生产方面的规模经济和生产工艺的特性要求生产必须保证一定的批量和连续性，要求企业的原材料或零部件必须保持一定的存货。

2. 安全库存

安全库存是指为了防止由于不确定因素（如突发性大量订货或供应商延期交货）影响订货需求而准备的缓冲库存。所有的业务都面临着不确定性，这种不确定性来源各异。从需求或消费者一方来说，不确定性涉及消费者购买多少和什么时候进行购买。处理不确定性的一个习惯做法是预测需求，但企业从来都不能准确地预测出需求的大小。从供应方面来说，不确定性是获取零售商或厂商的需要，以及完成订单所需的时间。就交付的可靠性来说，不确定性可能来源于运输，还有其他原因也能产生不确定性。因此，所有企业应对不确定性的方式通常是一样的：备足安全存货用以进行缓冲。

3. 季节性库存

季节性库存是指为了满足特定季节里出现的特定需求而建立的库存，或指对季节性生产的商品在生产季节大量收储所建立的库存。

4. 促销库存

促销库存是指为了应付企业促销活动产生的预期销售增加而建立的库存。

5. 沉淀库存或积压库存

沉淀库存或积压库存是指因商品品质变坏或损坏，或者是因没有市场而滞销的商品库存，还包括超额储存的库存。

（四）库存管理的基本决策

1. 库存管理决策的内容

库存管理的决策目标是在现有资源（资金、仓库面积、供应者的政策等）约束下满足订货需要而又使库存成本达到最低。因此库存管理就是将物品的库存维持在预期库存水平上的一套管理技术。它的核心是如何确定这个预期的库存水平，以及如何经济而有效地维护这个库存水平。物品的库存量是在不断变动着的，因此只能用平均库存水平来代表库存量的多少。

平均库存水平，在需求率一定时，是由进货批量的大小，或进货次数的多少决定的。

2. 存货控制

存货的意义在于可以帮助服装企业调节供需。如果存货太多和存货过少，都会产生负面作用。存货太多，增加了不必要的开支，是一种浪费；存货过少，导致缺货，而紧急运输或生产成本太高，会使企业遭受损失。因此保持合适的存货数量是一个重要的营销问题。

如果服装企业仓储积压严重，将占压企业大量资金。为减少损失，许多企业会在季节末打折出售产品。但如果积压过大，再加上服装过季、过时等因素的影响，即使打折的服装也很难全部售出，会给企业带来一定的损失。市场需求状况决定了服装的仓储量，因此企业必须进行准确的预测，适当保证存货。

企业的存货水平受到两方面因素的影响：一是满足市场需要，二是存货成本。要使市场需求随时都能得到满足，就应当有充足的存货，而大量存货必然会导致存货成本的上升；要降低存货的成本，则会冒产品脱销风险。企业应当在两者之间加以权衡，以做出合理的存货决策。

企业通过对进货时间和数量的调节可以达到控制存货水平的目的。

（1）定时进货的控制方法。先确定存货的最高水平和每次进货的间隔时间。在进货前检查实际的存货数量，与所确定存货最高水平相差多少，然后按照所差数额组织进货。定时进货的好处在于进货时间有规律，比较容易安排。但缺陷是对市场变化的适应性较差。

（2）定量进货的控制方法，先确定存货的最低水平（安全存量）和每次进货的固定数量（采购批量）。采用着这种方法必须经常检查存货的实际数量。当发现存货数低于安全存量时，就应当按照确定的采购批量组织进货。定量进货对存货水平的控制比较严格，能保证顾客需求的及时满足，但进货时间和每次进货数量不易准确掌握，需要进行认真的核算。定量进货的方法较适合于市场需求变化大的商品。

3. 影响库存管理决策的因素

（1）需求的性质。需求性质的不同对库存管理决策有着决定性的影响。它们表现为如下几种情况：

①需求的确定性。若需求是明确而已知的，则可只在需求发生时准备库存，库存的数量根据给定的计划确定；若需求是不确定的，则需要保持经常储备量，以满足随时发生的需求。

②需求的变化规律。需求虽有变动但其变动存在着规律性，如季节性变动，则需有计划地根据变动规律，在旺季到来之前准备较多的库存储备以备销售增长的需要。若需求变动没有一定的规律，呈现为随机性变化，就需要设置经常性库存，甚至准备一定的保险储备来预防突然发生的需求增长。

③需求的相关性。需求的独立性或相关性是指某种物品的需求与其他物品的需求互不相关或相互依赖。相关性需求一般可根据某项相关需求计划直接推算该物品的供货数量和时间。独立性需求是企业所不能控制的，会随机发生，只能用预测的方法而无法精确计算。在确定供货数量和时间时主要应考虑成本的经济性。本章讨论的库存物品主要是独立性需求的物品。

④需求的可替代性。有些物品可由其他物品替代，这些物品的库存量就可以定得少些，万一发生缺货也能用替代品来满足需要。对于没有替代品的物品，则必须保持较多的库存才能保证预期的供应需求。

（2）提前期。提前期是指从订购或下达生产指令开始到物品入库的时间周期。提前期是确定订购时间或下达生产指令时间的主要考虑因素。在库存控制中，应根据库存量将要消耗完的时间，提前提出订货申请，以避免在订货到达之前发生缺货。显然这与订单处理时间、物品在途时间以及该物品的日常用量有关。

（3）自制或外购。所需要的物品是自制还是外购，也影响库存决策。若从外部采购，应着重从经济性即节约成本的要求来确定它们的供货数量和供货次数。若属于本厂自制，则不但要考虑成本的经济性，还需要考虑生产能力的约束、生产各阶段的节奏性等因素来确定供货的数量和时间。

（4）服务水平。服务水平指的是由库存满足用户需求的百分比。如果库存能够满足全部用户的全部订货需求，则其服务水平为100%。若100次订货，只能满足90次，则服务水平为90%，相应地这时的缺货概率为10%。服务水平一般是由企业领导部门根据经营的目标和战略而规定的。服务水平的高低影响到库存水平的选择。服务水平要求高，就需要较多的储备来保证。

（五）库存管理费用

1. 订货费

订货费用是指为补充库存而需要订购物品时发生的各种费用。它包括办理订货手续、物品运输与装卸、验收入库等的费用以及采购人员的差旅费等。

2. 保管费

保管成本是物品在仓库内存放期间发生的成本。它包括仓库管理费用，存放过程中发生的变质、损坏、丢失、陈旧、报废等的损失费用以及保险金、税金、占用资金的利息支出等。这部分成本随库存储备数量与时间的增加而增加。保管费用的计算方法有两种：一种是先核算出单件的保管费用，再按平均储备量计算出总保管费用；另一种是用保管费率与物品单价的乘积代表单位保管费用。保管费用率是年保管费用与全年占用资金之比。

3. 购置费

购置费用是购置物品时所花费的费用，即购置物品所支出的货款，等于物品的单价与需求量的乘积。如果物品的购置费用不受批量大小的影响时，在库存管理决策中可以不考虑这项费用。但当采购量影响物品价格时，如供应商对购货量大的物品给予优惠价格时，则必须考虑此项费用。

4. 缺货费

缺货费是指由于不能满足用户需要而产生的费用。它包括：①由于赶工处理这些误期任务而追加的生产与采购费用；②由于丧失用户而对企业的销售与信誉所造成的损失；③误期的赔偿费用。显然，缺货费随缺货量的增加而增加。

5. 补货费

补货是当用户买货时，仓库没有现货供应，为不丧失销售机会，仍希望用户在这里订货，进行欠账经营，进货后立刻补货给用户。只要补货，就会产生补货费用。补货费与补货量、补货次数和补货时间有关。

（六）库存管理方式

库存管理方式是指用于控制库存量的检查和订货的方式（什么时候应当发出订货单和订货数量）。常用的库存管理方式有：

1. ABC（Activity Based Classification）管理法

ABC 管理法又称重点管理法，就是将库存货物根据消耗的品种和金额按一定的标准进行分类，对不同类别的货物采用不同的管理方法。

2. 定量订货法

定量订货法也称连续检查控制方式或订货点法。其工作原理是：连续不断地监视库存余量的变化，当库存余量下降到某个预定数值时，就向供应商发出固定批量的订货请求，经过一段订货时间，订货到达后补充库存。

3. 定期订货法

定期订货法也称为周期性检查控制方式或订货间隔期法。该种方式是以固定的间隔周期 T 提出订货，每次订货没有固定的定货量，需要根据某种规则补充到目标库存量。目标库存量与订货周期是事先确定的主要参数。这种方式可以省去许多库存检查时间，在规定订货时检查库存，可以简化工作流程，缺点是如果某时期需求量突然增大，有可能发生缺货，所以一般适用于重要性较低的物资库存管理。

二、运输管理

（一）运输的概念

运输是物的载运及输送。广义的运输经营活动还包括货物集散、装卸搬运、中转仓储、干线运输、配送等一系列操作。虽然运输过程不生产新的物质产品，但可以创造货物的时间效用和空间效用（物质产品增值）。

运输是对购买者和使用者的一种服务，而不是可以触摸到的有形产品，而购买这种服务和购买有形产品既有相似之处，又有不同之处。

（二）运输的经济原理

指导运输管理和运营的两条基本原则是批量经济和距离经济。在评估各种运输决策方案或营运业务时，这些原则是重点考虑的因素。其目的是使装运的批量和距离最大化，同时满足客户的服务期望。

（三）运输系统的构成要素

1. 运输节点

所谓运输节点，指以连接不同运输方式为主要职能、处于运输线路上的、承担货物的集散、运输业务的办理、运输工具的保养和维修的基地与场所。

运输节点是物流节点中的一种类型，属于转运型节点。

一般而言，货物在运输节点上停滞的时间较短。

2. 运输线路

在现代的运输系统中，主要的运输线路有公路、铁路、航线和管道。

3. 运输工具

运输工具是指在运输线路上用于载重货物并使其发生位移的各种设备装置，是运输能够进行的基础设备。

（四）运输决策

在服装电商供应链中，运输决策的制订需要供应链中各个节点企业的共同合作，主要是受发货商、收货人、承运商、市场和消费者五大方面影响。整个运输过程也可相应分成两个阶段：在上游运输阶段，供应商主要是扮演发货商角色，而制造商是收货人；在下游运输阶段，制造商又扮演发货商角色，相应的仓库、物流中心、零售商和大批量消费者是收货人；如果企业没有自己的运输工具时，必须委托第三方物流企业进行运输，那么第三方物流企业便是承运商。

三、配送管理

（一）配送的概念

配送是指在经济合理区域范围内，根据客户要求，对有关物品进行拣选、加工、包装、分割、组配等作业，并按时送达指定地点的物流活动。

配送以"送"为主，辅之以"配"等多种其他增值服务，所以配送属于运输范畴，是运输在功能上的延伸。

（二）物品编码管理

1. 编码原则

为了增加物品资料的正确性、提高物品配送活动的工作效率、利用计算机对物品资料进行整理分析、节省人力、减少开支、降低成本、便于拣货及送货，配送作业必须对物品进行编码管理。

物品的合理编码必须具备几个基本原则：

（1）简单性：应将物品化繁为简，便于物品的作业活动。

（2）完整性：使每一种物品的编码能清楚完整的代表物品的内容。

（3）单一性：使每一个编码代表一种物品。

（4）一贯性：号码位数要统一且有一贯性。

（5）伸缩性：为未来物品的扩展及产品规格的增加预留号码编列。

（6）充足性：其所采用的文字、记号或数字，必须有足够的数量及字段。

（7）易记性：应选择易于记忆的文字、符号或数字，或富于暗示及联想性。

（8）分类展开性：物品复杂，其物类编号大，分类后还要再加以细分。

（9）适应机械性：能适应计算机等机械的处理。

2. 编码方法

（1）按数字顺序编码法：此方法由 1 开始一直往下编。

（2）数字分段法：是前一方法的小小改变，即把数字分段，每一段代表一类物品的共同特性。

（3）分组编码法：此编码法是把物品的特性分成四个数字组，至于每一个数字组的位数要多少视实际需要而定。

（4）按实际意义的编码法：在编码时，用部分或全部编码代表货品的重量、尺寸、距离、产品性能或其他特性。此方法有一个特点：由编码就能了解物品的内容。

（5）后数字编码法：用编码最后的数字对同类物品作进一步的细分。

（6）暗示编码法：用数字与文字的组合来编码，编码本身暗示物品的内容。这种方法的优点是容易记忆。

（7）混合编码法：指联合使用英文字母与阿拉伯数字为物品编码，而多以英文字母代表物品的类别和名称，其后再用十进制或其他方式编阿拉伯数字号码。

（三）配送的过程要素

随着经济活动的活跃和多品种、小批量订货活动的出现，原来的送货方式已经不能适应市场的需求，因此配送方式应运而生。配送的要素包括集货、分拣、配货、配装、配送运输、送达服务以及配送加工等。

（1）集货。集货是将分散的或小批量的物品集中起来，以便进行运输、配送作业。集货是配送的重要环节，是配送的基础性工作，配送的优势之一就是可以集中客户的需求进行一定规模的集货。

（2）分拣。分拣是将物品按照品种、出入库先后顺序进行分门别类堆放的作业。

（3）配货。配送是使用各种拣选设备和传输装置，将存放的物品按客户的要求从存货中分拣出来，配备齐全，送入指定发货地点。

（4）配装。在单个用户配送数量不能达到车辆的有效载运负荷时，就存在如何集中不同客户的配送货物，进行搭配装载以充分利用运能、运力的问题，这就需要通过配装实现配送合理化。配装也是配送系统中有现代特点的功能要素。

（5）配送运输。配送运输是较短距离、较小规模、额度较高的运输形式，一般使用汽车做运输工具。配送运输的路线选择与一般干线运输存在明显差异。

（6）送达服务。将配好的货物运到客户手中还不等于配送工作的结束。在送达货物和客户接货的过程中往往还会出现不协调。要圆满地实现货物的移交，必须有效、方便地处理相关手续，完成结算。送达服务在配送活动中有着独特性，可以体现服务至上的理念。

（7）配送加工。是指按照配送客户的要求所进行的流通加工，具有个性化服务的特点，可以提高客户的满意程度。配送加工一般取决于客户的要求，加工的目的也较为单一。

（四）订单处理

从接到客户订单到着手准备拣货之间的作业，称为订单处理。通常订单处理包括有关客户、订单的资料确认，存货查询、库存分配，缺货处理直至打印输出"捡货单"和"分货单"。订单处理是与客户直接沟通的作业阶段，能对后续的拣选作业、调度和配送产生直接影响。

订单处理中的接单处理流程如下：

（1）接受客户的订单。由于配送中心接触的用户不同，各个用户之间存在着很大的差异，因此配送中心接受订单的方式不同。接受订单分为两种方式：一是传统方式；二是电子订货方式。随着流通环境和科技的进步，接受客户订货的方式也逐渐由传统的人工下单、接单，演变为计算机之间直接收、送订货信息的电子订货方式。

（2）订单确认。当配送中心接到客户的订单以后，要对订单的各项内容进行确认。主要是检查货物的名称、数量、送货日期是否有笔误、遗漏，以及是否符合公司的规定，是对订货资料项目的基本检查。特别是当送货时间有问题或出货有延迟时，更需要与客户确认订单内容或者更正期望运送时间。对订单内容的确认还是对订单信息的初步分析过程，可以为后续作业提供帮助。如果采用传统订货方式，配送中心的订货处理人员可以在订单输入时同时进行确认。如果是电子订单，配送中心订货处理系统通过订单确认功能模块，可以自动对收到的订货数据进行确认，并生成确认结果。

（3）客户信用确认。订单到达后，订单管理系统第一步需要核查客户的财务状况，以确定其是否有能力支付该笔订单的款项。如果在本次订货前，其应收账款已经超过了信用额度，系统需要发出警示，以便输入人员继续或停止操作该订单。订单管理系统应通过以下两种途径检查客户的信用状况。一是通过输入客户代号或客户名称资料进行查询。输入客户代号或客户名称资料后，系统会自动检查客户的信用状况，若客户的应收账款超过其信用额度，系统应提出警示，以方便订货人员作出决策：是继续输入订货资料，还是拒绝该笔订货。二是通过订购货物资料进行查询。如果客户此次的订购金额加上以往累计的应收账款超过其信用额度，系统应将此笔订单锁定，等待主管审核。审核通过后，该笔订单资料才能进入下一个处理环节。一旦发现客户信用有问题时，订单管理系统会将订单退回销售部门做进一步调查或处理。

（4）订单形态确认。配送中心具有强大的资源整合功能，具有高效率的物流功能、信息处理功能。它可以同时接受不同的交易对象、不同的客户需求，反映到具体作业上就有不同的订单交易形态。事实上，配送中心根据不同的用户或不同的商品有不同的交易处理方式，不同的订单交易形态有不同的订货处理方式，因而接单后必须对客户订单或者订单上的信息加以确认，以确定其交易形态，使系统据此选择不同的处理方式。

（5）订货价格确认。不同的客户、不同的订购量，可能产生不同的售价。输入价格时系统应加以确认，如果因输入错误、业务员降价强接订单导致输入价格不符时，系统应加以锁定，等待主管审核。

（6）加工包装确认。对于已经订购的商品，客户是否有包装、分装或贴标签等方面的特殊要求，或对赠品的包装有特殊要求，都需要详细确认记录。

（7）设立订单号码。每一张订单都要有相应独立的号码，此号码由控制单位或成本单位来指定。订单号码方便计算成本，在制造、配送等工作中会应用，在所有工作说明单和进度报告中也会使用。

（8）建立客户档案。将客户的信息详细记录建立成档案，可以使交易规范，还利于日后的管理。客户档案应包括订单处理需要的资料以及物流作业需要的资料，主要包含以下内容：①客户的姓名、代号、等级形态（产业交易性质）。②客户的信用额度。③客户销售付款及折扣率的条件。④开发或负责此客户的业务员。⑤客户配送区域。例如，地区、省、市、县及城市内各区域等，基于地理位置或相关性将客户分成不同区域，有助于提升管理和配送的效率。⑥客户收账的地址。⑦客户配送路径的顺序。按照区域、街道、客户位置，为客户设置适当的配送路径顺序。⑧客户点适应的车辆形态。客户所在地点的街道对车辆大小有所限制，因而需将适合该客户的车辆形态储存于档案中。⑨客户点卸货特性。由于客户所在地点或客户卸货地点的建筑物本身或周围环境不规范，如地下室有限高或高楼层，可能造成卸货时有不同需求及难易程度不同，在车辆及工具的调度上需要充分考虑到这一特点。⑩客户配送要求。客户对送货时间有特殊要求或有协助上架、贴标签等要求时，也应将其记录在内。⑪过期订单处理指示。若客户能统一决定每次延迟订单的处理方式，就可以事先将其写入档案资料内，借此省去临时询问或紧急处理的麻烦。根据各种不同订单的交易形态建立不同的订单档案，有助于订单处理中心数据收集和分析，还可以为后续工作提供服务。

四、成本管理

（一）物流成本管理的概念

物流成本管理是对物流相关费用进行的计划、协调与控制。物流成本管理是通过成本去管理物流，即管理的对象是物流而不是成本。物流成本管理可以说是以降低成本为目标的物流管理方法。

（二）物流成本核算体系

物流成本发生在企业物流活动的各环节，对物流成本在一定程度上的准确把握有助于改善企业物流管理。传统会计实践在物流成本核算上不足以提供足够而准确的物流总成本信息，不利于企业对于物流成本的管理。

物流成本核算的基础是物流成本的计算。物流成本计算的难点在于缺乏充分反映物流成本的数据，物流成本数据很难从现行的财务数据中剥离出来。

在现有成本核算的基础上对物流费用单独核算，实行物流费用单独核算，明确物流成本的核算内容和核算方法，使物流成本管理与财务会计有机的联结起来。以成本会计为基础，完善物流成本分类，应将其分成直接成本、间接成本和日常费用等三大项。

实施以活动为基础的成本核算制度，将有关费用分解到消耗一定资源的活动而不是某个部门，可以正确评价物流绩效。也可以增设"物流成本"科目，并按物流费用发生的具体部门设置二级科目，在二级科目下按物流功能设置运输费、保管费、装卸费、包装费、配送费等三级科目。对于发生在经营活动中因物资流动而产生的耗费先汇集到"物流成本"账户，期末时采用一定的分配标准，计算应由本期损益负担的物流成本，将其从物流成本账户的贷方转出，转入本年利润账户，在利润表中，增设物流费用项目，作为利润总额的扣减项目。这样通过记账、算账、报账，提供物流成本信息，以揭示物流活动中的耗费，加强物流成本的管理。通过明细核算，做到经济责任明确，提高可控成本的可控性。

（三）物流成本控制要点

（1）设立物流责任会计制度。即根据不同级别的物流管理人员和管理部门应负的责任，收集、汇总及报告其有关资料的一种会计制度。它能将成本核算与责任实体控制有机地结合起来，以"谁受益，谁承担"的原则归集成本。这里面重要的是明确物流责任中心。所谓物流责任中心，是指由一个主管人员负责，承担规定责任并具有相应权力的内部物流单位。合理划分好责任中心后，再以它们为对象，搜集和报告其计划数据和执行过程中的实际数据，并对此进行控制、分析和评价，促使物流计划和控制不断相互起作用。

基本内容包括：第一，事前编制责任预算或责任成本预算；第二，事中进行日常控制和核算；第三，事后进行业绩考核。通过各个责任层次对内部物流活动进行监督控制，将物流活动组成一个有机整体，使各部门和环节为实现物流系统总目标担负各自责任，并通过各物流责任中心信息反馈，使企业物流系统决策部门随时掌握情况，发现问题和解决问题，可以有效降低物流成本，提高企业经济效益。

（2）采用目标成本法，进行事前控制、事中控制和事后控制。企业想要降低物流成本，达到一种很好的物流成本控制状态，就必须引进目标成本法来进行物流活动过程的事前控制、事中控制、事后控制。

（3）加快设施建设，提高物流效率，通过效率化配送降低物流成本。企业要实现效率化的配送必须重视配车计划管理，提高装载率以及车辆运行管理。具体来说，可以通过缩短物流路径，扩大直接发送货物的力度，减少运输次数，提高车辆的装载效率，设定每一客户的最低订货量以及选择最佳运输工具等方式，实现综合成本的最小化。此外，可通过车辆追踪系统来监控货物及车辆的在途状况，同时还可以有效利用空车信息合理调度，以实现车辆运行的效率化。为此，企业必须制订切实可行的配送资源计划，在配送需要计划的基础上提高各环节的物流能力，利用信息化手段，达到系统优化运行的目的。

（4）构建现代化的物流信息管理系统。企业要想真正以现代化的手段控制物流成本，那么利用现代化的电子、网络、通信技术构建现代化的物流信息系统就很有必要。只有这样才能从全局上把握企业的物流运作，从而达到降低物流成本和保持企业持续稳定发展的目的。采用信息系统一方面可使各种物流作业或业务处理能准确、迅速地进行；另一方面通过信息系统的数据汇总，进行预测分析，可控制物流成本发生的可能性。计算机迅速及时的信息传递和分析，通过配送中心的高效率作业、及时配送，并将信息反馈给供货商和企业，可以形成一个高效率、高能量的商品流通网络，为企业管理决策提供重要依据，同时，还能够大大加快商品流通的速度，降低商品的零售价格，提高消费者的购买欲望。

第四节　服装电子商务物流规划与实施

物流规划关系到服装电商企业的生存和发展，涉及企业全局、长远和根本的利益。物流经营者需要通过战略管理在市场竞争中寻求制胜的途径。

一、物流战略环境分析

制订物流战略规划首先需要对系统赖以生存的环境进行分析，然后对内部条件作评价。外部因素主要包括：行业竞争态势、区域市场的变化、新技术动向、物流服务产业发展、政策法规动向等。这些是影响物流的最基本因素，并且处于永恒的变化之中。因此，分析时要把握动态变化的特征，时间跨度应尽可能长一点，如十年以上，太短看不出变化趋势。

（一）行业竞争态势

本行业的现状和发展趋势是对企业影响最大、最直接的环境因素，应该对其作全面、深入、细致地分析。分析主要从以下几方面入手：

（1）市场规模与成长性。战略规划是一个长期计划，所以行业的规模大小和长期的发展趋势对于制订战略规划是十分重要的依据。市场规模与企业的经营规模、投资决策密切相关，市场规模大，则企业经营规模可以定得大点，投资也可大一些。成长性会影响投资的方式，如果成长快，投资方式可以采取大规模一步到位的策略，既降低投资成本，又快速占领市场。分析的手段主要采用市场预测方法。

（2）竞争者的实力与战略分析。在实际的市场竞争中，竞争的局势是错综复杂的，为了使自己处于有利的地位，必须对自己主要竞争者的核心能力、基本策略、盈利能力作仔细分析。企业在竞争中所采取的策略在很大程度上与自己所处的实力地位有关。

（二）市场变化

服装企业的物流网络结构直接与区域经济的状况、客户的数量、客户和供应商的地理分布有关。区域经济发展往往是不平衡的，服装电商企业的物流运作的总体格局将产生巨大变化，企业的物流网络势必要作重大调整。

（三）新技术动向

现代物流的兴起完全得益于新技术革命，对物流管理最有影响的技术主要有信息技术、物料处理技术、包装及包装材料技术、运输技术。其中特别重要的是信息技术，包括计算机，光电扫描、条形码、数据库、卫星定位与导航、移动端应用等。这些技术的广泛应用使物流管理真正实现了高效、准确、快速、低成本运作。

（四）政策法规动向

物流战略是在环境限制下发展和修正的，政府关于交通运输方面的法规是企业的外部约束，从理论上说具有很强的约束力。国家制定的公路法、航运法、环境保护法等，对物流的发展也会产生一定的影响。除了法规以外，国家的有关政策也是企业必须考虑的外部因素。

二、服装电商物流合理化的指导原则

电商企业的各种物流活动具有高度的相关性，应从整个物流系统考虑物流策略，不应只着眼于物流职能部门。

服装电商物流过程是由几个负责不同工作的职能部门共同完成的，因而各部门的成本常常以相反的方式互相影响。如运输部经理喜欢用铁路运输代替空运，这样虽能降低运输费用，其结果却是运送速度缓慢，资金周转迟缓，延缓顾客付款，并可能导致顾客购买其他竞争者的物品。包装部门为了降低费用使用廉价的质量没有保证的包装物，运输部门为了降低损坏率就必须改变原定的装卸搬运方式，但这样又会提高运送过程中的物品损坏率，从而影响企业信誉。因此还会延长装卸搬运天数，这样包装部门的费用虽然节省了，运输部门的费用却提高了。而且由于装卸搬运天数延长，为了保证在合同规定的期限内及时送货，运输部门就不得不把铁路运输方式改为空运方式，结果，包装部门虽然节省了一定的费用，但运输部门增加的费用远远大于包装部门节省的费用，因此导致物流总系统成本的上升。存货部比较喜欢减少存货，以降低总的存货成本，这样做又往往导致缺货、订单延缓履行或装运成本提高等后果。

因此仅强调各个职能部门降低本部门的成本是不够的，把本部门的成本降到最低并不能保证物流总系统的成本能降到最低，所以必须重视相关职能部门成本升降的相互影响，从整个物流系统考虑制订成本决策，不能只着眼于各个职能部门的局部利益。

合理的物流目标应实现最佳顾客服务与最低配送成本：

（1）将各项物流费用视为一个整体。在致力于改善客户服务的同时，努力降低物流总成本，而不只是个别项目成本费用的增减。

（2）将全部市场营销活动视为一个整体。各项市场营销活动都必须考虑物流目标，联系其他活动的得失加以权衡，避免因孤立处理某一具体营销业务而导致物流费用不适当增加。

（3）权衡各项物流费用及其效果。为维持或提高顾客服务水平而增加的某些成本必不可少，不能使消费者受益的成本费用则应坚决压缩。

在为客户提供最好的服务和降低费用之间如何选择，一般应考虑竞争者所提供的服务水平。如果自己提供的服务水平低于主要竞争者提供的服务水平，就可能失去顾客，导致销售额下降；如果经营者提供的服务水平比主要竞争者高，主要竞争者也会提高服务水平，这样可能导致每一企业都面临着成本提高的威胁。如何在不断提高客户体验水平的前提下，服装企业内各部门通力合作，实现低成本、高效益的物流运作，就是一个重要的课题。

三、物流战略规划

（一）战略前提：预设顾客服务水平

顾客服务需求影响着包括制造、营销和物流在内的整个供应链的结构。因此，有必要清晰地了解顾客需要什么，并开发能够满足那些期望的顾客服务战略。顾客服务战略的简单或是复杂程度取决于企业的产品、市场和顾客服务目标。因此，任何希望在市场上赢得差异化竞争优势的企业都必须准确地划分顾客群。

（二）战略支撑：物流系统框架

当企业了解到顾客的服务需求以及怎样利用物流竞争，就必须决定如何满足他们，而物流战略的渠道设计和网络机构是满足这些需求的基础。

1. 渠道设计

渠道设计包括确定为达到期望的服务水平而需进行的活动与职能以及渠道中的执行成员。顾客需求、渠道力量和渠道成员地位等因素影响着渠道战略，企业不仅要了解当前各因素是如何运转的，还必须考虑它们将怎样影响未来。而市场份额与规模常常左右着直接与间接分销决策的经济性。最好的渠道结构最终依赖于经济性和战略的需要。随着顾客需求变化和竞争者的自我调整，渠道策略必须再进行评价以维持或增强市场地位。

2. 网络结构

实际的设施策略必须与渠道策略以一种给顾客价值最大化的方式进行整合，避免出现制造商与分销商库挨着库的情况。同样，物流网络策略必须与企业的生产、输入物流战略整合，即在计划与管理中将生产与分销计划进行整合，以改善企业的成本状况和投资绩效。

3.预案管理

首先，要明确公司经营的基本要求，如成本（包括运作成本和每次执行费用）、风险（如服务中断所引起的）、灵活性（如在必要情况下对分销网络快速扩展或调整的能力）。

其次，发现一些潜在的物流系统解决方案，然后了解每个方案的成本、服务、利益、风险和灵活性，最后选择理想方案。

最后，组织安排。在对现有的仓储业务、库存配置、运输管理、管理程序、人员组织和体系等进行设计时，必须经受住一些基本问题的考验，如预选的系统是否使顾客服务管理更容易、成本更低、反应更快、更有竞争力。

（三）物流智能

1.能力需要

战略上的考虑（如企业对自己的仓储服务是自营、外租还是建立合同仓储服务等）迫使企业为了自己及其核心能力审慎地确定至关重要的成功因素，虽然这些考虑是困难的。随着第三方仓储和运输公司提供高质量服务与独特能力（如装载并计划或拼箱计划、再包装服务等）水平的提高，许多公司逐渐选择 3PL 服务提供商。

2.灵活需要

当前，职能部分的策略考虑主要是对企业物流作业管理的分析与优化。仓储方面的考虑包括设施布置、货物装卸搬运技术的选择、生产效率、安全、规章制度的执行等；物料管理方面的考虑着重预测、库存控制、生产进度计划和采购上的最佳运作与提高；运输分析则包括承运人的选择、运输合理化、货物集并装载计划、路线安排、车辆管理、回程运输或承运绩效评定等方面的考虑。另外，市场、供应模式和顾客服务需求随时都在变化，物流运作必须加以调整来适应这些新的要求。

（四）执行设置

物流战略金字塔的第四层为执行层，包括支持物流的信息系统、直到日常物流运作的方针与程序、设施设备的配置以及维护与组织的人员问题。

1.信息系统

物流信息系统是一体化物流思想的实现手段，没有先进的信息系统，企业将无法有效地管理成本、提供优良的顾客服务和获得物流运作的高绩效。

2.组织人员

供应链管理中的物流管理并不意味着将分散在各职能部门中的物流活动集中起来，

而在于物流活动之间的配合协调，要避免各职能部门追求局部物流绩效的最大化。如运输、仓储和订货处理等活动经常相互矛盾彼此影响，在绩效评定上企业如果仅仅按减少运输成本的目标评价，就不会建立最有效的物流系统。

四、服装企业的快速反应

（一）快速反应（QR）战略的发展

快速反应（QR，Quick Response）是美国纺织与服装行业发展起来的一项整体业务概念，目的是使包括零售商、服装制造商以及纺织品供应商的产业链条通过系统化的供应链管理策略，减少原材料到销售点的时间和整个供应链上的库存，最大限度地提高供应链的运作效率。

"二战"后，欧美经历了一个经济快速发展的繁荣时期，市场似乎拥有无限的容量，从而导致了生产型的经营模式。企业的经营重点是快速生产、降低生产成本并占有更大的市场份额，而不太关注消费者的需求。生产商向零售商提供设计生产的服装，但并不一定是消费者真正需要的服装。进入 20 世纪 70 年代中期，滞胀和经济危机使服装零售商和生产商经受了一次大量库存的打击。此后，服装行业的生产和销售企业开始把注意力转向消费者，引入了以满足消费者需求为导向的经营观念。零售商最早意识到这一点，纷纷进口质优价廉的服装。生产商和面料商则意识到经营活动不仅要满足消费者的需求，也要满足中间商的需求。快速反应就是在"满足消费者的需求，更有效地服务于消费者"的营销观念基础上发展起来的。

20 世纪 80 年代初，美国的服装行业面临着国外进口商品的激烈竞争。仅进口服装就占据了美国市场的 40%。为此，美国的纺织与服装行业开展了如何长期保持美国纺织与服装行业的竞争力的大规模研究。研究发现尽管服装产业供应链系统的各个部分具有高运作效率，但整个系统的效率却十分低，供应链的长度是影响其高效运作的主要因素。

在当时，整个服装供应链，从原材料到消费者购买，时间为 66 周。其中，11 周在制造车间，40 周在仓库或转运途中，15 周在商店。这样长的供应链不仅各种费用大，而且因整条供应链建立在不精确需求预测的基础上，制造过多或过少造成的损失非常大，其中，最大的损失来自零售商或制造商对服装的降价处理，以及在零售时的缺货。进一步的调查发现，消费者离开商店而不购买的主要原因，是找不到合适尺寸和颜色的商品。

服装业界的持续研究导致了快速响应（Quick Response，QR）策略的应用和发展。信息时代的到来，电子数据交换系统、条形码、电子收款机以及电子货币等的应用，奠定了快速反应战略的技术基础。应用 QR 策略，零售商和供应商通过共享信息，加快了需求信息的流动，实现了密切合作，使得整个链条上的企业可以预测未来需求，并共同重组他们的业务活动，对消费者的需求做出快速的反应。

当前，实施服装的快速反应战略已成为世界服装业的一种发展趋势，欧美许多国家和地区的服装企业已率先实施。例如美国服装业自 20 世纪 80 年代中期就开始推行快速反应战略，目前，美国 65% 的服装企业已参加到这一行列，在降低流通成本和产品的适销对路方面收到了明显效果。我国服装快速反应战略得到我国服装企业越来越多的重视，有些企业已经进行了一定的研究、探讨。

（二）快速反应（QR）的概念及其内涵

美国纺织服装联合会将快速反应（QR）定义为："制造者为了在精确的数量、质量和时间要求的条件下为顾客提供产品，将订货提前期、人力、材料和库存的花费降到最小；同时，为了满足竞争市场不断变化的要求而强调系统的柔性。"

快速响应的内涵其实就是在供应链企业之间建立的战略合作伙伴关系，整个供应链能对需求信息做出及时反应，为消费者提供高价值的商品或服务。实施 QR 的供应链战略完全以消费者需求为驱动源，供应链上的各级企业建立战略伙伴关系，改善相互之间的交流，增强信息共享水平，以达到降低最终客户总成本、降低库存水平，改善财务指标、质量、产量、交货期、用户满意度，并提高自身的业绩。

快速反应包含三个方面（即 3Cs），即控制（Control）、交流（Communication）和协作（Collaboration）。

（1）控制。服装企业的各部门必须具有明确和有效的控制系统，特别是商品的营销计划。营销预测、生产管理、产品采购、库存管理以及产品销售量都通过准确快速的反应系统而得以控制。

（2）交流。服装和供应链合作伙伴之间通过产品的条形码、EDI、UPC 等技术，实现及时、准确地沟通。

（3）协作。快速反应系统的建立基于服装供应链上所有的节点企业之间必须共享信息、共同决策，只有有效协作才能获得良好的收益。

实施快速反应（QR）可以给厂商和零售商带来诸多利益：对厂商的利益有更好的顾客服务、降低流通费用、降低管理费用、更好的生产计划；对零售商的利益有提高销售额、减少削价的损失、降低采购成本、降低流通费用、加快库存周转、降低管理成本。

（三）快速反应（QR）的实施

快速反应（QR）要求零售商和供应商一起工作，通过共享 POS 信息来预测商品的未来补货需求，以及不断地监视发展趋势以探索新产品的开发机会，以便对消费者的需求能更快地做出反应。在运作方面，双方利用电子数据交换系统来加速信息流，并通过共同组织活动使得前置时间和费用最小。快速反应（QR）的着重点是对消费者需求做出快速反应。QR 的具体策略有：待上架商品准备服务（Floor Ready Merchandise）、自动物料搬运（Automatic Material Handling）等。

实施快速反应（QR）可分为以下三个阶段：

第一阶段：对所有的商品单元条码化，利用电子数据交换系统传输订购单报文和发票文件。

第二阶段：企业内部的商流处理，如自动补货与商品分拣、发运等，并采用电子数据交换系统传输更多的文件，如发货通知、收货通知等。

第三阶段：与供应链上的上下游伙伴密切合作，采用更高级的快速反应（QR）策略，以对客户的需求做出快速反应。

服装企业实施快速反应的一般实施流程是：当零售商接收到生产商发送的服装商品并与消费者完成一次交易之后，收款台的电子扫描仪对服装价签上的条码进行解读并自动记录下该服装的关键信息，如价格、厂家编号、号型、颜色以及其他规格。这些信息同时被传送到商店的计算机终端，这里保存着整个商店货物周转的记录。这些信息又通过电子数据交换系统传送至服装生产商的电脑中，生产商根据传达的数据可以调整生产，尽快生产所需的款式、颜色、号型。同样，服装生产商又将有关数据传送到面料生产商的电脑，使面料生产商快速加工运送服装生产商所需的面料。这种快速的信息分享，使服装供应链各方能够快速行动起来，从而既提高了生产速度和产品的附加价值，又满足了消费者对流行服装的需求。在供应链的运营过程中，有供应商、生产商、零售商和消费者的共同参与，伴随着商品流动的是信息流的不停运转，从而形成一个高效有序的系统。一方面缩短了生产流通时间，降低了各方面的经营成本，另一方面又避免脱销和滞销给消费者带来不便。

在我国，服装的时尚化和个性化越来越鲜明，越来越多的服装企业从每年 2 个订货季发展为 4~6 个订货季，以期对市场做出更快的反应。由此，服装生产和销售业由传统的少品种、大批量、长周期最终转向多品种、小批量、快交货。因此，我国服装企业若实现快速反应系统需加强以下内容：

（1）信息快速反应：即利用多种渠道获取最新服装款式、面料、色彩的流行信息，发布企业最新产品，以增进与零售商和消费者的交流。

（2）生产快速反应：即通过计算机技术对服装生产线进行科学编制和控制，将库存控制、生产系统建成柔性的开放式模块，并通过远程数据传输实现与供应链伙伴在管理、销售和情报系统方面的互联，以使整个生产系统适应服装品种、规格、工艺的快速变化，提高产品的质量和市场适应性。

（3）管理快速反应：加强市场预测、经营决策、采购、生产、销售、财务、物流、风险等方面的快速反应能力建设从而保证快速反应系统的完整和协调。

（4）商流快速反应：提高服装企业的信息化能力，实现这种反应更多依赖于 Internet 和 EDI 的使用。

（四）ZARA 公司的 QR 电商模式

ZARA 创始于 1975 年，它既是服装品牌，也是专营 ZARA 品牌服装的连锁店零售品牌。ZARA 公司坚持自己拥有和运营几乎所有的连锁店网络的原则，同时投入大量资金建设自己的工厂和物流体系，以便于快速响应市场需求，为顾客提供"买得起的快速时装"。

ZARA 开创了快速时尚（Fast Fashion）模式。随着快速时尚（Fast Fashion）成为时尚服饰行业的一大主流业态，ZARA 品牌也倍受推崇，俨然成为时尚服饰业界的标杆。其商业模式如图 6-8 所示。

口碑+适度广告	时尚+多样化
简约设计	低成本
选址	自营工厂
先进生产技术	高效生产组织
专卖店	数据化销售
JIT配送	密集产品更新

图6-8　ZARA 的商业模式

　　ZARA 商业模式中最重要的一点是把握个性化消费的潮流。为消费者提供"与众不同""独一无二"的产品价值。在传统行业里，"品种少，批量大"是通行的准则，大规模生产的同质化产品只能依靠廉价来吸引消费者，以赚取微薄的利润，但没考虑到消费者对于满足自己个性化的产品是愿意付高价的，而这正是 ZARA 瞄准的客户对象。ZARA 以其"多款式、小批量"，创造了长尾市场的新样板。ZARA 值得大多数传统企业借鉴的是，它有意识地在自己的产品中制造短缺。虽然一年中它大约推出 12000 种时装，但每一款的量却并不大。即使是畅销款式，ZARA 也只供有限的数量，常常在一家专卖店中一个款式只有两件，卖完了也不补货。ZARA 通过这种方式，满足了大量个性化的需求，培养了一大批忠实的追随者。

　　款式快速更新增加了新鲜感，随着每周两次补充新货物，吸引消费者不断重复光顾。快速更新店面里的货品，也确保了它们能符合顾客的品位，从而能被销售出去。ZARA 的暂时短缺满足了人们的服装消费心理，ZARA 渐渐变成了"追求时尚和个性"的代言人。

　　ZARA 的目标就是让顾客在承担得起的价位上买到多个品种的服装。ZARA 于

2010 年推出了 20000 件单品，大约是服装企业 Gap 的三倍。ZARA 有 400 多名设计师，经常出没于米兰、巴黎这些时尚中心举办的各种时装发布会上，或者出入于各种时尚场合，观察和归纳最新的设计理念和时尚动向。通常，一些顶级品牌的最新设计刚出来没多久，ZARA 就会发布和这些设计非常相似的时装。这样的设计方式能保证 ZARA 紧跟时尚潮流。

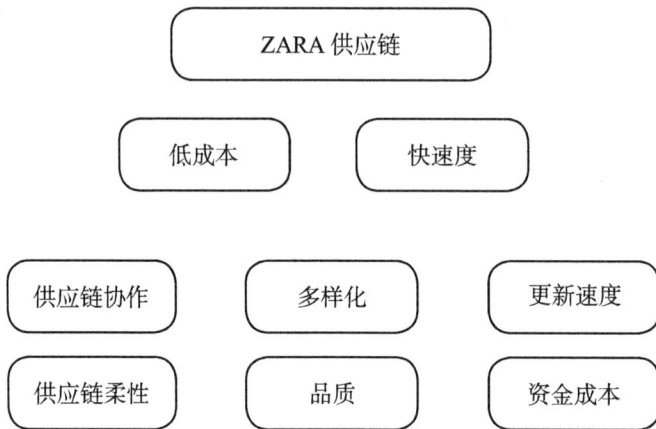

图 6-9　ZARA 的供应链模式

ZARA 商业模式的成功得益于公司出色的全程供应链管理，以及支撑供应链快速反应的 IT 系统应用，如图 6-9 所示。通过全程控制供应链，创造快速时尚的稀缺价值。ZARA 从设计到生产，再到把新款衣服送到全球各地的专卖店，只需短短的 15 天时间。ZARA 供应链的时间结构如图 6-10 所示。

ZARA 不借助外部合作伙伴进行设计、仓储、分销和物流，而是自己全包全揽，保持整个供应链在完全掌控中。ZARA 的供应链管理能够快速地把信息从购物者那里传递给设计师和生产管理人员。供应链管理还能对原材料和产品在流动过程中的每一个环节进行实时追踪。最终目的就是在最终客户与设计、采购、生产和分销等上游运行环节之间实现尽可能快速和直接的沟通。

ZARA 对供应链的控制使它能够设定产品和信息的流动速度，从而使整个供应链都能够以一个既快速又可以预测的节奏运行。为避免导致反应时间长，要求产品订单从门店直接发出，由店长负责订货，配送也是从配送中心直接配送到门店。在 ZARA 的灵敏供应链系统的支持下，从设计到把成衣摆在柜台上出售的时间，最短时只有 7 天，一般为 12 天。

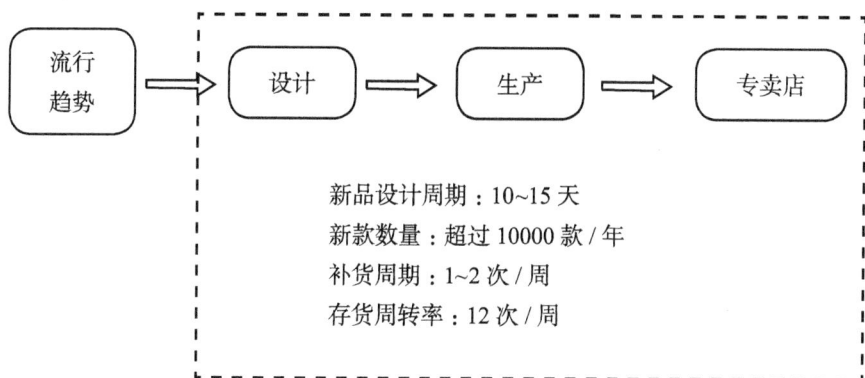

新品设计周期：10~15 天

新款数量：超过 10000 款 / 年

补货周期：1~2 次 / 周

存货周转率：12 次 / 周

图 6-10　ZARA 的供应链时间结构

很多服装企业都试图模仿 ZARA，就是学不来，为什么？因为 ZARA 是以快速时尚服装为核心、以供应链全程控制为基础的商业模式系统创新。这也是 ZARA 成功的关键所在。

五、服装电子商务供应链的协同化管理

（一）电商供应链管理协同化的必要性

随着电子商务的迅速发展，供应链管理已成为企业提高竞争力的利器，作为一种新的管理模式，它从整个供应链的角度对所有节点企业的资源进行集成和协调，强调战略伙伴协同、信息资源集成、快速市场响应及为用户创造价值等。但是传统的供应链难以实现企业与合作伙伴间信息实时的、同步的共享。目前虽然一些制造企业采用了 MRP2、ERP、CRM、SCM 等系统，但这些系统往往只是局限于企业内部，合作伙伴之间在线的电子连接及企业与顾客之间的接口薄弱，形成了一些供应链上的信息孤岛，不能充分支持和体现供应链管理的战略优势和系统特征。

从供应链的角度来看，电子商务称为 EB（electronic business），是指企业从原材料到生产、分销、零售等全部经营过程与经营活动的信息化、网络化。企业内部之间以及企业与供应商、零售商、直至客户之间的协同和信息共享是它的主要特征。其协同关系如图 6-11 和图 6-12 所示。

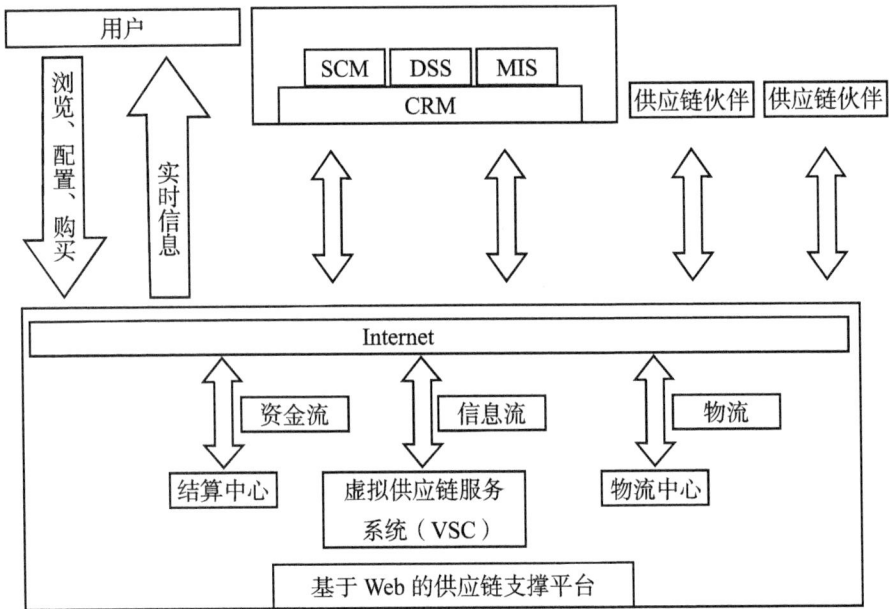

图 6-11　服装电子商务的信息系统协同

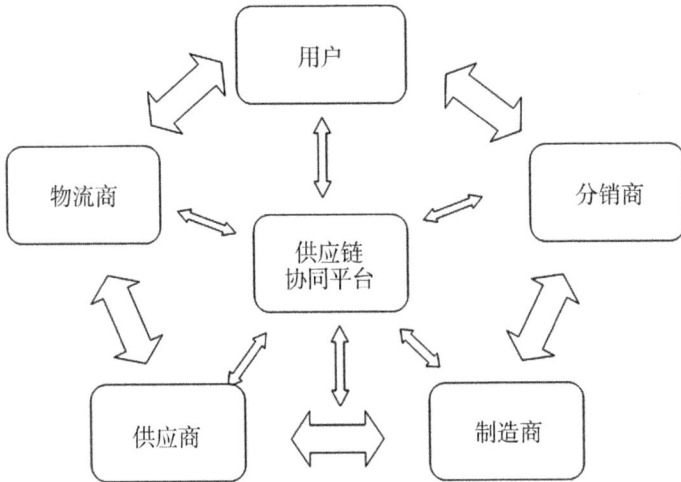

图 6-12　供应链的运作与协同

供应链管理是一种集成的管理思想和方法。它是指在满足一定的客户服务水平的前提下，为了使整个供应链系统成本达到最小而把供应商、制造商、仓库、配送中心和渠道商等有效地组织在一起来进行的产品制造、转运、分销及销售的管理方法。它整合并优化了供应商、制造商、零售商的业务效率，使商品以正确的数量、正确的品质、在正确的地点、以正确的时间、最佳的成本进行生产和销售。

从电子商务和供应链管理各自的特征来看，它们是有可能进行协同化管理的。电子商务强调综合效益的提高，而供应链管理的实践证明了这种预期的存在性。电子商务强调人、技术、管理三者在商务活动中的有效集成，以及包括工作流程、商务活动组织等方面在内的创新，而供应链管理强调供应链各成员的集成，实现成员之间的信息共享，同时供应链成员之间的战略伙伴关系也为创新提供了有利条件和可行性。

电子商务利用 Internet 技术将企业、顾客、供应商以及其他商业和贸易所需环节连接到现有的信息技术系统上，将商务活动纳入网中，彻底改变了现有的业务作业方式和手段，从而实现充分利用有限资源、缩短商务环节和周期、提高效率、降低成本、提高服务质量的目标，供应链管理正是建立在各成员具有一个共同的战略目标，即满足顾客需求基础之上的管理模式

电子商务环境下的供应链管理体系结构是通过互联网将企业的内部资源（人、财、物、技术、信息、设备、时间）和外部资源（如上游的供应商和制造商、下游的分销商和客户以及银行、认证中心、配送中心等相关机构）有效地整合在一起，满足传统企业利用全社会一切市场资源快速高效地进行生产经营的需求，实现对企业的动态控制和各种资源的集成和优化，进一步提高效率和在市场上获得竞争优势。建立电子商务下的供应链管理结构主要应考虑互联网、信息技术和企业内外部资源的整合。这种结构将企业的全部经营活动融入电子商务之中，达到企业活动的高效率和最优化。

电子商务与供应链管理协同直接沟通了供应链中企业与客户间的联系，并且在开放的公共网络上可以与最终消费者进行直接对话，从而有利于满足客户的各种需求，保留现有客户。

基于电子商务的供应链管理，不仅使服装供应链各个企业降低生产成本、缩短需求响应时间和市场变化时间，还能为客户提供全面服务，使客户获得最好品质的产品和服务，同时实现最大增值；而且能为供应链中各个企业提供完整的电子商务交易服务，实现全球市场和企业资源共享，及时供应和递送订货给顾客，不断降低运营和采购成本，提高运营绩效。

基于电子商务的供应链交易涉及信息流、产品流和资金流，因而供应链中的企业借助电子商务手段可以在互联网上实现部分或全部的供应链交易，从而有利于各企业掌握跨越整个供应链的各种有用信息，及时了解顾客的需求以及供应商的供货情况，同时也便于让顾客网上订货并跟踪订货情况。

基于电子商务的供应链管理，可以实现供应链系统内的各相关企业对产品和业务进行电子化、网络化的管理。同时，供应链中各企业通过电子商务手段实现有组织、有计划的统一管理，可以减少流通环节，使供应链管理达到更高的水平，与国外先进

企业供应链绩效看齐，促进各相关企业的业务发展，有利于开拓新客户和新业务。

（二）服装电子商务供应链管理协同化的内容

电子商务中的供应链管理主要包括：需求预测、生产计划和控制、库存控制、采购、客户管理。供应链管理以同步化、集成化生产计划为指导，以各种技术为支持，尤其是以 Internet/Intraet 为依托，围绕信息流、物流、资金流来满足需求。

（1）信息流。需求信息高度透明，供应链上游企业可同时获得市场的真实需求信息，避免了需求信息失真导致的需求变异放大效应；通过 Internet 在线下单，订单的处理速度和在成员企业之间的移动速度相当快。

（2）物流。信息流指挥物流，信息的高度共享和快速流动带来高速物流；物流的适应性较强，由于物料或产品在指定时刻到达指定地点，可减少甚至消除各节点企业的库存。

（3）资金流。资金流的方向是从用户到分销商到供应商。在线支付方式提高了订单的执行速度和交货速度。

（三）服装电子商务供应链管理协同策略

一是利用电子商务实施集成化的供应链管理。这种新的管理模式可以突破传统的采购、生产、营销和服务的范畴和障碍，把企业内部、供应链上下游的资源整合起来，并加以充分利用，创造出更多的价值，是企业以适应新竞争环境下市场对企业生产和管理运作提出的高质量，高柔性和低成本的要求。

二是利用 JIT（准时制）、QR（快速反应）、ECR（有效客户反映）、ERP（企业资源计划）等先进的管理体系策略，可以解决供应链出现的信息失真问题，提高企业和整个供应链的弹性，迅速对市场需求做出反应，保证企业及供应链的高效运行。

（1）准时制（Just in Time）。准时生产是指将必要的原材料、零部件以必要的数量在必要的时间送到特定的生产线生产必要的产品。准时生产是电子商务运营对生产领域物流的新要求。其目的是使生产过程中的原材料、零部件以及制成品能高效率地在各个生产环节流动，缩短物质实体再生产过程中停留的时间，杜绝产品库存积压、短缺和浪费现象。准时生产虽然是企业内部的一种管理模式，但它作为一种管理思想，在提高整个供应链对客户的响应时间、实现零库存生产、降低供应链的物流成本等方面仍然具有重要的作用。

（2）快速反应（Quick Response）。在供应链中，为实现共同的目标，至少在两个环节之间应进行紧密的合作。目的是减少原材料到销售点的时间和整个供应链的库存，最大限度地提高供应链的运作效率。

（3）有效客户反应（Efficient Consumer Response）。它是指供应链节点企业之间的相互协调与合作，更好、更快并以更低的成本为顾客提供更多价值的一种供应链方法。供应链各方为提高消费者满意这一共同目标进行合作，分享信息和决策，它是把处于分散状态的供应链节点有机联系的有效工具。

【思考题】

1. 选择一家以店铺营销为主的服装企业，并对其物流管理状况进行分析。

2. 选择一家服装电商企业，并对其物流管理状况进行分析。

3. 比较不同类型、不同规模的服装电商企业，对它们的物流营运作比较分析。

4. 分析"快速反应战略"在我国服装产业的发展前景。

【案例】

爱慕集团的电子商务物流实践

爱慕集团诞生于 1993 年 3 月 8 日，多年来已经建起了遍布全国的营销网络。爱慕集团起初也在网上销售过季产品或清理库存。但是由于爱慕渠道大都是集团自营，渠道库存积压现象少，而新品和畅销款的缺货和断码率又很严重，线上线下渠道有冲突。对于爱慕集团来说，电子商务并不仅仅是清理库存或销售打折品的渠道，而是集团未来战略的重要组成部分。经过一段时间的思考，爱慕集团决定针对互联网客群这个新市场，打造全新品牌——"心爱"，作为电子商务战略的新尝试。"心爱"有专门的研发体系和设计方案，由产品开发人员负责产品化以及质量和工艺把控。只通过互联网销售。在没有大规模广告宣传的情况下，"心爱"这个新品牌旗下的多个产品系列已经进入爱慕集团在线市场销量排行前十的榜单。

爱慕集团的服装供应链由面料供应商、服装制造商、服装分销商、服装零售商、服装物流与配送商及服装消费者组成。服装企业的产品能够通过供应链快速地分销到目标市场上，这取决于供应链上的物流、配送网络的健全程度及市场开发状况等，物流、配送网络是供应链存在的基础。服装企业要想建立供应链，就必须考虑这个过程中的所有方面，并对所有的环节加以控制和管理，任何一个环节出了差错，都可能导致整个供应链的中断，给企业带来不可估量的损失。

爱慕集团通过 ERP 系统实现企业信息化同步流程。即在接到客户订制单的一刹那，所有与这个订单有关系的部门和个人都同步行动起来。如果没有同步流程，那么我们就不可能使订单快速地传递，快速地运作，最终以最快的速度送达用户手里。公司可以与专卖商联网，实时传递销货信息和需求信息，缩短信息沟通周期，并降低沟通成本，加快市场反应速度，实现精准配送和精准销售。

爱慕集团对企业各个环节进行了信息化的升级建设，实现了企业运营全部信息化：高科技的物流配送以每周百万件的速度将货品发送到全国门店，准时生产系统可以定制生产流程，迎合市场需求，以高效的 IT 系统为基础的协同供应链运作体系，可以及时、准确地反馈及调整销售信息，驱动着爱慕供应链各环节的协同快速运作，从而提高整个供应链的反应速度。以全国各地的爱慕专卖店为例，不管是在海南还是东北，都拥有与总部直接相连的信息系统，通过每天大量的销售、市场信息交换，总部可迅速和精准地掌控每个门店的情况，每个门店每天向总部直接订货。具体来说，专卖店每卖一件衣服，数据都会马上进入总部的数据中心。营销部门不再每天忙着收专卖店发来不准确的传真了，每天一上班，负责营销的人员就打开电脑得到数据并进行分析，在此基础上，每一周都做单点的补单，综合全国的数据，安排调货或者采购和生产，有了快速供应链，原来受限于面料的情况大大缓解。

爱慕集团通过信息化的提高，有了信息系统的支持，在物流配送模式调整，专柜及各地分支机构存货进一步优化，销售信息传递速度的提高的作用下，减少了顾客流失，增加了一定的销售额，更好地解决了资金流，信息流的问题。同步流程，可以使订单快速地传递，快速地运作，最终以最快的速度送达到用户手里。

爱慕目前跟国内顶级的物流供应商签订了战略合作伙伴协议，在运输环节上保证了及时、可控。并且爱慕物流仓库采用了自动化立体库概念，是当前技术水平较高的形式：通过先进的技术实现了仓库高层合理化、存取自动化和操作简便化。计算机及条形码技术的应用让物流管理更为便捷、高效。

资料来源：百度文库

【案例讨论】

1. 爱慕服装公司电子商务物流发展的整体思路是如何演化的？

2. 营销渠道结构对于服装电商物流运作有什么影响？

3. 服装电商的物流信息系统包含哪些内容？

4. 进一步搜集资料，讨论物流信息系统对服装电商运作有哪些影响。

5. 服装电商企业如果想建立物流领域的比较优势，可以采取哪些措施？

【本章小结】

本章首先介绍了物流管理的概念和内涵，辨析了物流管理和供应链管理的区别。之后，着重讲述了物流管理的主要职能：库存管理、运输管理、配送管理、成本管理，以及服装电商物流的规划和实施。详细讲述了各个职能的概念、内容、要素以及流程。本章还结合企业实例介绍了快速反应战略（QR）概念、内涵和实施流程。最后，本章介绍了服装电商供应链协同管理的内涵和策略。

第七章　服装移动电子商务

【本章学习目标】

1. 了解移动电子商务的基本概念和特征
2. 了解移动电子商务中的技术应用
3. 了解移动电子商务在服装行业的应用
4. 了解移动电子商务的发展趋势

【引导案例】

服装品牌怎样跟上移动互联脚步?

中国移动商务势头正强

中国移动商务发展的速度令人吃惊。据网络公司 Go-Globe 的数据统计，2014 年中国的移动商务销售较 2013 年同比增长 91%。在中国近 5000 亿美元的网络购物款中，移动商务就拿下了 516.2 亿美元。据 iResearch 的数据显示，2014 年中国三分之一的在线购买由移动设备完成。2014 年，在阿里巴巴的淘宝和天猫商城中来自移动设备的消费就占电商总消费的 76.1%，特别是"双十一"促销当天，全部销售量中有 42% 来自移动电话；而在 2013 年，阿里巴巴这一天 90% 的销售还来自个人电脑。就现在来看，主要是小额的购买或者是"冲动购买"行为主导移动商务的消费，类别上以化妆品、服饰居多。

服装传统品牌忙转型

近些年来，传统服装企业经营遭遇瓶颈。以美邦服饰为例，2014 年，公司实现净利润 1.46 亿元，较上年下降 64.08%；2015 年 5 月，美邦服饰发布一季度净利下滑的公告。对于经营状况不佳的原因，美邦服饰给出的解释是，2014 年度传统服装行业终端消费增速放缓，同时随着移动信息技术的推广和国内消费需求的升级，服装消费个性化、场景化、国际化和移动互联网化的趋势日益明显，服装行业进入了转型升级的新常态。美邦的情况具有典型的代表性，传统服装企业在移动互联时代受到越来越大的冲击。面对冲击，品牌商们正在积极寻找对策。

2015年4月，美邦高调推出以时尚搭配体验为载体、整合全球有生活态度的时尚品牌"有范"App平台。据美邦服饰市场部人士介绍，有范App除公司自有品牌外，还将引入一些国际成熟品牌、小众新锐品牌等。公司计划今年内实现300多个品牌、1万多款单品登陆App，明年增至1000多个品牌、4万多款单品。无独有偶，高端女装品牌朗姿也正整合相关资源发力移动电商。公司早前宣布出资750万美元入股"明星衣橱"App的母公司Hifashion Group Inc。该App以数据挖掘技术为核心，正在从基于时尚流行的流量分发模式转为自建平台的移动电商，其与朗姿在2014年的综艺节目"女神的新衣"上有所交集，合作尝试了"所见即所得"的边看边买销售模式。目前"明星衣橱"App用户量为4000万左右，日均活跃用户量为400多万，月均收入超600万。

传统服装企业拥有大量门店资源，如何使其在移动互联时代发挥最大效益，这也是很多企业在思考的问题。奥康国际选择的是利用移动支付来打通线上与线下的界限。奥康国际曾通过支付宝发送3亿元红包，线上线下均可使用。对于传统鞋服零售业来讲，与支付宝的合作不仅可以提升用户的消费便捷程度，而且还拥有支付宝巨大的用户基础，可以促进更多的线上消费者转移线下。奥康打通线上线下红包界限的活动，其主要目的也是为了吸引更多的消费者能够前往终端门店进行购物体验。

资料来源：改编自智雅．服装品牌怎样跟上移动互联脚步？中国服饰报，
2015/07/31，002版

第一节　移动电子商务概述

随着无线网络的普及和无线网络应用功能的增强，网民可以随时随地联网接收网络信息，移动电子商务得到越来越广泛的应用。

移动电子商务（M-Commerce）由电子商务（E-Commerce）的概念衍生而来，是移动通信网、互联网、IT技术和手持终端设备技术发展的产物。它突破了互联网的局限，使人们可在任何时间地点进行商贸活动，扩张电子商务的领域，是电子商务朝着大众化、便捷化发展的一种延伸和扩展，也是整合电子商务、沟通传统商务的创新营销应用潮流，更是网络经济新的利润增长点。

根据研究咨询机构IDC最新研究报告显示，2016年全球互联网用户数将达到32亿人，约占全球人口的44%，其中，移动互联网用户将达到20亿。就中国而言，电子

商务作为"移动先行"的有力代表，拥有全球数量最多的移动网民。数据统计，2015年中国移动互联网用户规模达到 7.9 亿人，预计到 2018 年，用户规模将达到 8.9 亿人。因此，学习、认识、了解和掌握移动电子商务的基本理论，对于实战移动电子商务和加快移动电子商务的深入发展都具有重要的意义和作用。

本章通过介绍移动电子商务的内涵、应用模型，结合服装企业的移动电子商务实践，突出了移动电子商务的独特优势，并展示出其广阔的发展空间。

一、移动电子商务的定义

移动电子商务（M-Business 或 M-Commerce）就是利用手机、PDA（Personal Digital Assistant）及掌上电脑等无线终端进行的 B2B、B2C 或 C2C 的电子商务。它将因特网、移动通信技术、短距离通信技术及其他信息处理技术完美地结合，使人类可以在任何时间、任何地点进行各种商贸活动，实现随时随地的线上线下购物与交易、在线电子支付以及各种交易活动、商务活动、金融活动和相关的综合服务活动等。

移动电子商务一般定义为：消费者在支持因特网的无线通信网络平台上，借助移动的智能终端设备，完成商品或服务的购买或消费行为的社会经济活动。

图 7-1　移动电子商务

移动电子商务是移动通信、PC 与互联网三者融合的最新信息化成果，是一种全新的销售与促销渠道，以应用移动通信技术和使用移动终端进行信息交互为特性，全面支持移动互联网业务，可以实现电信、信息、媒体和娱乐服务的电子支付。移动电子商务不同于目前的销售方式，它能充分满足消费者的个性化需求，设备的选择以及提供服务与信息的方式完全由用户自己控制。因此，移动电子商务的用户可以通过移动通信在第一时间准确地与对象进行沟通，与商务信息数据中心进行交互，使用户摆脱了固定设备和网络环境的束缚，最大限度地驰骋于自由的商务空间。

移动电子商务在诸多领域已获得大量应用。而服装类企业在移动电子商务领域的应用也展示出显著的增长空间。以日本的优衣库（UNIQLO）为例，可窥见一斑。

优衣库品牌的迅销公司建立于1963年，当年是一家销售西服的小服装店。优衣库的衣服款式很多，价格也很便宜，消费者在优衣库购物类似逛超市，许多人都会一次买很多件衣服回家。优衣库拥有智能手机的App，截至2013年年初，其App在日本已经有数百万用户。为推广其App，优衣库为下载其App的顾客提供特殊的优惠。例如，下载App后可以在店铺享受打折，还会经常给用户推送打折优惠券，每次购物可以省掉几百日元。此外，优衣库一个著名的营销策略是某种特定的商品限期打折。例如Heat-tech发热保暖内衣，会在一周内限期打8折，而当内衣的限期打折活动结束后，下一周牛仔裤可能又会打折销售，总之在优衣库的店里几乎每天都有几种商品打折销售。这样用户登录优衣库的App后，就可以看到当天哪种商品在打折。

优衣库还利用App提升顾客的到店率。在优衣库的App中，可以通过地理位置查看附近的店铺。据说优衣库正在考虑在今后用户接近其实体店铺的时候，主动推送附近店铺的优惠券。此前，优衣库通过邮件为用户推送优惠、促销信息，以后手机App的推送功能可能取代邮件的功能，这对于提升老顾客的到店率有很大的促进。

优衣库除了最主要的销售客户端手机App，还开发了好几个其他类型的手机App，例如一个名为UT CAMERA的App，鼓励用户穿着优衣库的T恤拍照并上传到社交网络，并形成一个喜欢穿优衣库T恤的人的文化圈。除此之外，优衣库的音乐日历、优衣库闹钟等App都很有特色。手机App在优衣库的用户忠诚度管理、销售促进等方面展示出的巨大作用，使得很多服装企业看到移动电子商务对于扭转当前服装整体销售下滑趋势的光明前景。

二、移动电子商务与传统电子商务的区别

相对于传统的电子商务，移动电子商务增加了移动性和终端的多样性。无线系统允许用户访问移动网络覆盖范围内任何地方的服务。尽管目前移动电子商务的开展还存在安全与带宽等很多问题，但是与传统的电子商务方式相比，移动电子商务具有诸多优势，得到了世界各国普遍重视，发展和普及速度很快。

（1）不受时空限制的泛在性。

同传统的电子商务相比，移动电子商务的一个最大优势就是移动用户可随时随地获取所需的服务、应用、信息和娱乐。用户可以在自己方便的时候，使用智能手机或其他移动设备查找、选择及购买商品和服务。虽然当前移动通信网的接入速率还比较低，费用也比固定网高，但随着下一代移动通信系统的推出和移动通信市场的竞争，

这些因素的影响将逐渐淡化。

（2）提供更好的私密性和个性化服务。

移动终端一般都属于个人使用，不属公用，移动电子商务使用的安全技术也比电子商务更先进，因此可以更好地保护用户的私人信息。移动计算环境能提供更多移动用户的动态信息（如各类位置信息、手机信息），这为提供个性化服务创造了更好的条件。发展与私人身份认证相结合的业务是移动电子商务一个很有前途的方向。

（3）信息的获取将更为及时。

移动电子商务中移动用户可实现信息的随时随地访问本身就意味着信息获取的及时性。同传统的电子商务系统相比，用户终端更加具有专用性。从运营商角度看，用户终端本身就可以作为用户身份的代表。因此，商务信息可以直接发送给用户终端，这进一步增强了移动用户获取信息的及时性。

（4）基于位置的服务。

移动通信网能获取和提供移动终端的位置信息，与位置相关的商务应用成为移动电子商务领域中的一个重要组成部分，如 GPS 卫星定位服务、北斗系统定位服务。

（5）网上支付更加方便快捷。

在移动电子商务中，用户可以通过移动终端访问网站、从事商务活动，服务付费可通过多种方式进行，可直接转入银行、用户电话账单或者实时在专用预付账户上借记，以满足不同需求。

三、移动电子商务的特征

电子商务正在逐步融入人们的日常生活，借助 3G 平台，利用手机终端移动化的优势，消费者可以随时随地享受电子商务带来的方便服务。移动电子商务的特征主要表现在以下几个方面。

（1）时效性。

传统电子商务已经使人类感受到了网络带来的便利和快乐，但其必须依靠有线接入的局限性也是显而易见的。相对而言，移动电子商务可以弥补传统电子商务的这种缺憾，尤其适用于瞬息万变的商务活动与商业交易，消费者不仅可以在移动的状态下工作或活动，而且可以在移动状态下满足及时性需求。移动终端的时效性让移动商务的营销活动摆脱了时间和地域的限制，使商家能够对客户的要求做出即时反馈。

（2）连通性。

移动电子商务因为接入方式无线化，使人类更容易进入网络世界，从而使网络范围延伸更广阔、更开放。在有相同位置或者有相同兴趣的用户，可以方便地通过文本消息和移动聊天的方式连接到一起，广告商可以通过这种途径促销商品，并能做出特别的提议，以期望订阅者回答和接受他们的信息。

（3）便捷性。

移动通信所具有的灵活、便捷的特点，决定了移动电子商务更适合在大众化的个人消费领域发展。如自动售货机、停车场计时器等自动支付系统；收银柜机、出租车计费器等半自动支付系统；水、电、煤气等日常费用收缴系统。用户还可以通过移动终端具有的照相功能等，保存商品的外形、公司地址、饭店和宾馆的信息、银行细目、支付和信用卡详情等，这些都可以在其购物或者签订合同时通过移动终端进行传递和确认。

（4）可定位性。

对传统的电子商务而言，用户的消费信用一直是影响发展的大问题，而移动电子商务在这方面显然具有一定的优势。手机号码具有唯一性，手机 SIM 卡上存储的用户信息可以确定一个用户的身份。而随着手机实名制的推行，这种身份确认变得越来越容易，使移动电子商务具备了信用认证的基础。

（5）资源整合性。

正是由于移动商务具有资源整合特性，才能把分散资源变成综合资源，把不完全信息变成完全信息，把网上商机转化成移动商机。同样，也可以把移动支付的决策传递到网上，通过整合网络资源来完成和实现。

（6）定制性。

由于移动电话具有比 PC 机更高的连通性与可定位性，因此移动电子商务的生产者可以更好地发挥主动性，为不同顾客提供定制化的服务。例如，利用无线服务提供商提供的人口统计信息和基于移动用户位置的信息，商家可以通过具有个性化的短信息服务活动进行更有针对性的广告宣传，从而满足客户的需求。

（7）移动终端的对应性。

手机号码与主体之间存在着对应关系，每个手机号码都代表着一个确定的移动主体。移动终端的号码事实上已成为移动主体的商业符号，这是以往任何通信方式都不具备的一种更紧密的对应关系。依托这种对应关系，移动电子商务具备了比传统电子商务更高的安全性。

四、移动电子商务的商业模式

根据发生对象的不同，移动电子商务大致可分为 M2M 类、B2B 类、B2C 类、C2C 类，其最主要的实现方式是短信、手机上网及无线射频技术。移动电子商务是一个内容丰富的概念，广义的移动电子商务包括商务活动的所有环节，如移动搜索及移动广告等，狭义的移动电子商务仅指商务活动的核心交易环节，本节所说的移动电子商务是指狭义的移动电子商务。按照开展移动电子商务活动主体的不同，移动电子商务商业模式可大致分为以下六种类型。

（1）传统电子商务企业移动化模式。

即传统电子商务进军移动互联网领域，将已有的互联网业务移植至移动设备。如亚马逊、eBay、淘宝、乐淘、凡客诚品等传统的电子商务企业纷纷推出自己的手机购物平台或移动客户端，使用户可利用手机或其他移动设备登录购物网站并进行订单处理等。此类模式的优势在于，传统电子商务服务商通过多年的发展与积累，已经在广大网民中树立了良好的品牌形象。凭借其在 PC 端用户资源的良好基础、优秀的电子商务管理和运营能力，以及商品渠道、物流仓储的实力储备，因此传统电子商务企业往往能比其他类型的企业更容易进入并拓展其移动电子商务业务，迅速占领一定的移动购物市场。

（2）独立移动电子商务模式。

通常出现在一些不具有传统电子商务运作经验的新型企业，如买卖宝、爱购网、欢购网及移淘商城等。这些企业专注于做移动电子商务，其用户规模和交易规模往往较小，远远比不上传统电子商务企业的无线业务用户数量及交易额，但却发展得比较迅速，并且与传统电子商务企业开展的无线业务有所区别，例如，采取不同商品销售种类及价格定位等，吸引了一定的目标客户群，因此也是一种极具发展潜力的模式。

（3）移动运营商主导模式。

移动运营商凭借其在移动产业链中的核心地位以及庞大的用户群，在开展移动电子商务方面具有先天优势。移动运营商可通过建立移动商城等来搭建自己的移动购物平台，进军移动电子商务领域。也可通过与用户和商业客户直接建立联系，在移动终端中采用特制的 SIM 卡，在商户端布放支持非接触交易的 POS 机，并搭建统一的移动支付运营平台的方式占领移动支付市场，此模式不需要银行参与，例如目前已开展的手机钱包业务等。移动运营商在开展小额移动支付业务上更具市场效率和竞争优势。

（4）平台集成商模式。

平台集成商开展移动电子商务主要集中于某个熟悉的行业，是指由平台集成商自主发展商业客户，建设与维护业务平台，同时向多个运营商提供业务接入服务。例如，用友公司的移动商街就是一个基于移动互联网，聚集消费者与商家的虚拟商业中心，汇聚了数千万名手机注册会员和上百万提供服务的商家，主要通过短信和手机互联网实现商家与消费者之间的商品交易。

（5）金融机构主导模式。

即由金融机构布放 POS 机、开发平台和发展用户，用户与金融机构直接发生联系。例如，各大银行开展的手机银行业务，银联开展的"手付通"业务。在大额移动支付业务中，用户最看重的是安全性，而金融机构恰好拥有较为完备的安全体系、信用体系和强大的数据结算支持，在大额移动支付中占据主导地位，用户对其信任度远高于移动运营商。

（6）运营商与金融机构合作模式。

这种模式在日韩等国发展得较为成功。它是指银行和移动运营商通过合作来发挥各自的优势，例如移动运营商具有用户优势和增值业务运营经验，而银行可提供移动支付安全和信用管理服务，使其承受金融风险的能力极大增强，支付额度的限制大大减小，信用安全等级有所提高。

五、移动电子商务的应用现状及存在问题

（一）移动电子商务的应用现状

经过十多年的发展，我国的移动电子商务已经取得了一定的成就，主要体现在以下方面。

（1）我国拥有庞大的移动客户群体。

据工信部发布的通信业经济运行情况数据统计，截至 2016 年 12 月末，我国移动互联网用户总数达到 10.9 亿户，移动电话用户总数达到 13.2 亿户，移动电话用户普及率达 96.2 部 / 百人。这表明我国拥有巨大的移动电子商务市场发展空间，增长潜力充分。

截至 2016 年年底，我国互联网用户数已达 7.31 亿，普及率超过 53.2%，拥有全球第一的互联网以及移动互联网用户数。2016 年，在 4G 移动电话用户大幅增长、移动互联网应用加快普及的带动下，移动互联网接入流量消费达 93.6 亿 G，同比增长 123.7%，比上年提高 20.7 个百分点。全年月户均移动互联网接入流量达到 772M，同比增长 98.3%。其中，通过手机上网的流量达到 84.2 亿 G，同比增长 124.1%，在总流量中的比重达到 90.0%。互联网用户从 PC 端转向移动终端趋势愈加明显。

据艾瑞网关于移动网购的调查数据显示，仅 2015 年第三季度，我国移动购物交易规模就超过了 5199.9 亿元，同比增长了 120.9%，增速远远高于我国网购的整体增速。此外，该季度移动端交易额占网购总体的 56.7%，同比增长 22.7%，渗透率还在持续提升。艾瑞咨询预测，2016 年年内我国移动支付市场交易规模将达到 121590 亿元，到

2018 年则有望达到 182559 亿元。在 2018 年前，我国移动支付市场交易规模的年均增长将保持在 20% 以上，之后还有望保持较长时间的中高速增长。

（2）国家大力支持移动电子商务实践与创新。

移动电子商务被列入《电子商务发展"十一五"规划》的重点引导工程，标志着国家移动电子商务试点示范工程正式启动。"十一五"计划以来，国家对电子商务发展的科研投资达 20 亿元，并且提出要加大对移动电子商务的支持力度。这表明移动电子商务建设得到国家重视，宏观政策环境有利于移动电子商务良性发展。

（3）我国拥有良好的移动电子商务平台基础。

2013 年，全球潜在市场最大的 4G 市场在中国开启，这表明中国电信基础设施在不断地升级。截至 2016 年 6 月，我国基站数量超 200 万，已建成全球最大 4G 网络，并拥有全球第一的移动互联网用户。电子商务平台不断得到改进，使其更快捷、安全、有效。同时，无线宽带频通信技术属于《国家中长期科学和发展纲要（2006—2020）》中确定的 16 项重大科技专项之一，这无疑为移动电子商务的发展奠定了坚实的物质基础。

（二）移动电子商务存在的问题

尽管我国移动电子商务随着移动通信技术的进步取得了长足的发展，但和发达国家相比，我国的移动电子商务还处于发展的初级阶段，还有很长的路要走。在当前时期，我国移动电子商务中还存在一些亟需解决的问题，具体内容如下。

（1）移动电子商务的安全保障存在的问题。

我国移动电子商务的发展处于初级阶段，对安全问题的考虑和保证尚需进一步完善。就目前而言，移动电子商务的安全问题主要表现为移动通信安全、移动终端安全、手机病毒的威胁和移动运营商的商务平台的安全等。

（2）移动电子商务相关法律法需要完善。

目前，几乎没有移动电子商务方面的法律法规。而传统的商务和电子商务的法律、法规不能完全适应移动电子商务的要求。为保证电子商务系统安全和有法可依，尽快完善相关的法律、法规是移动电子商务发展的重要工作。

（3）信用问题阻碍移动电子商务的发展。

与传统电子商务一样，信用仍是制约移动电子商务发展的一大难题。艾瑞咨询调研数据显示，中央电视台 2009 年"3·15 晚会"对网上银行和网上支付安全隐患的曝光影响最大，认同率达到 36%。如何建立用户移动交易安全的信心，需要进一步改善环境、提升技术保障能力和培养消费者观念。

（4）移动终端的丢失问题。

移动终端的丢失意味着别人将会看到电话、数字证书等重要数据，拿到移动终端的人就可以进行移动支付、访问内部网络和文件系统。所以，应该努力减少移动终端丢失的概率，并最小化移动终端丢失后带来的风险。通过技术手段实现身份认证，从而降低移动终端丢失后带来的损失，是移动电子商务健康发展的重要因素。

（5）移动支付体系仍然不完善。

目前我国移动支付市场主要有两种形式：一是通过手机话费直接扣除，因受到金融政策的限制，目前只能提供小额支付解决方案；二是通过手机将信用卡与银行卡进行绑定，支付过程中直接从用户的银行账户扣款，以中国移动的"手机钱包"和中国联通的"手机银行"提供服务为主。移动支付对于移动运营商而言仅相当于一般移动数据业务，移动运营商对于培养用户的动力不足，积极性不高；而第三方支付厂商培养用户的能力受限，用户应用场景严重不足，主要业务集中在查缴手机话费、购买数字点卡、电子邮箱付费、公共事业缴费等，距离真正的移动电子商务尚有很大差距。

（6）移动支付机制存在问题。

构建安全灵活的移动支付机制是完善移动电子商务商业模式的关键环节。截至2016年6月，我国使用网上支付的用户规模达到4.55亿，比例从60.5%提升至64.1%。手机支付用户规模增长迅速，达到4.24亿，半年增长率为18.7%，网民手机线上支付的使用比例由57.7%提升至64.7%。但是从中国网民用户群和互联网的支付量以及手机支付的发展模式来看。手机支付业务模式仍在探索阶段。安全性问题是移动支付发展的关键，产品服务单一是移动支付缺乏用户基础的主要原因。

（7）移动电子商务人才培养不能满足企业的实际需求。

在传统的电子商务中，企业在面对B2B电子商务时，仍存在人才缺口，尤其是中小企业。虽然每年有大量电子商务专业毕业生走出校园，但企业电子商务人才需求往往是有一定行业背景和营销经验的复合型人才。人才不足也是影响中小企业移动电子商务应用的一个重要因素。

当然，以上这些问题并非全是中国特有，是当前很多国家进行移动电子商务的共性问题。例如，在印度，虽然很多印度人认为手机购物更加方便快捷，但是仍有些人拒绝安装手机购物App，因为他们担心自己的信息会泄露。Oracle的一份全球调查显示，很多来自印度和中国的受访者称用手机和平板电脑购物要比用电脑购物更方便。不过也有许多印度人更偏好使用电脑购物，并在电脑上比较产品价格，因为他们认为使用手机购物往往要担心交易中断或者被一些App窃取信息。比如，一个电话进来，交易就会被迫中断。虽然 Myntra、Flipkart 等印度电商巨头开始只发展移动端业务，仍然有用户认为他们的手机不需要安装购物 App。管理培训师 Jain 是这样说的："我会在手机安装一些 App，比如 Uber，但是我不想浪费我的手机空间去下载购物 App。"

还有，很多人将会放弃强迫他们下载购物 App 的网站。"这就好比一定要开车才能进到大楼里。这种做法会疏远那些不愿意下载手机 App 的客户。"金融公司 Capital Mind 的创始人兼首席执行官 Deepak Shenoy 称。并且，不是所有的手机用户都认为电脑购物很烦人。"我觉得网购时，用电脑键盘、浏览器比手机触屏和 App 方便多了。"博士生 Prateek Karandikar 说道，他最担心手机 App 会偷偷收集他的信息。"很多公司都表示 App 可以接入手机用户的联系人信息等，但我反而希望 App 与我的数据毫无联系。"他在电脑上浏览 Flipkart 时可以在浏览器隐私设置里禁用 Cookie，这样就不会留下数据信息，但是在 App 上就没法这么做。Karandikar 说："作为一个消费者，我知道科技会产生很大的影响，所以独立和隐私对我来说很重要。"为了不用 App，他还打算准备使用老式手机。

当然，消费者不是不愿意为了便利而分享一些个人信息。"我们都知道打车 App 需要消费者信息，但是我们愿意为了能更方便打车而牺牲了个人隐私。"印度最高法院的宪法和人权事务律师及隐私权法律专家 Bhairav Acharya 表示。消费者关心的是信息是如何保存的。最近出租车公司 Meru 在网站上不小心泄露了顾客的信息，包括邮件地址和电话号码。Acharya 认为需要设立隐私法来解决这类问题。另外一个办法是成立监管机构，就像 RBI（Reserve Bank of India）监督银行那样，确保企业安全保存消费者的信息。

移动电子商务作为一种新型的电子商务模式，利用了移动无线网络的诸多优点，相对于传统的"有线"电子商务有着明显的优势，是对传统电子商务的有益补充。尽管目前移动电子商务的开展还存在很多问题，但随着它的发展和飞速普及，很可能成为未来电子商务的主战场。

第二节　移动电子商务技术简介

传统的计算设备一般包括台式计算机，网线连接网络、服务器，还有外部设备，例如打印机等。这样的计算设备就把使用者限定在固定的位置，用户无法保证随时随地使用计算机。有些人（例如销售员、现场服务人员、执法人员、市场调研人员、公用事业服务人员或是经常出差的管理人员）如果在工作场所或是在旅途中能使用信息技术，显然可以提高工作效率。解决的方法就是无线移动计算技术（wireless mobile computing，或称 mobile computing），这种技术能够让移动设备与计算机网络（或是另一台计算机设备）进行实时连接，不受时空的限制。移动商务主要依靠移动网络来实施。所谓的移动网络，是指利用移动设备连接互联网，或是利用移动设备中的浏览器连接互联网。

移动计算设备中有许多硬件设备和软件支持。首先是移动设备（例如智能手机），用户可以利用它连接移动网络。此外，还需要能够支持无线连接的条件，例如网络接入点，或是 WiFi。还有就是通过连接可以传递的服务，例如 GPS 定位器。最后是支持移动商务运行的一些条件，例如网络服务器、数据库服务器和企业应用服务器。这些服务器既能向连线的计算机提供服务，也能向无线设备提供同样的服务。只有一点不同，那就是一个是有线连接，而另一个是无线连接。移动设备具有自己的特征，例如屏幕较小、内存少、带宽不大、数据接收速度较慢，等等。这就要求硬件及软件的设计者要考虑到用户的特殊需求，无线系统在设计的时候也要考虑这些特点。

移动商务的技术基础是纷繁复杂的。本节仅介绍其中最主要的部分。

一、移动电子商务的简要系统模型

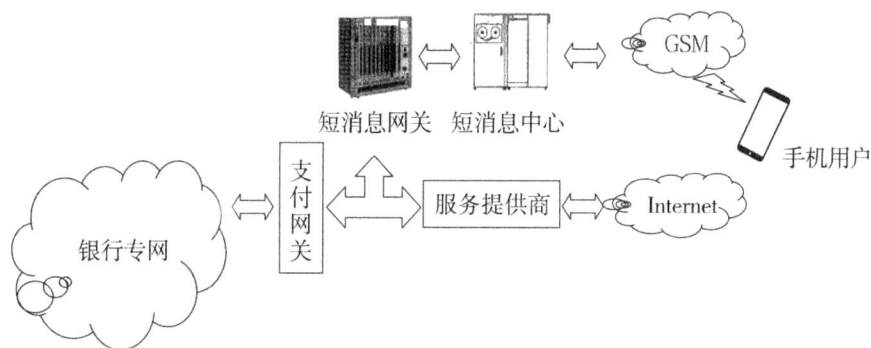

图 7-2　移动电子商务的简要系统模型

一般，移动电子商务的实施至少要包括以下几个关键组成部分。

（1）手机用户。手机用户通过 SIM 卡向 GSM 网络证明自己的合法性，但这只是接入无线网络的第一步，执行电子商务的安全协议，还需要获得服务提供商提供的交易主密钥，必要时还需要下载相应的应用软件。

（2）GSM 网络。短消息中心及短消息网关用以完成短消息的安全传输，由于通信网络只负责明文短消息的可靠传输，因此远远不能满足移动电子商务的安全需求。

（3）服务提供商。服务提供商主要提供移动数据业务，它既可以本身就是内容提供商或业务提供商，也可以作为一个协议转换的代理，把 Internet 业务转换成适于 GSM 网络传输的数据格式。在理想的电子商务模型中，每个手机用户和银行中的一个账号绑定，服务提供商为手机提供有偿服务，用户利用银行的支付网关付费。

（4）支付网关。支付网关是移动电子商务中最关键的一部分，负责银行网络专用协议和 IP 协议间转换，并处理支付请求。

（5）银行。作为可信金融机构支持用户参与移动电子商务产生的支付行为。

二、移动电子商务的关键技术

随着网络技术、无线通信技术及其他相关技术的发展，移动电子商务新技术也不断涌现，实现移动电子商务的技术主要有以下几种。

1. 蓝牙技术

蓝牙技术是一种用于替代便携或固定电子设备上使用的电缆或连线的短距离无线连接技术。其设备使用全球通行、无须申请许可的 2.45GHz 频段，可实时进行数据和语音传输，其传输速率可达到 10Mbit/s，在支持 3 个话音频道的同时还支持高达 723.2kbit/s 的数据传输速率。也就是说，在办公室、家庭和旅途中，无须在任何电子设备间布设专用线缆和连接器，通过蓝牙遥控装置可以形成一点到多点的连接，即在该装置周围组成一个"微网"，网内任何蓝牙收发器都可与该装置互通信号。

蓝牙技术作为一种无线接入方式，是实现语音和数据无线传输的开放性通信标准。蓝牙技术使低带宽无线连接变得简单易行，从而可以轻松融入我们的日常生活中。蓝牙技术应用的一个简单例子便是更新手机的电话号码簿。昨天，人们还需要人工输入电话号码簿的姓名和电话号码，或者在电话和计算机之间采用线缆或 IR（Infrared Radiation，红外线）连接，启动应用来同步联络信息。而采用蓝牙技术，这些都可以在电话进入与计算机通信的范围内时自动完成。当然，它的功能还在不断扩展，包括可以自动进行日历、工作表、备忘录、电子邮箱等的同步和更新。这仅仅只是这项新技术应用的一个方面。蓝牙规范是一个全球性的开放标准，由蓝牙"特殊兴趣集团"（SIG）管理。蓝牙 SIG 由爱立信、IBM、英特尔、诺基亚、东芝 5 个创始公司及 3com、朗讯科技、微软、摩托罗拉 4 个新成员公司领导。除此以外，蓝牙 SIG 还有 1200 多个公司成员。目前，蓝牙技术已被广泛应用。

蓝牙的标准是 IEEE802.15，工作在 2.4GHz 频带，带宽为 1 Mb/s。以时分方式进行全双工通信，其基带协议是电路交换和分组交换的组合。一个跳频频率发送一个同步分组，每个分组占用一个时隙，使用扩频技术也可扩展到 5 个时隙。同时，蓝牙技术支持 1 个异步数据通道或 3 个并发的同步话音通道，也可以支持 1 个同时传送异步数据和同步话音的通道。每一个话音通道支持 64 kb/s 的同步话音；异步通道支持最大速率为 721 kb/s，反向应答速率为 57.6 kb/s 的非对称连接，或者是 432.6 kb/s 的对称连接。依据发射输出电平功率不同，蓝牙传输有 3 种距离等级：Classl 为 100m 左右；Class2 约为 10m；Class3 为 2 ～ 3m。一般情况下，其正常工作范围是 10m 半径之内。在此范围内，可进行多台设备间的互联。

蓝牙技术作为一种低成本、低功率、小范围的无线通信技术，可以使移动电话、个人电脑、手提电脑等在短距离内无须线缆就能通信，在消费电子、办公设备、计算机外设、家用电器、汽车等领域具有广泛的应用前景。

2. 无线应用协议 WAP

WAP（Wireless Application Protocol，无线应用协议）是在数字移动电话、互联网或其他个人数字助理机（PDA）、计算机应用乃至未来的信息家电之间进行通信的全球性开放标准。通过 WAP 技术，就可以将互联网的大量信息及各种各样的业务引入到移动电话、PALM 等无线终端之中。无论何地、何时，只要你需要信息，你就可以打开 WAP 手机，享受无穷无尽的网上信息或者网上资源，真正实现不受时间和空间限制的移动电子商务。

3. 无线保真技术 Wi-Fi

Wi-Fi（Wireless Fidelity，无线保真技术）是一种能够将个人电脑、手持设备（如平板电脑、手机）等终端以无线方式互相连接的技术，是一个无线网路通信技术的品牌，由 Wi-Fi 联盟（Wi-Fi Alliance）所持有。目的是改善基于 IEEE 802.11 标准的无线网路产品之间的互通性。使用 IEEE 802.11 系列协议的局域网就称为 Wi-Fi。甚至把 Wi-Fi 等同于无线网际网路（Wi-Fi 是 WLAN 的重要组成部分）。

由于 Wi-Fi 的频段在世界范围内是无需任何电信运营执照的，因此 WLAN 无线设备提供了一个世界范围内可以使用的，费用极其低廉且数据带宽极高的无线空中接口。用户可以在 Wi-Fi 覆盖区域内快速浏览网页，随时随地接听拨打电话。而其他一些基于 WLAN 的宽带数据应用，如流媒体、网络游戏等功能更是值得用户期待。有了 Wi-Fi 功能，我们打长途电话（包括国际长途）、浏览网页、收发电子邮件、音乐下载、数码照片传递等，再无须担心速度慢和花费高的问题。Wi-Fi 与蓝牙技术一样，同属于在办公室和家庭中使用的短距离无线技术。建设无线宽带城域网络能在企业、学校、图书馆、医院以及政府之间搭建一道能随时随地进行良性互动的桥梁，提供便捷、可支付、丰富的、个性化的公共服务，并为城市经济发展提供新的商业机会。

4. 移动 IP 技术

移动 IP 是移动通信和 IP 的深层融合，也是对现有移动通信方式的深刻变革。它将真正实现话音和数据的业务融合，移动 IP 的目标是将无线话音和无线数据综合到一个技术平台（IP 协议）上传输，从而实现移动计算机在互联网中的无缝漫游。移动 IP 技术可使节点在从一条链路切换到另一条链路时无须改变其 IP 地址，也不必中断正在进行的通信。移动 IP 技术可应用于用户需要经常移动的所有领域。如使用具有无线上网卡的笔记本电脑，用户可以随时随地上网，通过 IP 技术还可以与公司的专用网相连；扩展移动 IP 技术，还可以使一个网络移动，即把移动节点换成移动网络。

三、移动设备

几年前，笔记本电脑、手机、PDA，常被用来进行日程管理、通讯录管理、计算器管理等，各自的功能都非常清晰。但是，如今的设备很难再根据功能区分彼此。

1. 笔记本电脑

笔记本电脑（NoteBook Computer），亦称手提或膝上电脑（Laptop Computer），是一种小型、可方便携带的个人电脑。笔记本电脑的重量通常为 1~3 公斤。其发展趋势是体积越来越小，重量越来越轻，而功能却越来越强大。笔记本电脑跟 PC 的主要区别在于其便携性。

与台式机相比，笔记本电脑有着类似的结构组成（显示器、键盘 / 鼠标、CPU、内存和硬盘），但是笔记本电脑的优势还是非常明显的，其主要优点是体积小、重量轻、携带方便。一般来说，便携性是笔记本相对于台式机电脑最大的优势，一般的笔记本电脑重量只有 2 公斤左右，无论是外出工作还是旅游，都可以随身携带，非常方便。超轻超薄是笔记本电脑的主要发展方向，但这并没有影响其性能的提高和功能的丰富。同时，其便携性和备用电源使移动办公成为可能。由于这些优势的存在，笔记本电脑越来越受用户推崇，市场容量迅速扩展。

从用途上看，笔记本电脑一般可以分为 4 类：商务型、时尚型、多媒体应用、特殊用途。商务型笔记本电脑的特征一般为移动性强、电池续航时间长；时尚型外观特异，也有适合商务使用的时尚型笔记本电脑；多媒体应用型笔记本电脑是结合强大的图形及多媒体处理能力又兼有一定移动性的综合体，市面上常见的多媒体笔记本电脑都具有独立的较为先进的显卡，较大的屏幕等特征；特殊用途的笔记本电脑是服务于专业人士，可以在酷暑、严寒、低气压、战争等恶劣环境下使用的机型，多较笨重。

2. 平板电脑

移动设备中还有一个种类是平板电脑。2010 年，苹果公司在市场推出了 iPad 平板电脑，其他一些公司也乘势而上，平板电脑在市场上被热炒起来。苹果公司在推出 iPad 的时候，主要是宣传其是一个音频、视频的平台，利用它可以看电子书、期刊、电影、听音乐、玩游戏、还能上网。平板电脑一般重 680 克左右，介于智能手机与笔记本电脑之间。

iPad 平板电脑的操作系统与早期推出的苹果 iPod Touch 和 iPhone 相同。它不仅能满足自身的应用，还能兼容 iPhone 上的各种应用。iPad 可以通过 WiFi 连接网络，下载文件，观看流媒体，还能安装软件。有些款式还能连接 3G 无线网络。通过 USB 接口，iPad 还可以接入 PC 机。

3. 智能手机

一般说来，智能手机（smartphone）就是一款能够接入互联网的手机，同时它又具备 PDA 或是 PC 机的一些功能。例如，电子邮件、网络浏览、多媒体、通讯录、日程管理、计算器、阅读 Word 和 PDF 文档、数字照相，等等。PDA 的制造商很少，而智能手机的制造商却很多。还需要指出的是，随着时间的推移，智能手机的功能越来越强大。手机中的操作系统也是各种各样，例如 Symbian、Linux、Palm、Windows Mobile、Apple OS/X、Google Android、RIM BlackBerry 等。谷歌公司还将推出 Chrome 操作系统。与 PDA 相似，智能手机的显示屏、键盘、内存、硬盘等都较小。

市场上几乎每天都有新款的智能手机问世，功能也日益增多。自从快速运行的 4G 智能手机出现以后，这一领域的面貌又焕然一新。

4. 个人数字助理

个人数字助理（Personal Digital Assistant，PDA，也称为"掌中宝"）刚问世的时候只是一台独立的电脑。利用它可以查询个人的通讯录、日程管理，进行一般的计算，也有一些普通计算机的应用，例如文字处理、电子表格等。大部分个人数字助理器可以与桌面电脑同步使用。所以它可以帮助用户离线浏览电子邮件。随着时间的推移，技术的进步，大多数 PDA 有了通过 WiFi 接入互联网的功能。这样，利用 PDA 就可以浏览网站，接收电子邮件。PDA 一般还支持多媒体应用，可以播放音频和视频文件。

PDA 最主要的制造商是 Research In Motion 公司、Palm 公司、惠普公司等。从硬件看，PDA 的显示屏一般比较小（2.5~4 英寸），内存也很小，一般是 256 兆。到了 2011 年，PDA 的硬件一般包括小键盘，旋转控制器，也有的是在显示屏上有虚拟键盘、插记忆卡的插槽（SD 卡或是闪存卡，这样就能扩大存储能力，增加应用范围）。PDA 一般使用 Palm 公司的操作系统或是微软移动公司的操作系统。

许多移动设备（尤其是 PDA 和智能手机）如今都趋向于整合为一体，成为一个体积小、便于携带、集多项功能于一体的装置。

5. 其他移动设备

移动设备还有许多种形式，以下列出的只是其中几种。

（1）智能书。

智能书成本较低，非常容易携带。它兼有智能手机及便携式电脑的功能，经常保持连线状态（例如华硕电脑公司生产的智能书）。

（2）可佩戴移动设备。

有些员工的工作场所始终处于移动的状态，例如在高楼上、电线杆上或是其他需要攀爬的场所。他们需要使用无线计算设备，这种设备称为可佩戴移动设备。员工把这样的设备佩戴在手臂、衣服或是头盔上即可使用。

（3）车载移动设备。

车载移动设备主要是指那些安装在车辆仪表盘上的移动设备，例如卫星收音机、GPS 导航设备、OnStar、移动电视、高清无线电广播、车辆跟踪系统、宽带无线接入设备（BWA，Broadband Wireless Access），等等。目前，车载移动设备主要是基于卫星无线技术。随着无线通信技术的发展，车载移动设备借着宽带基础设施的完善，特别是 WiMAX 网络的发展，正在向着小型化、多媒体的方向发展。

四、移动计算软件及服务

尽管移动设备对软件的要求形成了新的挑战，但是它们也提供了各种新的服务，这在原来的 PC 机时代，甚至便携式计算机时代是从来没有过的。这些服务（例如短信服务、定位服务、语音服务等）为新的应用创造了条件。

1. 移动平台及内容供应商

移动平台（Mobile Portal）是指可以连接互联网的一个通道，它的主要特点是较明显的移动性，能够向移动用户提供内容和服务。此类平台提供的服务与 PC 机平台类似。典型的纯移动平台是芬兰 Sonera 公司开发的 zed.corn 网站。它的业务仅限于移动平台。全球最知名的移动平台是日本 NTT DOCOMO 公司开发的 i-mode 网站，它有6000 万用户，其中绝大多数来自日本。

移动网络平台所提供的服务主要有新闻、体育、电子邮件、娱乐、旅游信息、餐饮及会展信息、休闲服务（例如游戏、电视、电影预告等）、社区服务、股市交易，等等。规模较大的移动网络平台还提供下载、短信、音乐、保健、约会、就业信息等服务。移动平台一般都是收费服务。例如，一则天气预报服务收费 50 美分。也有的是收取月租金，支付包月费用以后，就可以随时随地享受移动平台的服务。日本的 i-mode

盈利模式主要就是月租费及广告费收入。

2. 短信服务

短消息服务（Short Message Service，SMS），也称为短信服务。这是一项基于手机网络在手机之间传输短消息（一般是 140~160 个字符）的服务。与按分钟收取通话费的电话相比，它的费用更低。短消息对信息长度有一定的限制，所以用户就会使用首字母来表示想要表达的意思，例如，"how are you"这样的问候语就缩写成了"how r u"，甚至是"hru"，"great"变成了"gr8"。短消息服务在亚洲及欧洲的一些国家格外盛行。在美国虽然发展较慢，但是也正在逐渐普及。

短消息服务在美国的普及要感谢 iPhone 和 Twitter 的普及。2010 年，全球短信用户达到 40 亿，72% 的手机用户都在使用短信服务。在美国，超过一半的百姓经常使用短信业务，几乎赶上了欧洲的水平。

3. 多媒体信息服务

多媒体信息服务（Multimedia Messaging Service，MMS）是一种新兴的无线通信服务。通过它可以用富媒体（例如音频、视频）在移动电话及其他移动设备之间传递信息。多媒体信息服务是短信服务的延伸，当然费用也高一些。信息的长度可以大一些，而且使用不同的传输标准。多媒体信息服务把移动设备与个人计算机整合在一起，因为它可以在 PC 机、PDA 和手机等设备之间传输信息。

4. 定位服务

定位服务使用的是全球定位系统或是其他各种定位技术，寻找到客户以后，就有针对性地、实时地传递商品和服务的信息。在紧急情况下，这种服务的作用很明显。

5. 语音服务

人类相互沟通最常见的形式就是语音交流。移动商务中使用声音来传递和接收信息具有多种优势，例如，可以减少手势和眼睛的交流，方便在污浊和移动的环境中交流，传递信息快（声音交流的速度是文字输入的 2.5 倍），方便残疾人交流。更主要的是，语音服务可以充分利用移动设备中内置的音频输入、输出功能，比其他各种功能（例如手写功能、键盘输入功能、虚拟键盘功能等）更容易被用户接受。

（1）互动式语音应答系统。

互动式语音应答系统（Interactive Voice Response，IVR）方便用户与计算机系统进行互动，用户可以用电话（包括手机）提供声音信息，并接收信息，交换数据。类似的系统早在 20 世纪 80 年代就问世了。如今，基于语音识别的人工智能功能更加强大，使用也更加广泛。

（2）语音平台。

语音支持系统的最新发展是语音平台（Voice Portal）。这是一个网站，是一种能够通过电话进入的语音界面。用户登录网站后用声音提供信息，由平台在网站上寻找相应的信息，然后转换成声音，并且回复用户。例如，有的网站（tellme.com、bevocal.com）方便用户用声音询问天气情况、本地的餐馆位置、交通状况等。互动式语音应答系统及语音平台都将成为移动商务的重要组成部分。

五、无线通信网

所有的移动设备都需要连接通信网络或是其他的计算机设备。连接的方式取决于多种因素，例如，连接的目的是什么，无线设备有哪些功能，位置的远近，有哪些连接渠道，等等。无线设备可以连接的网络包括：①个人设备之间的连接，距离不超过30英尺；②近距离的无线连接，距离在300英尺之内；③市内无线网络，覆盖半径为30英里；④适用于手机通信的无线广域网。以下是对这些网络的具体描述。

1. 个人局域网

个人局域网（Personal Area Network，PAN）是无线用户在很小的范围里（一般是在一个房间里）利用无线技术在设备之间进行无线连接。最为典型的是蓝牙技术。"蓝牙"（Bluetooth）指的是多个通信标准的集合。利用这种技术可以形成无线设备的近距离（20米以内）连接。例如无线键盘与 PC 机的连接，PDA 与计算机之间的数据传输，数字照相机与打印机的连接，等等。蓝牙技术还可以运用于多个设备的连接，例如 Connect Blue 公司操作间里的控制系统（请浏览 connectblue.se）。有些医院专门用来监护病人的症状（例如脉搏、心电图、呼吸等）。

2. 无线局域网及 Wi-Fi

无线局域网（Wireless Local Area Network，WLAN）与有线局域网是一样的，只是没有连接线。大多数无线局域网是依据通信标准 IEEE 802.11 开发的，这个标准称作 Wi-Fi，就是"无线高保真"（Wireless Fidelity）。图 7-3 显示的是 Wi-Fi 的工作模式。图中列出了它的工作流程，以及组成 Wi-Fi 的各个要素。无线局域网的关键部分是连接无线设备及相应网络的无线接入点。无线设备上有一个出厂时就配置在设备里的无线网卡，无线网卡也可以由用户自己插入，通过无线网卡接入无线网络。无线接入点接入互联网的形式与有线接入的形式相似。许多公共场合（例如机场、宾馆、饭店、会议中心等）都使用 Wi-Fi 接入互联网。同样，有些家庭用户也用 Wi-Fi 接入网络，而不再在家中敷设网线。

图 7-3　Wi-Fi 的工作模式

3. 城市 Wi-Fi 网络

城市里若是设置多个无线接入点，就会形成无线网络城市，人们将其称为无线城市。例如，2006 年 8 月 16 日，谷歌公司在美国加州的山景城 380 根电线杆上设置了无线接入点。用户只需选择 GoogleWi-Fi 接入方式，输入用户名和密码，就能够免费使用无线网络。Wi-Fi 也称为"系统网络"或"网状网络"。美国的多个城市实现了无线城市的目标。

4. WiMAX 网络

有些地方不是用 Wi-Fi 无线网络，而是用 WiMAX 网络（Worldwide Interoperability for Microwave Access，全球微波无线接入），它适用于 50 公里半径范围内的宽带（70Mbps）接入形式。WiMAX 接入形式可以形成一个相互覆盖的网状区域。每片区域有一个基站，由基站连接宽带。基站发出一定频率的无线信号，称作光谱。WiMAX 接入与 Wi-Fi 不同，它的频率属于某一家公司（例如 Sprint 公司），公司要从政府主管部门领取执照。WiMAX 接入的地域更宽，可靠性更强。接入 WiMAX 网络，用户也需要一种特殊的上网卡。目前，WiMAX 接入在许多城市已经得到了广泛的应用。与 WiMAX 应用相关的有一个专门的论坛（wimaxforum.org），专门讨论它的功能和应用。

5.无线广域网

无线广域网（Wireless Wide Area Network，WWAN）提供的无线接入带宽最大。它的技术与手机网络相似。这就意味着，只要手持电脑和上网卡，用户就可以接入相应公司开发的本地网、全国网，甚至全球网。无线广域网可以按照网络接入速度进行区分，例如 2G、3G、4G；可以按照所使用的通信协议进行区分，例如 TDMA、CDMA；也可以按照无线蜂窝通信标准进行区分，例如全球通用的 GSM 标准，或者日本专用的 PDC 标准。有关无线广域网的资料，可以在服务供应商的网站或是无线通信协会的网站浏览。

六、移动技术与移动商务

移动商务（移动电子商务的简称）是移动技术和电子商务的结合，即把移动电子商务所需要的软件、硬件、通信网络整合在一起成为一个移动管理信息系统，由此来支持整个移动商务活动，就构成了移动电子商务。移动电子商务的商务流程如图 7-4 所示。

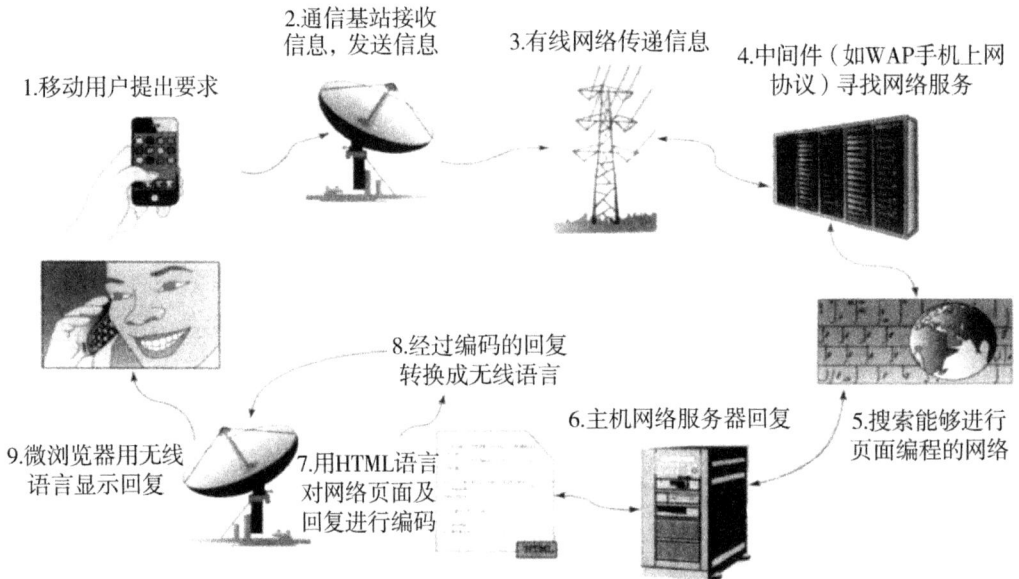

图 7-4　移动商务流程

第三节 移动电子商务在服装行业中的应用

一、服装和手机 App

（一）美特斯·邦威发布"有范"App

2015年4月22日，知名服装品牌美特斯邦威正式发布"有范"App，进军电商林立的服装行业互联网领域，如图7-5所示。美邦服饰董事长周成建表示，这款 App 的诞生是该企业转型的一个重要信号，旨在参与互联网时代竞争，赢取更多盈利空间。美邦服饰表示，背靠公司在时尚和服装领域的坚实背景，"有范"平台除了能够在造型师等产业链资源上产生号召力外，还将引进大量国内外的优质品牌，尤其是一些独立设计师的个性化品牌。

由于互联网的广泛运用，围绕饮食、服装、家电、图书等不同消费内容的电子商务竞争已日趋白热化。作为一家传统服装类品牌企业，美邦服饰有自己的考虑。周成建说，互联网时代的竞争是均等和透明的。"未来，美邦想要用更少的门店赢取互联网时代的更多盈利空间。"据悉，随着当前一些服装企业库存的增加，"触网"已成为中国服装行业发展的新趋势。周成建认为，目前互联网与传统产业的结合已上升至国家战略层面，传统行业正处于重生的黄金时代。未来美邦将通过"互联网＋"模式实现平台化发展，推动自主时尚品牌产业链升级，深度整合全球时尚产业资源。

图7-5 "有范"App

（二）手机中的服装街拍 App

随着社交网站的兴起，很多消费者可以在网上分享自己的穿衣心得、购物体验等。智能手机拍摄功能日趋完善，更多人可以采用图片的方式传递信息。因而，出现一种新需求：路边拍摄到的服装、别人分享的试衣图片、明星展示的新衣，能从哪里买到？大致价位多少？于是大量的街拍 App，由以往的仅是拍照、分享，开始与服装销售平台合作，帮助那些潜在消费者在服装网店寻找与图片中相同或相似的产品，并且设置购买链接，从而形成一种新的销售模式。例如"街拍"、"Shine"（图 7-6、图 7-7）。

图 7-6 "Shine"和"街拍"App 图标

图 7-7 街拍 App Shine 界面图

二、服装和二维码

说起二维码在服装行业的应用，也许很多人会想到开网店可能会用到二维码。没错，这是一个应用突破口。二维码能够让整个服装行业开拓一条新的营销之路，建立企业与客户之间沟通的桥梁。

在服装后期的流通营销过程中，对企业来说，每个购买过衣服的人都可能是商品潜在的"宣传人员"。如果产品好，那么他会向其他朋友宣传：如果产品不好，他也会向其他朋友说。当然，也可能保持沉默。但无论如何。让服装品牌传承下去、传播扩散出去，才是真正的"营销王道"。而二维码的出现恰恰能够在客户手机终端和服装企业之间建起一个沟通的桥梁，借助这个桥梁，企业便能够在营销的传播之路上走得更远。

"糖果 120"是一名网购痴迷者，在朋友们看来，他的着装往往十分新潮、时尚前卫，而糖果 120 能够在服装购买方面与众不同，主要在于二维码对他的影响。作为一名普通消费者，糖果 120 认为，平时自己在购买衣服时，都是根据自己的经济能力来购买的，基本上会购买一些中小品牌。糖果 120 说："如果能够仔细淘，也能以合适的价钱买到不错的衣服。"但是糖果 120 也有很多烦恼，因为购买的衣服大都是中小品牌，而这些中小品牌有一个缺点，就是销售很零散，不够集中。如果感觉某个品牌还不错，下次还想继续购买，那么就很难淘到，因为卖家也大都是从一些特别的渠道淘来的。但当一些网站的老板将二维码放在衣服上时，糖果 120 就会很开心，通过用手机扫描衣领处的二维码商标，就可以直接访问该服装商家或者直销店的网站。如果有喜欢的，就可以直接在线联系商家，商家会告诉他这种品牌的代售点或者其他网店。对糖果 120 这样的时尚潮人来说，这是一个不错的尝试。糖果 120 认为，有了这样的二维码追踪之后，再也不用担心会错过自己喜欢的品牌潮衣了。

其实像糖果 120 这样的年轻人有很多。这也说明，在服装行业的营销中，二维码的应用也是极具意义的。品牌代表的是一种凝聚力，消费者或多或少对它有依赖感。因此，作为服装企业，很有必要运用二维码来建立一种服装传播机制。具体的营销应用可以分为以下两种方式：

1. 在衣服上制作二维码布标，将营销推广到每个接触服装的人

利用二维码布标，其实正是服装企业看中了服装在整个流通过程中能接触到客户群的特点，而且这种方式的成本很低，营销也能很到位。

一家服装批发公司的老板从工厂环节就让工人在服装上缝制二维码布标。如图 7-8 所示。客户收到衣服之后，只需要用手机扫描一下二维码，就可以知道该厂的信息、服装款式、搭配法则等。该公司一年下来，发出了几十万件衣服，这说明了什么？说明该公司在全市各地有几十万个"销售员"。当然，这有些夸张，但是从理论上讲，二维码起到的作用就是更好地将服装品牌传播出去。如今，这家公司的老板每天都能接到十几个异地电话寻求服装合作、制作等。可见，二维码在服装营销中所起的作用是很重要的。

图 7-8　二维码布标

2. 在服装包装袋上印刷二维码，让客户扫到惊喜

有些服装企业，尤其是一些大型企业，会在服装的精品包装袋或者物流盒子上添加企业二维码。客户只要使用智能手机进行扫码，就可以很清楚地看到服装企业的网址、服装的成分、码数、搭配效果图、设计师等。此外，还有些服装企业会在包装盒上印上指定物流公司的二维码，客户扫描可以得知物流信息，如凡客诚品服装包装盒上的二维码。如图7-9所示。这样，客户不但能够了解到服装的优点和信息，对企业来说也能起到防伪的作用。同时，客户还可以根据企业的相关提示，将网页、效果图、品牌Logo等发送到微信、微博中，获取优惠券或者享受下次购物折扣。总之，应用二维码不仅增强了服装企业在线下和线上的同步宣传，还进一步提升了服装品牌的宣传效果。

图7-9 凡客诚品服装包装盒上的二维码

二维码在服装行业中的应用虽然很广泛，但是也存在一定的问题。由于服装行业信息更新频繁，所以企业要统筹安排。

第四节 移动电子商务的发展与应用展望

移动电子商务在很多领域的应用实践，显示出其独特的优势，越来越多的企业开始关注移动电商。作为传统产业的服装企业，移动电商模式的采用将获得更多的市场。

一、移动电子商务的应用状况

与传统终端平台（台式PC机、笔记本电脑）开展的电子商务相比，移动电子商务拥有更广泛的用户基础。根据中国互联网信息中心（CNNIC）2014年7月发布的第34次《中国互联网络发展状况统计报告》显示，截至2014年6月，我国手机网民规模达到5.27亿，较2013年年底增加2699万人，网民中使用手机商务的人群比例进一步提

升，由 2013 年的 81.0% 提升至 83.4%，手机网民规模首次超越传统 PC 网民规模。

同时，网民在手机电子商务类、休闲娱乐类、信息获取类、交通沟通类等应用的使用率都在快速增长，移动互联网带动了整体互联网各类应用发展。2014 年上半年，手机支付成为网络应用发展的最大亮点，用户规模半年增长率达 63.4%，使用率由 2013 年年底的 25.1% 增至 38.9%。移动支付打通了各种商务应用，带动手机购物、手机团购和手机旅游预订等商务类应用快速增长，相比 2013 年年底，手机购物、手机团购和手机旅游预订网民规模增长率分别达到 42.0%、25.5%、65.4%。

移动互联网的应用和无线数据通信技术的发展，为移动电子商务的发展提供了坚实的基础。推动移动电子商务发展的技术主要包括：无线应用协议 WAP、移动 IP 技术、蓝牙技术 Bluetooth、通用分组无线业务 GPRS、移动定位系统 GPS 和第三代 3G、第四代移动通信系统 4G 等。

移动电子商务的应用模式包括移动信息服务、移动定位服务、移动商务支持服务、移动游戏、移动音乐、移动支付等。例如，北京金都公司（www.king2.net）给每个服装专卖店或店中店配置一部手机和一个钥匙扣大小的与手机相连的条码扫描器，卖出的每一件服装经条码扫描器轻轻一扫，就能快速、准确地记录下所售服装的品牌、数量、型号、价格、款式、售出时间等重要销售数据，这些数据将每天定时或者随时通过手机发送至企业总部进行汇总及分析处理，及时动态地生成日报表、月报表等多种销售明细图表。这些处理后的数据、图表信息再即时发送到企业管理者的手机上，管理者无论身处何时、何地，都可以准确把握市场的动态和消费者的需求，以最快的速度对消费者的偏好和产品定位作出决策。

移动电子商务的移动性和易用性特征，使移动电子商务不仅能广泛应用于服装、化妆品、家电、快速消费品等众多从事店面零售的企业，也可以广泛应用于物流企业、运输企业、快速公司、公安车检、产品质量跟踪等，还能广泛应用于农业生产以及紧急避险、抗震救灾等十分广泛的领域。对于企业管理、市场管理、城市管理也都具有重要的作用和广泛的应用前景。

二、移动电子商务的市场前景

据美国 Frost & Sullivan 的报告显示，未来的移动商务市场将主要集中在以下几个不同领域：①自动支付系统，包括自动售货机、停车场计时器和自动售票机等；②半自动支付系统，包括商店的收银柜机和出租车计费器等；③移动互联网接入支付系统，包括商业的 WAP 站点等；④手机代替信用卡类支付及私人之间账务结算。在以上这些支付形式中，通过收据及互联网这种支付形式占整个移动商务的 39%，私人之间的

P2P 支付占 34%。

　　移动商务因其快捷方便、无所不在的特点，在未来一段时间内必将成为电子商务的主流发展模式之一。移动商务具有移动性和直接性两大特点，并由此产生了很多利润增长点（具体如图 7-10 所示），不言而喻未来移动商务市场的前景一定非常广阔。

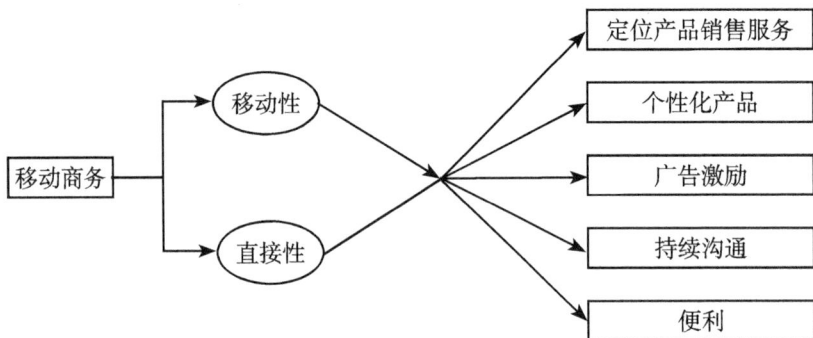

图 7-10　移动商务产生的利润增长点

　　总的来说，移动商务的各种发展条件已经成熟或正在成熟，其发展前景将会是十分诱人的，而且具有独特的性质。表面上，技术的进步和安全性问题的解决促使移动商务沿着传统的电子商务一样的方向发展，但实际上两者是有区别的。电子商务发展成电子商业，其中 B2B 应用又要比 B2C 应用更普遍；而在移动商务中，却可能走另外不同的模式。银行服务、股票交易和各类订票将是驱动这个市场发展的主要因素。

三、服装移动电商现状及发展

　　现阶段的电商发展潮流已经深入影响了国人的购物习惯。未来移动电商的深入发展会在真正意义上改变我们的生活。现如今人们已经深入感受到生活方式的变化，特别是互联网的深入发展，已经渗透到普通国民日常生活的每一个生活细节中。中国互联网络信息中心发布的数据显示，截至 2014 年 6 月，中国手机网民数首次超过了 PC 端网民数。其中中国 6.3 亿网民就有 5.3 亿人次使用手机上网，这是一个具有里程碑意义的数据，显示了国内新的消费趋势即将形成。移动电商的快速发展态势，将会引领另一股消费趋势的变化。我们将会走上一个以消费者为中心的产业模式。未来包括产品生产商和品牌运营商在内，利用移动电商平台与众多消费者取得直接联系，这些将会带来产业结构的变化。这就意味着未来品牌在进行产业营销规划的时候，需要统一线上线下的营销渠道规划。

　　那么未来移动电商平台将会给服装行业带来何种影响呢？从当前的电商产业结构来看，服饰电商产品一直是电商品牌的重要参与者，服饰类网购消费品一直在国内网购消费品中占据第一宝座。未来服装行业可能是移动电商发展的最大受益者之一。

移动电商平台的发展将会给整个服装产业供应链带来深远的影响。当前国内消费者购买服饰的成本依然非常高。众多消费者需要为全球最高的服饰供应成本买单，这从侧面说明了我国供应链体系的低效。电子商务特别是移动电商的出现将会改变当前我国服装供应链发展的弊病。通过缩短供应商和终端消费者之间的流通时间，进而节约供应链流通成本。同时，移动电商发展渠道将会带来很多的全新问题。比如在当前的品牌营销中需要进一步协调线上线下的关系；很多传统服装企业最初以为移动电商可能会节约店铺租金，可后来才发现，移动电商平台运营商们所需要的运营费用不比店铺租金少。

未来移动电商将会改变整个服装行业的产品服务和供应体系。未来产业的主导权将由服装生产者占主导地位走向消费者占主导地位。如果说传统电商改变了人们的生活方式，那么移动电商的出现，就是真正意义上消费方式的重大革新，未来服装企业只有积极拥抱移动电商，才会有未来。

【案例】

国内品牌转战移动电商，移动互联时代谁将称王？

移动互联时代手机购物消费占比日益提升，并有超越 PC 端的趋势。2014 年"双十一"天猫 571 亿元交易额中，移动端贡献 42.56%。为迎合消费者的购物习惯，各服饰企业正加紧布局移动端，如何定位、引流、与线下结合等问题是各家企业思考的重点，O2O 战略持续深入，谁又将在这轮移动电商战役中脱颖而出？

美邦服饰日前发布了全球首款以时尚搭配体验为载体，整合全球有生活态度的时尚品牌，打造零成本、零风险的智能化创业工具——"有范"平台。作为一个新生 App，如何引流成为关键，公司是否做好了烧钱的准备？

该公司董事长周成建向记者表示，不会像传统互联网企业一样烧钱，公司线下有 4000 多家门店，去年一年有 3.5 亿进店人次，门店周边的流动人次更高达几十亿，门店可作为流量窗口，要对现有终端流量价值进行最大化挖掘。"传统商业时代渠道为王，PC 互联网时代流量为王，分别需要砸钱建渠道、引流量，而移动互联网时代更需要的是精准营销。"周成建称，有效嫁接自身资源，便可用更低成本运作。公司大数据商业智能营运总监蒋燕青介绍，去年年初公司就在大力推进会员业务，同时大数据从一开始就紧密地围绕着消费者和会员展开，因为通过采集积累和分析消费者更广泛的数据，可以更好地理解消费者的行为和偏好。在此数据基础上，公司构建了一套精准营销系统和个性化推荐系统，把平台上丰富的商品搭配有效推荐给消费者。

近年美邦服饰门店大幅减少，周成建认为互联网时代不再需要那么多的门店，省下来的门店租金和流量费用都可作为未来平台经营者的收入。根据"有范"团队的规划，每一个消费者未来都可以成为"有范"上的经营者，个人的穿搭建议如果被人买单，便将获得相应的收入分成，让"有范"成为一个更加众筹化和去中心化的平台。

与美邦服饰喜欢"亲力亲为"相比，另一家休闲服饰龙头森马服饰更希望借助外部力量。森马服饰日前宣布将着力打造移动互联平台，聚焦时尚消费品的跨境电商业务。该公司投资1.15亿元购买韩国上市电商公司ISE17.67%的股份，成为其第二大股东。双方将在中国成立子公司，进一步整合资源。权威人士称，森马服饰投资韩国电商平台，主要寄希望该平台的中国相关业务拓展，通过整合ISE平台下的韩国时尚品牌，将其"打包"复制落地于中国线上市场。因此，森马服饰未来拓展ISE中国业务需要在中国也打造一个流量基础平台。考虑到目前中国市场自建电商平台周期长，且线上流量成本高。森马服饰可能采取收购方式，搭建ISE"中国业务"的流量平台。

ISE旗下主要运营WIZWID网站和WConcept网站。据介绍，WIZWID是韩国第一家提供跨境电商服务的网站，为韩国市场提供欧美时尚消费品，在韩国代购电商市场占有率达50%，WConcept是一家面向韩国市场提供时尚品牌的B2C电商平台，在韩国时尚品牌电商市场占有率第6位。ISE董事CEO金應秀认为，ISE在韩国有15年的电商平台运营经验，走过许多弯路，凭借经验教训在中国发展可大幅节省成本费用。公司也掌握着大量国际品牌、物流资源，均可共享。森马服饰方面则表示尤为看重ISE大数据挖掘分析的能力，有助于精准营销。

根据协议，ISE向中国境内企业投资不少于2867万元，森马服饰投资为ISE的3至4倍，即不少于8601万元。华泰证券研报指出，整体投资想象空间很大，目前互联网购物趋势不可逆转，政府也有意推进跨境电商发展，服饰领域跨境电商平台均尚未出现运营成熟的标杆，公司可利用其资本和供应链优势突围。

无独有偶，高端女装企业朗姿股份也正整合相关资源发力移动电商。公司日前宣布出资750万美元入股"明星衣橱"App的母公司Hifashion Group Inc。该App以数据挖掘技术为核心，正在从基于时尚流行的流量分发模式转为自建平台的移动电商，其与朗姿在去年的综艺节目"女神的新衣"上有所交集，合作尝试了"所见即所得"的边看边买销售模式，目前"明星衣橱"App用户量为4000万左右，日均活跃用户量为400多万，目前月均收入超600万元。

有分析人士指出，采用收购方式最关键在于各方的磨合，能否有效整合资源发挥最大效益。移动电商新进入者不断增加，哪家更有优势尚不好判断。定位更明确、消费群体更细分，能帮助企业更大程度地节省流量成本，胜算或更大。

资料来源：节选自《国内品牌转战移动电商，移动互联时代谁将称王？》中国服装网，2015/04/29.http：//news.efu.com.cn/newsview-1107522-1.html

【案例讨论】

针对以上案例和本章所学的知识，就下面几个问题展开讨论：

1.试分析案例中服装企业开展移动电商业务的背景。

2.试比较两家服装企业实施移动电商战略间的差异。

【本章小结】

我国电子商务发展迅速，移动电子商务的发展更是惊人。服装行业竞争日益激烈的市场环境，迫使企业不但要开展电子商务，还应充分利用移动电子商务开拓新市场。本章中，首先介绍了移动电子商务的基本概念、特征、主要商业模式；随后，简要介绍了移动电子商务中涉及的主要技术；然后介绍了移动电子商务在服装行业领域中的应用；最后介绍了移动电子商务的现状、发展趋势，以及服装移动电子商务的现状及发展前景。

各章专业术语的英汉对照词汇汇总

3DP（Three Dimension Printing）：3D 打印技术（三维打印技术）

4C（Consumer，Cost，Convenience，Communication）：消费者、成本、便利、沟通（4C 营销理论）

4P（Product，Price，Place，Promotion）：产品、价格、渠道、促销（4P 营销理论）

ABC（Activity Based Classification）管理法：ABC 分类库存控制法

ASCII（American Standard Code for Information Interchange）：美国信息交换标准代码

ADSL（Asymmetric Digital Subscriber Line）：非对称数字用户线路

App（Application）：计算机应用程序

AR (Augmented Reality)：增强现实

ARPU（Average Revenue Per User）：每用户平均收入

ASP（Application Service Provider）：应用服务提供商

ASP（Active Server pages）：动态服务器页面

Asymmetric — Key Cryptography：非对称性加密法

Automatic Material Handling：自动物料搬运

B2B/B to B（Business to Business）：企业与企业之间的电子商务

B2B2C（Business to Business to Consumer）：供应商与企业与消费者之间的电子商务

B2C/B to C（Business to Consumer/Customer）：企业与消费者之间的电子商务

B2G/B to G（Business to Government）：企业与政府之间的电子商务

BBS（Bulletin Board System）：电子公告牌系统

Bluetooth：蓝牙

BPR（Business Process Reengineering）：业务流程重组

BWA（Broadband Wireless Access）：宽带无线接入设备

C/S（Client/Server）：客户机 / 服务器结构

C2B（Consumer/Customer to Business）：消费者与企业之间的电子商务

C2C（Consumer/Customer to Consumer/Customer）：消费者与消费者之间的电子商务

C2G/C to G（Citizen to Government）：公民与政府之间的电子政务

CA（Certificate Authority）：电子商务认证授权机构

CAD（Computer Aided Design）：计算机辅助设计

CDMA（Code Division Multiple Access）：码分多址

CDN（Content Delivery Network）：内容分发网络

CEO（Chief Executive Officer）：首席执行官

CERN（European Organization for Nuclear Research）：欧洲核子研究组织

CGI（Common Gateway Interface）：通用网关接口

CHTML（Compact HyperText Markup Language）：压缩式超文本标记语言

CI（Coporate Identity）：企业形象识别

CMYK（Cyan，Magenta，Yellow，Black）：青、品红、黄、黑

CNNIC（China Internet Network Information Center）：中国互联网信息中心

CRM（Customer Relationship Management）：客户关系管理

CSS（Cascading Style Sheets）：层叠样式表

Cyber Cash：网络现金

DBMS（Database Management System）：数据库管理系统

DBS（Database System）：数据库系统

DES（Data Encryption Standard）：数据加密标准

DHCP（Dynamic Host Configuration Protocol）：动态主机配置协议

DHCPv6（Dynamic Host Configuration Protocol Version 6）：动态主机配置协议版本6

DSS（Decision Support System）：决策支持系统

DTD（Document Type Definition）：文档定义类型

EB（Electronic Business）：电子商务（广义的电子商务）

EC（Electronic Commerce）：电子商业（狭义的电子商务）

ECR（Efficient Consumer Response）：有效客户反应

EDI（Electronic Data Interchange）：电子数据交换

EFT（Electronic Funds Transfer）：电子资金转拨

Electronic Community：电子社区

ERP（Enterprise Resource Planning）：企业资源计划

Fast Fashion：快速时尚

Floor Ready Merchandise：待上架商品准备服务

FTP（File Transfer Protocol）：文件传输协议

G2B（Government to Business）：政府与企业之间的电子商务

G2C（Government to Citizen）：政府与公民之间的电子政务

GDP（Gross Domestic Product）：国内生产总值

GE（General Electric Company）：美国通用电气公司

GPRS（General Packet Radio Service）：通用分组无线业务

GPS（Global Positioning System）：全球定位系统

GSM（Global System for Mobile Communication）：全球移动通信系统

GTE（Gas Turbine Establishment）：燃气轮机研究所

GUI（Graphical User Interface）：图形用户界面

HFC（Hybrid Fiber — Coaxial）：混合光纤同轴电缆网

HTML（Hyper Text Mark-up Language）：超文本标记语言

HTTP（HyperText Transfer Protocol）：超文本传输协议

HTTPS（Hyper Text Transfer Protocol over Secure Socket Layer）：安全套接字层超文本传输协议

ICMP（Internet Control Message Protocol）：互联网控制报文协议

IC（Integrated Circuit Card）：集成电路卡

ID（Identification）：身份证

IDC（Internet Data Center）：互联网数据中心

IDC（Internet Data Corporation）：国际数据公司

IEEE（Institute of Electrical and Electronics Engineers）：电气和电子工程师协会

IIS（Internet Information Services）：互联网信息服务

IMP（Interface Message Processor）：接口信息处理机

IM（Instant Messaging）营销：即时通信营销

IoT（Internet of Things）：物联网

IP（Internet Protocol）：网际协议

IPTV（Internet Protocol Television）：交互式网络电视

IPv4（Internet Protocol Version 4）：网际协议版本 4

IPv6（Internet Protocol Version 6）：网际协议版本 6

IPX/SPX (Internet Packet eXchange/Sequence Packet Exchange)：互联网分组交换 / 顺序分组交换协议

IR（Infrared Radiation）：红外线

ISDN（Integrated Services Digital Network）：综合业务数字网

ISO（International Organization for Standardization）：国际标准化组织

ISP（Internet Service Provider）：互联网服务提供商

IT（Information Technology）：信息技术

IVR（Interactive Voice Response）：互动式语音应答系统

JIT（Just In Time）：准时生产

JSP（Java Server Pages）：Java 服务器页面

LAN（Local Area Network）：局域网

LDAP（Lightweight Directory Access Protocol）：轻量目录访问协议

LED（Light Emitting Diode）：发光二极管

Load Balancing：负载均衡

Logistics：物流

M2M（Mobile to Mobile）：移动端与移动端的电子商务模式

MAN（Metropolitan Area Network）：城域网

M-Commerce：移动电子商务

MD5（Message Digest Algorithm 5）：消息摘要算法第五版

MIS（Management Information System）：管理信息系统

MIT（Massachusetts Institute of Technology）：麻省理工学院

MMS（Multimedia Messaging Service）：多媒体信息服务

Mobile Portal：移动门户

MODEM：调制解调器

MRP2（Manufacturing Resources Planning）：制造资源计划

NAD（Net Aided Design）：网络辅助设计

NoSQL（Not Only SQL）：泛指非关系型的数据库

O2O（Online to Offline）：线上与线下的电子商务

ODBC（Open Database Connectivity）：开放数据库互联

ODM（Original Design Manufacturer）：原始设计制造商

OECD（Organization for Economic Co-operation and Development）：经济合作与发展组织

OEM（Original Equipment Manufacturer）：原始设备制造商

Online Community：在线社区

OSI（Open System Interconnection）：开放式系统互联

P2P（Peer to Peer）：对等网络

PAN（Personal Area Network）：个人局域网

PAD（Portable Android Device）：平板电脑

PC（Personal Computer）：个人计算机

PDA（Personal Digital Assistant）：个人数字助手

PDC（Personal Digital Cellular）：个人数字蜂窝（一种由日本开发及使用的 2G 移动电话通信标准）

PERL（Practical Extraction and Reporting Language）：实际抽取与汇报语言（一种功能丰富的计算机程序语言）

PEST（Political Economic Technological Social）：政治，经济，社会，技术

PHP（PHP：Hypertext Preprocessor）：超文本预处理器（一种通用开源脚本语言）

PIN（Personal Identification Number）：个人识别码

PON（Passive Optical Network）：无源光纤网络

POS（Point of Sale）：销售终端

Private Key：私用密钥

PSTN（Public Switched Telephone Network）：公共交换电话网络

PV（Page View）：页面浏览量

QR（Quick Response）：快速反应

RBI（Reserve Bank of India）：印度储备银行

RFID（Radio Frequency Identification）：射频识别

RGB（Red Green Blue）：红、绿、蓝

ROI（Return on Investment）：投资回报率

RSA（Ron Rivest，Adi Shamir，Leonard Adleman）：RSA 加密算法

RSS（Really Simple Syndication）：简易信息聚合

SAN（Storage Area Network）：存储区域网

SCM（Supply Chain Management）：供应链管理

SD 卡（Secure Digital Memory Card/SD card）：安全数字存储卡

Secret Key：密钥

SEO（Search Engine Optimization）：搜索引擎优化

SET（Secure Electronic Transaction）：安全电子交易协议

SGML（Standard Generalized Markup Language）：标准通用标记语言

SHA（Secure Hash Algorithm）：安全哈希算法

SMS（Short Message Service）：短消息服务

SNS（Social Networking Services）：社交网络服务

SQL（Structured Query Language）：结构化查询语言

SSL（Secure Sockets Layer）：安全套接层协议

SWPT（Strengths，Weakness，Opportunity，Threats）：优势、劣势、机会和威胁

Symmetric－Key Cryptography：对称加密法

TCP（Transmission Control Protocol）：传输控制协议

TCP/IP（Transmission Control Protocol/Internet Protocol）：传输控制协议 / 因特网互联协议

TDMA（Time Division Multiple Access）：时分多址

Telnet：远程终端协议

TFD（Transaction Flow Diagram）：业务流程图

UI（User Interface）：用户界面

URL（Uniform Resource Locator）：统一资源定位器

USB（Universal Serial Bus）：通用串行总线

UTF-8（8-bit Unicode Transformation Format）：UTF-8 编码

VOD（Video on Demand）：视频点播

Voice Portal：语音门户

VPN（Virtual Private Network）：虚拟专用网

VR（Virtual Reality）：虚拟现实

W3C（World Wide Web Consortium）：万维网联盟，又称 W3C 理事会

W3C（World Wide Web Consortium）：互联网联合组织

WAN（Wide Area Network）：广域网

WAP（Wireless Application Protocol）：无线应用通信协议

Wi-Fi（Wireless Fidelity）：无线保真技术

WiMAX（Worldwide interoperability for Microwave Access）：全球微波无线接入

Wireless Mobile Computing/Mobile Computing：无线移动计算机技术

WLAN（Wireless Local Area Networks）：无线局域网络

WML（Wireless Markup Language）：无线标记语言

WWAN（Wireless Wide Area Network）：无线广域网

WWW（World Wide Web）：万维网

X.509：数字证书标准

xDSL（x Digital Subscriber Line）：各种类型数字用户线路的总称

XML（eXtensible Markup Language）：可扩展标记语言

UV（Unique Visitor）：网站独立访客

参考文献

［1］张晓倩，徐园园，顾新建.服装电子商务 [M].北京：中国纺织出版社，2007.

［2］戴宏钦.服装电子商务 [M].北京：化学工业出版社，2014.

［3］姜红波主编.电子商务概论 [M].北京：清华大学出版社，2009.

［4］田杰，乔东亮，秦必瑜.电子商务模式系统及其运营 [M].北京：中国传媒大学出版社，2009.

［5］埃弗瑞姆·特伯恩，戴维·金，朱迪·兰，等，著.电子商务导论 [M].王健，译.北京：中国人民大学出版社，2011.

［6］阿里巴巴2015年年度报告 [R].http：//www.vogue.com.cn/invogue/brand-news/news_14g2a813ef12dd76.html.

［7］深度：传统服装零售品牌做移动 O2O 的四大案例.亿欧网 http：//www.iyiou.com/p/1129/2014-03-05.

［8］刘运臣，等.网站规划与网页设计（第2版）[M].北京：清华大学出版社，2013.

［9］孙宝文，王天梅，等.电子商务系统建设与管理（第3版）[M].北京：高等教育出版社，2008.

［10］徐天宇.电子商务信息系统分析与设计 [M].北京：高等教育出版社，2009.

［11］谢希仁.计算机网络（第6版）[M].北京：电子工业出版社，2013.

［12］加里·P.施奈德（Gary P. Schneider）.电子商务（第10版)[M].张俊梅，徐礼德，译.北京：机械工业出版社，2014.

［13］黄梯云，李一军，等.管理信息系统（第5版）[M].北京：高等教育出版社，2014.

［14］http：//www.internetlivestats.com.

［15］中国互联网信息中心（CNNIC）.第36次中国互联网络发展状况统计报告 [OL].http：//www.cnnic.net.cn/hlwfzyj/hlwxzbg/hlwtjbg/201507/P020150723549500667087.pdf，2015年7月.

［16］张润彤.电子商务概论（第2版）[M].北京：电子工业出版社，2009.

［17］劳帼龄.电子商务安全与管理（第2版）[M].北京：高等教育出版社，2007.

［18］宋文官，胡蓉，徐文.商务网站规划设计与管理[M].北京：清华大学出版社，2008.

［19］张翠华.服装购物网站的研究与开发[D].天津：天津工业大学，2008.

［20］黎继子.电子商务物流管理[M].北京：中国纺织出版社，2016.

［21］吴健.电子商务物流管理[M].北京：清华大学出版社，2013.

［22］杨路明.电子商务物流管理[M].北京：机械工业出版社，2013.

［23］张理，杨丽梅.代企业物流管理[M].北京：中国水利水电出版社，2014.

［24］宋华，于亢亢.物流供应链管理学科前沿研究报告[M].北京：经济管理出版社，2013.

［25］骆温平.物流与供应链管理（第3版）[M].北京：电子工业出版社，2013.

［26］中国物流与采购联合会，中国物流学会.中国物流发展报告（2015—2016）[M].北京：中国财富出版社，2016.

［27］袁毅主编.电子商务概论[M].北京：机械工业出版社，2013.

［28］黄岚，王喆.电子商务概论[M].北京：机械工业出版社，2014.

［29］万辉，魏华.电子商务概论[M].西安：西安交通大学出版社，2014.

［30］http：//help.3g.163.com/0402/16/0809/11/BU1AGVLU0402008V.html.

［31］http：//www.ebrun.com/20160809/186329.shtml.

［32］http：//review.ec.com.cn/article/ydds/201606/9825_1.html.

［33］http：//news.ifeng.com/a/20160804/49714414_0.shtml.

［34］梁晓涛，汪文斌主编.移动互联网[M].武汉：武汉大学出版社，2013.

［35］夏雪峰.二维码营销应该这样做[M].北京：机械工业出版社，2014.

［36］http：//www.aliresearch.com/circle/index/detail/id/75.html.

［37］http：//www.huxiu.com/article/17489/1.html.

［38］http：//www.tex-asia.com/Industry/Europe/2013-05-17/63249.html.

［39］http：//baike.baidu.com.

［40］https：//itunes.apple.com/cn/app/shine-shi-shang-jie-pai-da/id978236225?mt=8.

［41］http：//www.chinaz.com/news/2016/0721/554837.shtml.

［42］http：//mini.eastday.com/a/160415111000008.html.

［43］http：//tech.163.com/15/1218/09/BB3VM9ER00094P0U.html.

［44］曾航，刘羽，陶旭骏著.移动的帝国：日本移动互联网兴衰启示录[M].杭州：

浙江大学出版社，2014.

［45］智雅.服装品牌怎样跟上移动互联脚步？[N].中国服饰报，2015/07/31，002 版.

［46］移动电商很火，但印度人对购物 App 并不"感冒"[OL].雨果网，2015/06/18.
http：//www.cifnews.com/Article/15460.

［47］（美）特班.电子商务：管理与社交网络视角 [M].北京：机械工业出版社，2014.

［48］虞益诚主编，电子商务概论（第 2 版）[M].北京：中国铁道出版社，2013.

［49］高洁，席敏.美特斯邦威发布"有范"App 进军电商市场 [N/OL].新华网，
2015/04/23.http：//news.xinhuanet.com/fortune/2015-04-23/c_1115066507.htm.

［50］杨萍.2018 年 移 动 电 商 规 模 将 增 长 300%[N/OL].http：//news.efu.com.cn/
newsview-1129424-1.html.2015/09/06.

［51］柯林，白勇军主编，移动商务理论与实践 [M].北京：北京大学出版社，2013.

［52］国内品牌转战移动电商移动互联时代谁将称王？[OL].中国服装网，2015/04/29.
http：//news.efu.com.cn/newsview-1107522-1.html.

［53］http：//www.kidyi.com/special/show-htm-itemid-14.html.

［54］http：//www.admin5.com/article/20141211/575746.shtml.